J. MILLOT, [illegible] GÉNÉRAL DE VERSAILLES.

LES GRANDS MISSIONNAIRES FRANÇAIS AU XIXE SIÈCLE.

Société Saint-Augustin,
DESCLÉE, DE BROUWER & Cie
LILLE · PARIS · LYON · MARSEILLE · BRUGES

LES GRANDS MISSIONNAIRES FRANÇAIS

DU XIXe SIÈCLE

J. MILLOT
Vicaire général de Versailles.

Les Grands MISSIONNAIRES FRANÇAIS DU XIXe SIÈCLE

SOCIÉTÉ SAINT-AUGUSTIN, Desclée, De Brouwer & Cie
Lille-Paris-Lyon-Marseille-Bruges-Bruxelles-Rome

IMPRIMATUR :

Versaliæ, die 23 Octobris 1911.

P. LEBLANC, Vic. gen.

NIHIL OBSTAT :

Insulis, die 26 Octobris 1911.

H. QUILLIET, s. t. d.,

librorum censor.

IMPRIMATUR :

Cameraci, die 27 Octobris 1911.

A. MASSART, Vic. gen.,

pontificæ domus Antistes.

PRÉFACE

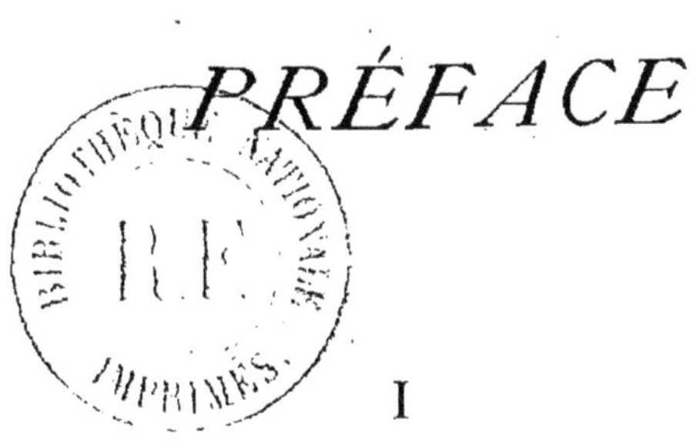

I

De tous les hommes qui se dévouent pour l'humanité, il n'en est pas qui méritent plus notre admiration que les missionnaires catholiques.

Quitter sa patrie, sa famille, sans espoir de retour, pour aller se fixer au milieu de peuplades barbares afin de les gagner à la vraie foi et de les élever jusqu'à la civilisation ; se plier à leurs coutumes, à leurs mœurs, à leurs usages en ce qui n'est pas contraire à la conscience, pour se faire aimer et en même temps faire aimer Jésus-Christ ; tout sacrifier pour atteindre ce but sublime, santé, forces, bonheur terrestre ; répandre même, si Dieu l'exige, le sang de ses veines pour affermir et féconder l'œuvre d'évangélisation que l'on a commencée avec ses sueurs : voilà la tâche héroïque à laquelle se dévouent ces hommes admirables que le catholicisme envoie dans toutes les parties du monde pour annoncer la bonne nouvelle et qui forcent l'admiration des indifférents et des impies.

Mais, hélas ! il faut bien le dire, on ne s'intéresse pas assez à l'œuvre et au travail de nos missionnaires. On lit passionnément les récits de voyages et d'explorations tentés en notre siècle par de hardis voyageurs ; mais on délaisse les narrations où les héros de l'apostolat racontent leurs joies et leurs succès, leurs souffrances et leurs épreuves. Cependant ils font œuvre de christianisme et de patriotisme, et, à ces titres, leurs actions devraient nous intéresser. « Est-ce que les récits de ces hommes héroïques, les faits plus ou moins tragiques de leur vie, rendue aventureuse par le zèle apostolique, ne doivent pas exciter autant d'intérêt que les pages souvent trop belles pour être complètement vraies des explorateurs et des voyageurs[1] !»

Voilà pourquoi nous avons voulu offrir à la jeunesse ces rapides esquisses, extraites de l'histoire de l'apostolat au XIXe siècle. Nous espérons qu'au contact de ces grands et généreux caractères, les jeunes gens qui liront ce livre sentiront s'accroître en eux les amours qui doivent faire battre leur cœur : Dieu, la France et les âmes.

II

Dernièrement nous lisions deux articles écrits, le premier par un croyant convaincu, et l'autre par un poète célèbre, que la souffrance a rapproché de Dieu. Tous deux expriment les sentiments de la plus vive admiration pour les missionnaires et pour leur sainte vocation, et il nous semble qu'ils ont leur place marquée dans la préface de ce livre :

« Voulez-vous savoir en quoi consiste la cérémonie du départ des missionnaires ? Donnez-moi le bras et entrons sans crainte au séminaire des Missions étrangères. C'est ici la maison du bon Dieu ; il n'y a ni employé, ni garde, ni vestiaire. Voici d'abord une statue sur le seuil : c'est saint François Xavier, patron du missionnaire. Il a arraché des millions de sauvages à la barbarie païenne, aussi vous ne verrez pas sa statuedans Paris.

« Ces groupes, qui se promènent en causant avec effusion et gaieté, sont composés des parents et amis de ceux qui vont partir. A droite, cet officier décoré et ce missionnaire sont deux frères ; l'un revient du Tonkin et l'autre y part pour n'en pas revenir. Ce petit missionnaire, à gauche, n'a pas de famille ;

1. *Vie du R. P. Lourdel*, par l'abbé Nicq, p. 1.

mais, voyez, il en a retrouvé une autre ; car ceux qui l'entourent sont ses professeurs et camarades de collège ; ils lui ont payé un calice, une pharmacie, etc., etc. Le missionnaire ne pourra pas tout emporter ; mais, c'est égal, on paye tout de même, parce qu'on l'aime et qu'on veut qu'il connaisse l'affection de ceux qu'il va quitter. Aussi il y a de solides poignées de mains, je vous assure ; on y fait passer son cœur !

« Voici maintenant, à gauche, la salle des martyrs, toute tendue de rouge ; on y conserve les reliques des missionnaires tués loin de la terre de France, pour la sainte cause du Christ et de son Église. C'est un diacre, — un futur martyr peut-être, — qui en a les clefs. Je me suis souvent demandé quelles doivent être ses pensées lorsqu'il pénètre seul, le soir, dans cette salle des ancêtres qu'il habitera peut-être un jour ? Quel mystérieux langage lui parlent ces objets sacrés ? Et par quel sublime attrait ce qui effraye le monde attire celui qui l'a quitté ? « Souviens toi d'hier, doivent-ils lui murmurer ; « souviens toi de Théophane Vénard et de tant d'autres qui « ont tenu si fièrement le drapeau du Christ et qui dorment « là bas sur la terre qui t'attend demain ! » Et il me semble que le jeune diacre tombe quelquefois à genoux dans le silence du soir, sous la bénédiction sainte qui fait les forts et sacre les vaillants.

« Mais la cloche chinoise, qui sonne seulement ces jours-là, a réuni les missionnaires dans le parc pour le dernier adieu à la Vierge. Ils sont là, les bras croisés, l'attitude énergique et résolue, évoquant ensemble à l'esprit l'idée du prêtre, du Français et du soldat, et sans tarder, car les minutes sont comptées, le chant du départ s'élève, simple et touchant, sous le ciel libre :

Partez, hérauts de la bonne Nouvelle ;
Partez, amis ...

et les missionnaires répondent par les invocations des litanies:

« Étoile de la mer, protégez-nous! Reine des apôtres, reine des « confesseurs, reine des martyrs, priez pour nous! »

« Oh! l'émouvante scène, qui n'est dépassée que par l'adieu final fait dans la chapelle! Entrons, si vous voulez, et nous retrouverons nos missionnaires le dos appuyé à l'autel; la foule passe silencieuse et émue, baisant les pieds de ceux qui ne reviendront plus, pendant qu'éclate au-dessus des fidèles l'hymne sainte de l'Église, traduisant la pensée de tous:

« Oh! qu'ils sont beaux, sur la montagne, les pieds de ceux qui évangélisent la paix et la vérité [1] ».

M. François Coppée, qui assistait naguère à la même cérémonie, raconte avec émotion ces derniers détails:

« Alors commença l'acte le plus touchant de l'imposante cérémonie. Tous les assistants défilèrent tour à tour devant les missionnaires, les baisant sur les pieds d'abord, puis sur le visage: sur les pieds pour leur souhaiter bonne route et large récolte d'âmes chez les infidèles; sur les deux joues en signe de fraternelle tendresse et d'éternel adieu.

« J'étais accompagné d'un jeune poète de mes amis; nous n'hésitâmes ni l'un ni l'autre à accomplir le rite, car ceux qui ont un peu d'idéal dans l'âme courbent le front sans effort devant ce qui est vraiment grand, et tous les deux nous avions les yeux pleins de larmes en sortant des bras de ces paladins du Christ, de ces chevaliers errants de la foi qui nous avaient serré sur leur cœur avec un heureux sourire, en se recommandant à nos prières.

« Mes prières! Vous me les demandez à votre tour aujourd'hui, cher enfant, qui allez vous engager au service de Dieu par des promesses éternelles et à qui l'an prochain, si je suis encore là, j'irai donner l'accolade dans l'église des Missions!

« Mes prières! Je les avais depuis longtemps oubliées, et il m'a fallu de longs mois de maladie et de souffrances pour les balbutier de nouveau et pour tendre éperdument les mains vers

1. Supplément parisien à la *Croix*, du 25 avril 1891.

un Père céleste dont je veux subir désormais, avec obéissance, la mystérieuse volonté...

« Mes prières ! Ce sont les vôtres dont j'ai besoin, intrépide et pieux enfant ; les vôtres et celles de vos amis des Missions étrangères, de ces admirables chrétiens qui, dans l'imitation de la vie de Jésus, ont choisi de préférence sa passion et sa mort et que j'ai vus, en une heure inoubliable, rangés devant l'autel, dans l'attitude des victimes, prêts pour la croix et offrant leurs mains ouvertes aux clous du bourreau et leur flanc à la lance du légionnaire. »

Monseigneur RETORD

Monseigneur RETORD

« On ne saurait croire de quelle immense popularité Mgr Retord jouissait dans les missions d'Asie : son nom remplissait tout l'Extrême-Orient ; sans distinction de nationalité ni de culte, on vénérait en lui la plus haute expression du courage, de la capacité et de la vertu. »

Mgr FORCADE,
Ancien vicaire apostolique du Japon

I

Un petit berger. — Prédicateur improvisé. — Rare ténacité. — « Le meunier, qui veut de la farine ! » — Le grand séminaire. — Une distraction colossale.

« NE sais-tu pas que nous sommes trop pauvres !... »

Telle fut la réponse que firent les parents de Pierre Retord à leur fils, qui sollicitait la permission d'étudier pour être prêtre.

Il était né à Renaison, gros bourg du département de la Loire, le 23 mai 1803. Caractère entreprenant, décidé, et d'une activité exubérante, Pierre renonça bien à regret à l'idéal qu'il avait entrevu ; il se laissa guider par ses parents et devint petit berger.

Ici se place un incident intéressant de la vie du futur apôtre :

« Le travail du berger n'était pas sans relâche, et, de temps à autre, Pierre allait chez son oncle Deschavannes, vigneron des Goillards, petit hameau caché comme un nid d'alouettes entre deux collines couvertes de vignobles qui produisent le vin de Bouteyran, le meilleur du pays.

« C'est là que se brisa la chaîne qui le rivait à la houlette.

« Le soleil se couchait derrière la montagne ; le curé de Saint André venait de passer dans les chemins creux, bordés de pierres sèches, qui serpentent entre les vignes ; le jeune Retord, son travail achevé, suivait le curé à quelque distance, lorsqu'il aperçut un petit rouleau de papier. Il le prit, l'ouvrit, et eut un joyeux éclat de rire.

« — Tiens, le prône de M. le curé ! »

« Il revint à la maison en courant, et n'eut rien de plus pressé que de faire part de sa trouvaille aux Deschavannes réunis, et chacun de lui dire :

« — Eh bien ! toi, qui as si bonne mémoire, voyons si, pendant que le souper se prépare, tu apprendras ce sermon. »

« Le défi fut accepté. Après le repas, l'orateur monta sur la table et débita mot à mot le discours. On juge s'il fut applaudi. En soi, le fait n'était rien, mais bien des faits ont seulement l'importance qu'on leur donne. De celui-là, on conclut très sérieusement à la vocation ecclésiastique de Pierre.

« Encouragé par l'approbation qu'il sentait autour de lui, l'enfant se mit à apprendre le latin sous la direction d'un autre enfant. Il prit des leçons de son cousin Claude Deschavannes, un futur missionnaire qui avait commencé ses études chez un curé voisin. Chaque soir il demandait des explications sur *rosa* ou sur *amo*, en retenait le plus possible ; puis, le lendemain, il se fixait à lui-même un certain nombre de pages à apprendre.

« Afin de mener de front le travail intellectuel et le travail manuel, il employait cet ingénieux moyen : en se rendant à la vigne, il portait son rudiment, lisait quelques lignes, jetait son livre devant lui à cinq ou six pas, puis il taillait les ceps en se remémorant sa lecture ; arrivé à son livre, il le reprenait, lisait encore quelques lignes, le jetait de nouveau et continuait à tailler de plus belle jusqu'à ce qu'il sût tout ce qu'il avait décidé de savoir. Volonté et activité d'enfant qui présagent celles de l'homme [1]. »

Cette ténacité devait triompher de tous les obstacles. A dix-huit ans, Pierre Retord entrait chez un maître de pension de Renaison, M. Gamot. Puis, de là, il passait au petit séminaire de Verrières. Cette maison est située au milieu des montagnes, dans une splendide nature, bien faite pour élever l'âme des enfants et fortifier leur santé qui a besoin, pour s'affermir, de chaud soleil et de grand air.

Lorsqu'il entra en classe de troisième, son accoutrement bizarre fit sourire les élèves, et l'un d'eux, à la vue de son large chapeau et de sa veste de bure grise, ne put retenir ce mot piquant :

« Le meunier, qui veut de la farine ! »

Le maître ne se fâcha pas contre le malicieux qui avait ainsi fait infraction à la règle. Il se contenta de défendre le nouveau venu, et il répondit d'un air inspiré :

1. Cf. *Le Tonkin catholique et Mgr Retord*, par Adrien Launay, p. 7.

« Meunier? meunier? oui, riez bien, mes petits, c'est un meunier qui vous moudra plus de farine que vous n'en voudrez. »

Et de fait, Pierre Retord était bientôt à la tête de sa classe, car l'année suivante, en seconde, il remportait de brillants succès.

Après trois ans de séjour à Verrières, Pierre entrait à Alix où se trouvait le séminaire de philosophie du diocèse de Lyon, puis au grand séminaire. Le sous-diaconat le trouva un peu hésitant, mais les conseils autorisés du directeur de son âme calmèrent ses craintes, et il fit joyeusement le pas définitif qui le séparait à jamais du monde et le donnait à Dieu. A cette époque, il commença à manifester hautement sa pensée d'entrer dans la société des Missions étrangères. On lui fit valoir de bonnes raisons pour l'engager à rester dans le clergé séculier ; il se soumit et attendit, gardant au fond du cœur ses espérances et ses généreux desseins.

Une grande épreuve attendait le nouveau prêtre au lendemain de son ordination sacerdotale. Le jour de sa première messe devait être pour lui l'occasion d'un cruel sacrifice et d'une profonde humiliation. Au moment où sonnait l'heure du petit déjeuner, il descendit suivant l'usage au réfectoire, oubliant la messe qu'il devait célébrer. Ses confrères ne pensèrent pas à l'avertir de sa distraction. On juge de sa désolation lorsque, après le repas, il se souvint... Il alla aussitôt conter sa vive peine au supérieur du séminaire. Celui-ci n'en pouvait croire ses oreilles, et il crut devoir adresser une sérieuse admonestation à l'abbé Retord.

A genoux, l'humble prêtre écoutait et acceptait tout.

« Pardonnez-moi, disait-il, Dieu a voulu m'humilier, je le méritais bien. »

C'était la croix qu'il devait sentir si lourdement peser sur ses épaules durant tout le cours de sa vie qui se présentait déjà à lui, dans un jour où Dieu l'épargne ordinairement à ses prêtres, le jour d'une première messe.

II

Vicaire. — Départ pour les missions. — Le Tonkin. — « Salut, terre chérie ! »

Après son ordination, l'abbé Retord fut nommé vicaire à Saint-Georges de Lyon. Le curé de cette paroisse avait eu occasion d'apprécier le jeune prêtre et l'avait demandé comme collaborateur à Mgr des Pins, qui avait fini, après quelques difficultés, par l'accorder.

Dans ce premier ministère, l'abbé Retord se fit adorer de cette population d'ouvriers et de petits rentiers. En chaire, au catéchisme, dans ses relations avec les paroissiens, il apportait ces qualités précieuses qui conquièrent bien vite la sympathie : la simplicité et la distinction, la réserve et la rondeur, le calme et l'énergie. Il aimait ardemment les âmes, et les âmes venaient à lui pour se laisser conduire à Dieu.

Cependant il songeait toujours à l'apostolat dans les missions lointaines, espérant que ses supérieurs ecclésiastiques se laisseraient toucher et lui donneraient l'autorisation de partir. Pour s'entretenir dans sa sainte vocation, il lisait souvent les *Nouvelles Lettres édifiantes* et les *Annales de la Propagation de la foi*, et cherchait les occasions de s'endurcir pour supporter plus facilement la vie de fatigues du missionnaire. Au bout de trois ans de vicariat, il renouvelait sa demande à l'archevêque de Lyon et avait la joie de la voir accueillie favorablement.

Entré au séminaire des Missions étrangères, il n'y resta que quelques mois, le temps de s'y former rapidement à la vie apostolique et de consoler les âmes, que son départ de Lyon avait jetées dans la désolation. Le 21 août 1831, il partait pour Bordeaux à destination de la Cochinchine. Nous ne décrirons pas le voyage du missionnaire ; nous avons hâte de le voir sur le théâtre de son apostolat. Arrivé à Macao, où se trouve la procure des Missions étrangères, M. Retord fut désigné pour le Tonkin, les circonstances rendant difficile son entrée en Cochinchine.

Écoutons-le nous dépeindre la barque qui le conduit vers le but tant désiré :

« L'intérieur de notre appartement aurait offert un beau coup d'œil à l'observateur attentif. Il aurait vu à fond de cale, dans un mélange mystérieux de lumière et de ténèbres, d'abord de l'eau dormante mal recouverte par quelques planches ; puis un tas de sable, un tas de pierres, un tas de cordes ; ensuite une dizaine de caisses superposées ; parmi tous ces objets, quelques crapauds, beaucoup de rats, quantité de cancrelats ; en haut, des lézards et des araignées grosses comme de petites noix. En regardant bien à travers toutes ces belles choses, il aurait aperçu quatre personnages qui auraient fixé son attention : l'un étendu sur une natte, se tournant tantôt d'un côté tantôt d'un autre pour ne pas trop s'écorcher les membres ; l'autre assis tristement sur une caisse, comme saint Siméon Stylite sur sa colonne ; celui-ci debout contre la lucarne, pour respirer un air plus frais ; celui-là un livre à la main, pour charmer ses ennuis ; et si on eût expliqué à ce spectateur attentif que ces quatre espèces d'hommes étaient des missionnaires français, assurément il nous aurait crus malheureux. Et moi aussi, un jour, je me suis presque cru malheureux : c'était le dimanche de la fête du Saint-Sacrement. Oh ! que ce jour me paraissait triste quand je pensais à cette brillante fête que j'avais célébrée à pareille époque à Lyon : « O Seigneur, si aujourd'hui comme autrefois, « vous êtes porté en triomphe au milieu des fidèles français, ah ! bien « qu'éloigné de mes compatriotes par un espace de six mille lieues, « donnez-moi votre bénédiction du haut de vos sacrés autels, afin « qu'elle m'aide à supporter patiemment la croix de cette vie. »

« Le Seigneur écouta ma prière : j'ouvris comme par hasard le livre

AU TONKIN

de l'*Imitation*, et à la première page je lus les paroles suivantes : « Mon fils, ne te laisse pas briser par les travaux que tu as entrepris « pour moi ; que les tribulations ne t'abattent jamais, mais qu'en toute « circonstance ma promesse te fortifie et te console [1]. »

Le 11 juillet 1832, Retord saluait ainsi la terre où il devait consumer sa vie :

« Salut, terre chérie vers laquelle nous sommes venus de bien plus loin que la reine de Saba vers Salomon ! c'est ici que nous devons trouver notre portion d'héritage et le calice que le Seigneur destine à ses amis... Salut, champ de bataille où il nous faudra, jusqu'à la mort, lutter contre le prince des ténèbres pour planter la croix de Jésus sur ses autels brisés ! Salut aussi à vous, saints patrons et anges tutélaires de ces lieux, saints martyrs qui nous avez précédés dans la carrière

1. *Vie de Mgr Retord*, par Adrien Launay, pp. 57, 58.

apostolique ! Ah ! soyez nos aides et nos guides dans les sentiers teints de votre sang que nous allons parcourir. »

Cependant le débarquement s'opère sans que l'attention des païens soit éveillée. Les quatre missionnaires sont arrivés au milieu des chrétiens qui leur prodiguent les soins les plus respectueux et les plus dévoués. Reçus par Mgr Delgado et Mgr Hénarès, ils s'entendent donner avant leur départ cet avis important, fruit d'une grande expérience :

« Vous êtes encore jeunes, vous pouvez faire beaucoup de bien si vous savez agir avec prudence et ménager vos forces. Pères, adieu jusqu'au ciel, priez pour nous. »

Le 19 juillet ils étaient au bout de leurs fatigues et ils entraient au collège de Vinh-Tri, où se trouvait leur évêque, Mgr Havard. L'apostolat allait commencer pour le Père Retord.

III

Le Tonkin catholique. — La vie errante. — Vivent les misères et les croix ! — « J'ai oublié le français ! » — Les voyages du missionnaire.

« La mission du Tonkin occidental est, par le nombre de ses chrétiens, la plus importante des vingt-sept missions confiées à la société des Missions étrangères. Une suite de grands évêques, depuis Mgr Pallu, son premier vicaire apostolique (1658-1680), ont contribué puissamment à former et à maintenir les fortes traditions qui sont la vie et assurent le progrès d'une mission.

« Ce fut seulement dans les premières années du XVIIe siècle (1627) que les Pères jésuites commencèrent à évangéliser le Tonkin en même temps que la Cochinchine. Le roi d'Annam accueillit parfaitement les prédicateurs de la vérité et leur permit d'abord d'annoncer la parole sainte dans tout le royaume. Le peuple tonkinois reçut avec une pieuse avidité la bonne nouvelle. D'après les mémoires du temps, en quelques années, l'église naissante du Tonkin compta quatre-vingt-deux mille fidèles.

« De si beaux résultats ne tardèrent pas à exciter la rage du démon; aussi, dès la troisième année de l'arrivée des Pères Jésuites au Tonkin, on vit commencer cette longue suite de persécutions qui devaient durer à peu près sans interruption jusqu'à nos jours. Ce fut un jeune néophyte, nommé François, qui eut l'honneur de verser le premier son sang pour la foi au Tonkin. Cet accident, qui se renouvela quelques années plus tard en Cochinchine, fit réfléchir le Père de Rhodes et l'amena à conclure à la nécessité de former un clergé indigène pour assurer l'avenir de ces jeunes églises et permettre, en cas d'expulsion

MGR DE LA MOTHE-LAMBERT, ÉVÊQUE DE BERYTHE

violente des missionnaires européens, d'assister sans interruption les chrétiens par le moyen des prêtres du pays. C'est de cette pensée féconde que naquit, en 1660, la société des Missions étrangères, dont la première fin et la raison d'être est de travailler à la conversion des gentils, non seulement en leur annonçant l'Évangile, mais en préparant au sacerdoce ceux des nouveaux chrétiens qui seront jugés aptes à ce saint état.

« Le premier vicaire apostolique du Tonkin fut Mgr Pallu, qui mourut à Fo-Kien, sans avoir pu pénétrer dans sa mission.

« Son provicaire général, M. Deydier, avait été plus heureux que lui. Il s'était embarqué comme matelot à bord d'une jonque païenne, et il aborda au Tonkin au mois de septembre 1666. Il trouva cette belle Église dans une situation bien triste ; privés de leurs prêtres, les chrétiens croupissaient dans l'ignorance, sans culte, sans sacrements. Voyant cette situation, M. Deydier, dès les premiers jours d'octobre, convoqua auprès de lui tous les catéchistes pour leur faire reconnaître son autorité et choisir parmi eux ceux qui seraient dignes d'être élevés au sacerdoce. Après leur avoir fait faire à tous une retraite de trois jours, il en retint deux auprès de lui pour les préparer immédiatement à la réception des saints Ordres. Au bout de seize mois les deux élus furent ordonnés à Siam par Mgr de la Mothe-Lambert, vicaire apostolique de la Cochinchine, puis ils retournèrent rejoindre M. Deydier, resté seul au Tonkin.

« L'année suivante, Mgr de la Mothe-Lambert, voyant que Mgr Pallu était retenu en Europe pour les affaires générales de la société, se résolut de passer au Tonkin en compagnie de deux nouveaux missionnaires, MM. de Bourges et Bouchard. Malgré la persécution, le roi, ayant appris qu'un navire français venait d'arriver et que le roi de France était le plus puissant monarque de l'Occident, témoigna le désir de voir les commerçants de cette nation venir trafiquer dans son royaume, et, pour les attirer, il leur fit concession d'un terrain à Héan. C'est là que, d'après les conseils de Mgr de la Mothe, MM. Deydier et de Bourges installèrent le séminaire ; mais, pour ne pas attirer l'attention des mandarins, ils prirent le costume des gens du pays et la qualité de marchands.

« Au mois de janvier 1670, M. Deydier présenta à l'ordination sept nouveaux catéchistes, ce qui porta à neuf le chiffre des prêtres indigènes ; vingt autres catéchistes reçurent en même temps les ordres mineurs et vingt jeunes séminaristes la tonsure. L'évêque tint alors un Synode dans lequel furent posées les bases constitutives de la mission du Tonkin. En même temps, Mgr de Berythe complétait son œuvre en établissant, dans la maison d'une pieuse chrétienne, les premières religieuses annamites, connues sous le nom d'Amantes de la Croix.

« La mission du Tonkin ne formait alors qu'un seul vicariat. En 1678, le Saint-Siège procéda à une première division en prenant pour base le fleuve Rouge et la rivière Claire. Les provinces situées à gauche de ces deux cours d'eau formèrent un nouveau vicariat qui prit le nom de Tonkin oriental. Les provinces situées à droite furent désignées sous le nom de Tonkin occidental. »

Mgr Deydier, évêque d'Ascalon, fut le premier vicaire apostolique du Tonkin oriental. Comme il manquait de missionnaires, il fit appel aux dominicains de la province du Saint-Rosaire de Manille, qui, après sa mort (1693), demeurèrent chargés de cette partie du Tonkin. Ils y dirigent actuellement trois vicariats apostoliques qui comptent deux cent quatre-vingt mille chrétiens. Le Tonkin occidental resta l'héritage de la société des Missions étrangères. En 1846, on en détacha les provinces du sud, qui formèrent dès lors le Tonkin méridional. Ces deux vicariats comptent en ce moment trois cent dix mille chrétiens.

« A la fin du siècle dernier, tout le royaume d'Annam, Cochinchine et Tonkin, fut désolé par la révolte des montagnards de l'ouest. Gia-Long réunit sous son sceptre les deux parties longtemps divisées du royaume, le Tonkin et la Cochinchine. Son règne fut pour l'Église du Tonkin, persécutée pendant presque toute la durée du dernier siècle, une période de paix relative et de restauration religieuse. Bien qu'il ait cruellement trompé les espérances que l'évêque d'Adran avait conçues en le faisant remonter sur le trône, Gia-Long ne poussa jamais l'ingratitude jusqu'à verser le sang des missionnaires et celui des chrétiens. Mais à sa mort il eut la malheureuse idée de déshériter son petit-fils, l'enfant du prince Canh, l'ancien élève de l'évêque d'Adran, pour donner le trône à un de ses fils naturels, nommé Minh-Mang, homme d'un esprit remarquable, mais qui s'était juré d'anéantir le christianisme. Ce fut un duel à mort dont le royaume d'Annam devait sortir grièvement blessé [1]. »

C'est donc en pleine persécution que le Père Retord allait inaugurer son ministère apostolique. Il était admirablement doué pour la lutte, car il avait le courage, le sang-froid, la ténacité, et par-dessus tout un amour indéfectible de Dieu et des âmes. La direction du district de Son-Mieng lui fut confiée. La vie n'était pas gaie alors, car il lui fallait se cacher dans des cabanes retirées ou dans des fosses recouvertes de broussailles ; mais il n'en perdait pas pour cela sa belle humeur, et au milieu de toutes ses détresses il chantait cette devise qui devait être celle de son épiscopat : « Vivent les misères et les croix ! »

Le premier soin du missionnaire consiste à prendre le plus possible les mœurs et les coutumes de ses ouailles. Étudier la langue, se faire

1. Cf. *Vie de Mgr Puginier*, par E. Louvet.

aux habitudes des Annamites, se donner à eux à corps perdu, telle fut la préoccupation absorbante du Père Retord dans les premiers temps de son ministère. Il devint un si parfait Tonkinois, qu'il en oublia presque le français. Mgr Havard, s'étant rendu à Son-Mieng pour la visite pastorale, fut étonné de ne pas l'entendre répondre à ses premières questions :

« Eh ! comment, cher confrère, lui dit-il, êtes-vous donc fâché de me voir ? Pourquoi ne répondez-vous rien ?

— J'ai oublié le français ! dit le Père Retord après quelques instants de silence. »

Il avait réussi au delà de toute espérance. La transformation était complète.

Cependant le missionnaire n'oubliait pas la France ; il écrivait aux amis qu'il avait laissés là-bas pour les mettre au courant de ses joies et de ses tribulations. Citons cette lettre, qui nous le montrera sur le vif; il décrit ses courses apostoliques :

« Qu'elles sont belles ! Tantôt, semblable à un gros mandarin, je les fais mollement couché dans un filet recouvert d'une belle natte et porté par deux Annamites. Dans ce filet et sous cette natte, l'œil du méchant ne peut me voir.

« Tantôt, heureux héritier de la barque de Pierre, je voyage sur les eaux des fleuves, qui sont très beaux ici et en très grand nombre, grâce à des inondations qui, pendant plus de quatre mois, couvrent entièrement le pays.

« Les païens, qui me voient voguer dans ma pauvre petite nacelle, croient que je vais comme eux à la pêche des poissons, quand je vais à celle des hommes.

« Le plus souvent, c'est à pied que je fais mes courses. Figurez-vous un individu dont la taille est de cinq à six pouces plus haute que celle de tous ceux qui l'environnent : une longue barbe cache presque son visage, un large turban enveloppe sa tête et un large chapeau de paille la couvre en entier ; ses larges habits, d'une forme toute singulière, sont relevés jusqu'aux genoux ; ses pieds sont nus et sa main est armée d'un gros et noueux bâton ; le voilà qui s'avance précédé d'une douzaine d'hommes armés de longues perches de bambous, car c'est ainsi qu'il faut en user pour ne pas s'exposer à tomber entre les mains des brigands qui pullulent sur cette malheureuse terre annamite. »

Il parle ensuite de l'accueil que lui font ses chrétiens, des modestes cadeaux qu'ils prélèvent sur leur pauvreté pour le père de leurs âmes.

SU-TCHUEN (CHINE) — LE MISSIONNAIRE EN BARQUE

« Je leur raconte des histoires sur la France ; je leur dis combien est grand dans ce pays le nombre d'évêques et de prêtres, comme les églises sont hautes, ont de belles colonnes et de pesantes voûtes en pierre ; je leur parle de la multitude d'autels qui se trouvent dans ces églises, de leurs grosses cloches, du chant majestueux des offices, etc. ; je n'oublie pas les pieux fidèles qui font l'aumône aux missions, qui leur envoient des chapelets, des croix et des médailles, et je rappelle aussi combien nous sommes obligés de prier Dieu pour eux.

« Ces braves gens sont enchantés de mes histoires ; ils se disent entre eux :

« — Il paraît qu'on est bien heureux dans ce pays, puisque la religion s'y exerce si solennellement. »

« Hélas ! ils ne se doutent point que je ne lève devant leurs yeux qu'un coin du voile, celui qui cache le beau côté ; mais cette partie qui dérobe à leurs regards les œuvres de crime et de mort de vos savants impies, je la laisse abaissée pour eux, comme elle devrait l'être pour toutes les générations. »

Il termine par cette belle page où se révèle l'amour de sa vocation de missionnaire :

« Oh ! que le Seigneur est donc bon ! Que sa Providence est admirable ! Que les enfants de la terre s'attachent à ce monceau de boue, qu'ils se disputent à l'envi quelques grains de sable ; pour moi, je ne veux que vous, ô mon Dieu ! et je me tiens content de la part que vous m'avez assignée. Prêcher l'Évangile aux pauvres, courir de cabane en cabane sur les pas de Jésus : oh ! que ce ministère est beau ! A d'autres le pénible état de faire retentir la parole sainte à l'oreille des grands, de la prêcher sous la voûte résonnante des basiliques riches et superbes, entourés d'un auditoire illustre et nombreux ; mais à nous la gloire de catéchiser le pauvre et l'ignorant sous sa case de paille. Que d'autres parcourent solennellement les provinces, précédés par la renommée qui proclame leur arrivée ; pour nous, notre honneur est de passer inaperçus dans les empires où le démon règne tyranniquement, de ruiner sourdement son pouvoir en lui enlevant ses sujets. »

Enfants qui lisez ces lignes, admirez les généreux sentiments qui les ont dictées, et puisse Dieu inspirer à quelques-uns d'entre vous la pensée de marcher sur les traces de ces hommes héroïques, qui sont prêts à tous les sacrifices pour faire connaître et aimer Notre-Seigneur Jésus-Christ.

IV

La persécution. — Martyre du Père Marchand. — Habileté du Père Retord. — Martyre de Xavier Cân.

Ming-Mang abusait de ses sujets : ils se révoltèrent. Le Père Marchand, enlevé de sa paroisse par Khoï, chef des rebelles, qui voulait avoir un missionnaire près de lui, fut pris à Saïgon par l'armée royale victorieuse. On le condamna au plus atroce des supplices annamites : les cent plaies. La tête du martyr fut promenée dans tout l'Annam, pour exciter la terreur et la crainte. Une sorte d'accalmie succéda à la tourmente ; elle fut de peu de durée.

Le 25 janvier 1836 la persécution recommença. Le Père Retord se prépara au martyre, mais il se prépara en même temps à déjouer par la ruse les complots de ses ennemis. Personne n'était plus habile que lui à choisir les moyens pratiques pour échapper aux satellites. Les chrétiens admiraient son calme, son courage et son esprit souple.

« Le père est très fort, » disaient-ils.

Le missionnaire ne reculait pas devant le martyre, mais il se croyait, avec raison, nécessaire à ses fidèles, et il considérait comme un devoir de tout mettre en œuvre pour échapper au péril.

Sur ces entrefaites, le Père Retord éprouva une vive peine. Un catéchiste très aimé de lui, Xavier Cân, fut arrêté tandis qu'il remplissait une mission qui lui avait été confiée. Grande fut la désolation du missionnaire.

« Il m'a suivi partout depuis que je suis au Tonkin, écrivait-il. Il a habité avec moi dans les réduits humides et sombres ; il a couru avec moi pendant les nuits, dans l'eau et la boue des rivières et des marécages ; il a partagé tous mes dangers, m'a soigné dans ma maladie ; il m'a aidé à apprendre la langue annamite ; enfin il m'a assisté dans toutes les fonctions de mon ministère, à travers des difficultés et des privations sans nombre et sans mesure. »

« Il était très ardent à prêcher les idolâtres, à encourager les chrétiens persécutés, à aller chercher et ramener au bercail les pécheurs endurcis. C'était mon grand commissionnaire, expéditif, obéissant ; il allait promptement partout où je l'envoyais, loin ou près, la nuit comme le jour, dans les pays paisibles et dans les villes et villages que bouleversait la tourmente de la persécution religieuse [1]. »

1. *Mgr Retord et le Tonkin catholique*, par Adrien Launay, p. 123.

Faisant part à son père spirituel de son arrestation et de sa détention, l'intrépide catéchiste finissait ainsi sa lettre :

« Je sais que le Seigneur m'a conduit sur ce champ de bataille pour combattre avec force et valeur. Je suis ici comme un bœuf entre les mains du boucher ; ils feront ce qu'ils voudront de moi, ils assassineront ma chair à la manière qu'il leur plaira. Je ne regrette rien sur cette terre ; je ne crains point l'ennemi ; je ne redoute nullement la fureur des bourreaux[1]. »

Le Père Retord voulut tenter l'impossible pour sauver son zélé catéchiste : démarches auprès de personnes influentes, offrande de sommes considérables qui devaient être la rançon du prisonnier. Tout fut inutile ; à certains moments on croyait atteindre le but tant désiré, mais la rage des persécuteurs reprenait le dessus. Pendant le temps de cette dure captivité, le missionnaire ne cessait de ranimer le courage de son catéchiste ; il lui écrivait des lettres comme celle-ci :

« J'ai appris que les mandarins t'avaient condamné à la peine capitale ; cette nouvelle m'a causé tout ensemble une grande douleur et une grande joie... Tes tribulations me désolent : la cangue me pèse plus qu'à toi ; depuis que tu es en prison, j'y suis aussi et j'en ressens toutes les horreurs ; mais la foi me console de toutes les souffrances.

« Embrasse donc ta cangue avec autant de force et d'amour que Madeleine les pieds du Sauveur ; un jour elle sera changée pour toi en une auréole lumineuse. Place tes pieds dans tes ceps avec autant de joie que les mandarins les leurs sur un duvet de roses, et pense qu'ils doivent te servir de degrés pour monter sur le trône immortel qui t'est préparé dans les cieux. Habite avec joie ta prison noire, songeant qu'elle est le vestibule des palais éternels[1]. »

Pendant le temps de sa longue détention, Xavier fut atteint d'une maladie grave. Il témoigna alors l'ardent désir qu'il avait de recevoir les sacrements. Un prêtre indigène entra dans la prison avec un médecin, reçut sa confession et lui donna le sacrement des forts.

Enfin le moment vint où le confesseur de la foi dut donner à son maître le suprême témoignage d'amour. Rien n'avait pu vaincre sa constance : la palme était prête pour le martyr.

Le funèbre cortège se rassembla pour l'exécution. Cinq mandarins ouvraient la marche, montés sur des éléphants ; dix officiers à cheval les suivaient, puis trois cents hommes du régiment de Vû-Lam, en uniformes rouges et le sabre à la main.

1. *Mgr Retord et le Tonkin catholique*, par Adrien Launay, p. 122.

2. *Ibid.*, p. 130

Une foule immense était accourue sur leur passage. Les uns s'écriaient :

« Cet homme dédaigne la mort ; il faut vraiment que le maître du ciel soit descendu en lui. »

LA CANGUE

Quelques-uns expliquaient ce mépris de mourir :

« Chez les chrétiens, il y a un pain qui ensorcelle ; ceux qui en mangent ne craignent plus rien, et rien ne saurait leur faire abandonner leur religion. »

D'autres s'approchaient de lui et murmuraient :

« Pourquoi veux-tu mourir, toi dont les cheveux n'ont pas encore blanchi, et dont le visage est si jeune ? Les animaux sans raison connaissent le prix de la vie ; à plus forte raison l'homme doit chérir la sienne.

— C'est un fou, » hasardaient plusieurs.

Mais le plus grand nombre des assistants l'admiraient.

On attendit pendant quelque temps six autres prisonniers qui devaient être exécutés avec le confesseur ; Xavier saisit cette occasion pour parler au peuple : debout au milieu des satellites, chargé de sa cangue et de ses chaînes, il éleva la voix, protesta qu'il mourait pour la seule cause de la foi, puis il improvisa une exhortation et parla longuement sur la mort.

Enfin on s'avança vers le lieu de l'exécution. Cân marchait d'un pas égal et ferme, « la figure riante comme un convive qui se rend au festin ; » il adressait à la multitude qui s'empressait autour de lui de religieuses paroles.

Lorsqu'il fut arrivé sur le terrain fatal, hors des portes de la ville, les soldats démontèrent sa cangue et brisèrent ses chaînes. Quelques chrétiens lui apportèrent une table chargée de mets et d'un flacon de vin. Il s'assit, but et mangea pour leur faire plaisir, ensuite il se leva.

L'exécution des condamnés commença aussitôt ; les bourreaux abattirent à coups de sabre les têtes des six coupables, dont le sang rejaillit sur les vêtements de Xavier qui ne manifesta aucune émotion.

On lui ordonna de s'asseoir à terre ; ses mains furent liées à un pieu placé derrière lui, la corde passée à son cou, et les deux extrémités remises à douze soldats qui se postèrent à droite et à gauche. Une femme chrétienne, nommée Khoa, et plusieurs autres fidèles se précipitèrent en pleurant à travers les gardes :

« O Tiên-Truât, dirent-ils, ta dernière heure est venue ; sois ferme.

— Je vous remercie, mes frères et mes sœurs.

— Souviens-toi de nous devant Dieu. »

Il inclina la tête en signe de promesse.

Deux soldats s'approchèrent et lui parlèrent à voix basse, sans doute pour se recommander à ses prières.

On n'attendait plus que le signal, lorsque le chef militaire s'écria :

« O Tien-Truât, tu peux vivre encore, tu n'es ni voleur, ni rebelle ; ta sentence n'est point irrévocable : fais un pas sur la lettre dix, et j'irai parler pour toi. »

Xavier Cân répondit :

« Ma résolution est inébranlable, faites ce que vous avez à faire. »

A l'instant les soldats tirèrent la corde des deux côtés, puis, par un brusque mouvement, ils brisèrent le cou du martyr.

Selon l'usage, on brûla l'extrémité de ses pieds, et comme cette épreuve ne paraissait pas suffisante pour constater la mort des chrétiens, qui, prétendaient les païens, possédaient le pouvoir mystérieux de ressusciter au bout de trois jours, on lui coupa la gorge ; le sang coula à flots, et les fidèles s'avancèrent pour y tremper leurs mouchoirs, leurs turbans, leurs vêtements, des pièces d'étoffe entières. Le fils d'un mandarin du nord les imita ; il plongea dans le sang un de ses vêtements qu'il emporta respectueusement enveloppé. Les infidèles étaient dans l'étonnement et se disaient les uns aux autres :

MGR DUMOLIN-BORIE

« Voyez donc les chrétiens comme ils s'aiment ! » et quelques-uns d'entre eux venaient aussi furtivement tremper du papier dans le sang répandu.

Après l'éloignement des officiers et des soldats, les fidèles enlevèrent le corps et lui donnèrent la sépulture dans le jardin de l'un d'entre eux ; plus tard, les habitants de Son-Mieng, pays natal du martyr, le demandèrent et le déposèrent dans leur église [1].

V

L'épiscopat. — La résidence épiscopale. — Le sacre à Manille. — Le coadjuteur. — Intervention de la France. — Expéditions apostoliques. — Un confessionnal assiégé. — « Voilà le roi de la religion qui passe ! »

La persécution sévit avec fureur : Minh-Mang a fait expédier quarante crucifix au gouverneur de la province de Nam-Dinh ; on doit les placer aux portes de la ville pour que les chrétiens soient obligés de les fouler aux pieds.

« Qu'on frappe sans pitié, écrivait l'empereur aux mandarins, qu'on torture, qu'on mette à mort ceux qui refusent de fouler aux pieds la croix ! Qu'on sache que ce refus les constitue en état de rébellion, qu'on prenne donc, sans autre forme de procès, une hache, un sabre ou un coutelas, tout ce qui se trouve sous la main, pour exterminer ces aveugles et ces endurcis, sans qu'il en échappe un seul... »

Les missionnaires sont obligés de se cacher dans les forêts et dans les montagnes, où les chrétiens, en courant les plus grands risques, leur apportent la nourriture nécessaire à leur subsistance.

Mgr Retord, après être resté quelque temps à son poste, se voit forcé de se réfugier dans un vieux hangar, au milieu des broussailles. Pendant ce temps le sang coule.

Les évêques Hénarès et Delgado, le Père Fernandez, des prêtres indigènes, des catéchistes, des chrétiens font généreusement à Dieu le sacrifice de leur vie.

Mgr Havard est mourant ; de sa main défaillante il écrit ces lignes : « J'établis par ces présentes M. Pierre Borie pour me succéder, sous le titre d'évêque d'Acanthe, et, en cas de mort dudit Pierre Borie avant d'avoir reçu la consécration épiscopale, M. Retord me succédera sous le même titre. »

1. *Les Cinquante-deux serviteurs de Dieu*, par Adrien Launay, t. I, p. 230.

Mgr Havard mourait trois jours après. Il avait agi sagement en se nommant deux successeurs ; car au bout de quelques semaines Mgr Dumolin-Borie était arrêté, puis décapité.

Par le fait de cette mort, le Père Retord devenait évêque d'Acanthe et vicaire apostolique du Tonkin occidental. Le bâton pastoral, échappé de la main d'un vicaire apostolique expirant, était tombé dans le sang d'un martyr. Retord le ramassa par dévouement plus encore

M. GAUTHIER

que par obéissance. Pouvait-il refuser la mitre lorsqu'elle s'imposait à son front comme une couronne d'épines ?

Les évêques du Tonkin occidental résidaient depuis plus de cent ans dans la paroisse de Vinh-Tri, petit village de chrétiens fidèles. Mgr Retord dépeignait ainsi sa résidence épiscopale :

« Une petite cabane près de laquelle il y a un souterrain pour que j'y descende si les mandarins viennent à ma poursuite, deux catéchistes pour m'aider à répondre aux lettres qu'on m'écrit en français, en latin, en annamite, en chinois ; point de cathédrale, point de chanoines, point de secrétaires comme les évêques de France, un grand vicaire qui est très loin, perdu dans les montagnes : tels sont ma résidence et mon personnel. »

La persécution continuait à exercer ses ravages, et les vides se faisaient dans le clergé indigène. Que faire ? Retord n'était pas sacré, il ne pouvait ordonner de nouveaux sujets. Il n'y avait pas à hésiter ; il fallait partir coûte que coûte pour aller chercher très loin l'onction qui fait les pontifes.

Après bien des difficultés de toutes sortes, l'évêque d'Acanthe arrivait à Macao. Il n'y avait pas alors d'évêque dans cette ville, il dut donc reprendre la mer pour les Philippines. C'est à Manille, le 31 mai 1840, qu'il reçut la consécration épiscopale.

« Ce fut, disait-il, le jour le plus mémorable de ma vie, parce que jamais je ne reçus tant d'honneurs de la part des hommes, et tant de grâces de la part de Dieu. »

La croix devint son blason, avec cette devise : « Faites que je m'enivre de la croix, *Fac me cruce inebriari.* » Il devait la réaliser pleinement, durant les jours que Dieu allait lui donner encore pour travailler et souffrir dans sa chère mission.

On lui conseillait, avant de repartir pour le Tonkin, de faire un voyage en France :

« Sans doute la patrie m'est chère, et je la reverrais avec bonheur, avait-il répondu ; mais faut-il que je laisse périr les deux cent mille chrétiens qui sont dans ma mission et que l'on voie s'éteindre par ma lâcheté ce flambeau de la foi que d'autres ont allumé avec tant de sueurs et de fatigues ? Est-ce au moment où les lions rugissent avec le plus de fureur que le pasteur doit s'éloigner du troupeau ? Convient-il à un soldat d'abandonner son poste, parce qu'il voit le glaive étinceler à ses yeux ? Non, non, dussent toutes les armées du tyran être échelonnées sur ma route pour me fermer l'entrée du Tonkin, il faut que je réponde à l'ordre qui m'y appelle. Les murs de ma Jérusalem sont tombés; nouveau Néhémie, il faut que j'aille les relever ou m'ensevelir sous leurs derniers décombres. »

Au moment où Mgr Retord arrivait à sa résidence de Vinh-Tri, dans la citadelle de Hué, Minh-Mang mourait des suites d'une chute de cheval. Il ne fut regretté de personne, ni des païens, ni des chrétiens. On n'avait à raconter sur lui que des actes de cruauté inepte et bestiale.

A son retour, Mgr Retord trouvait sa mission dans un état lamentable ; durant son absence, prêtres et catéchistes avaient été emprisonnés et martyrisés. Des chrétiens avaient dû s'exiler. Il n'y avait que Dieu qui pût sauver cet infortuné vicariat apostolique, car tous les appuis humains lui manquaient.

Il était nécessaire d'abord de pourvoir à l'avenir. La persécution avait recommencé avec Thieu-Tri, prince faible et irrésolu, disent les historiens. L'évêque n'avait plus avec lui que cinq missionnaires. Il fallait donc se hâter d'imprimer l'onction sur un autre front, quand la tête de Mgr Retord était peut-être à la veille de tomber sous le fer des bourreaux. C'est pourquoi l'évêque d'Acanthe choisissait M. Gauthier pour coadjuteur, et le sacrait le 6 février 1842.

Lorsque cet acte de sage prévoyance fut accompli, les missionnaires se séparèrent :

« Travaillez en silence, leur avait dit le chef ; voyons ce que décidera Thieu-Tri, et comment se conduiront les mandarins. »

L'année 1843 fut marquée pour le Tonkin catholique par un événement d'une importance extrême. La France, en la personne du commandant Lévêque, un marin hardi et expérimenté, parla haut et ferme au roi d'Annam, et réclama la mise en liberté de cinq missionnaires condamnés à mort et retenus alors en captivité. Mgr Retord s'en réjouit et pour ses chers confrères et pour l'avenir de sa mission, qui ne pouvait que profiter du prestige avec lequel la France s'était montrée aux Annamites. Immédiatement, avec cette sûreté de coup d'œil qui le caractérisait, il vit qu'il fallait s'affirmer hautement et marcher de l'avant. Il organisa donc des fêtes extérieures, très solennelles, avec de grands rassemblements de peuple, sans s'inquiéter s'il était surveillé ou non par les mandarins.

Écoutons-le nous raconter ses procédés d'évangélisation et de visite pastorale.

« Voici en peu de mots comment nous procédons :

« On élève une grande baraque en bambous et en paille ; on l'orne de tentures à l'intérieur, on y dresse un autel qu'on décore le mieux possible ; c'est là notre cathédrale, c'est là que nos chrétiens se rassemblent le soir pour réciter leurs longues prières, pour faire le chemin de la croix, entendre l'instruction et la lecture que leur fait un catéchiste, et tous ces exercices se prolongent bien avant dans la nuit. C'est là que le matin, bien avant l'aurore, ils se réunissent de nouveau pour entendre le sermon et la sainte messe, pendant laquelle des jeunes filles chantent à l'envi des prières correspondant à toutes les parties du saint sacrifice ; c'est là que nos néophytes, venus de loin, couchent pendant la nuit et mangent durant le jour.

« Quant à nous, une partie de notre journée se passe à recevoir la visite des chrétiens, qui de toutes parts nous apportent, avec leurs présents, l'expression filiale de leurs félicitations, nous exposent leurs misères, nous expliquent leurs différends ; et nous les égayons par le récit de mille histoires pieuses, nous les réjouissons par le bon thé que nous leur faisons boire, nous les consolons dans leurs peines, nous les réconcilions entre eux et les ramenons à Dieu par nos exhortations et nos encouragements.

« Grande est la multiplicité des affaires qu'ils viennent nous soumettre, qu'il faut à toute force décider ; grande aussi l'importunité de leurs demandes de chapelets, croix et médailles ; Dieu en soit encore béni ! Je me fâche souvent très fort, j'enfle le son de ma voix, je prends un air rébarbatif ; alors ils se taisent, mais si j'ai le malheur de rire sous cape tant soit peu seulement, aussitôt ils reviennent à la charge, et je ne puis les renvoyer qu'après avoir cherché dans le fond de mon coffre de vieilles médailles que je leur donne et qu'ils reçoivent avec un contentement et une joie inexprimables. »

Ce que Mgr Retord raconte en général de ses campagnes apostoliques, ses missionnaires l'ont détaillé.

« Il était, nous disent-ils, d'un grand sens pour résoudre promptement les questions les plus délicates et les plus difficiles ; il savait allier admirablement la bonté du père avec l'autorité du supérieur ; un seul mot de reproche faisait trembler tout le monde, et cependant les vieillards, les pauvres, les enfants s'approchaient de lui sans crainte, toujours sûrs d'être bien accueillis. »

Ainsi se passait la journée. Bien peu d'hommes en ont d'aussi occupées ; elle n'était cependant pas encore achevée.

Le soir les catéchistes réunissaient et instruisaient les enfants de la première communion et les néophytes. Des jeunes gens étaient désignés pour faire la patrouille autour du hameau, d'autres pour maintenir l'ordre dans l'église.

L'évêque et les missionnaires entraient au confessionnal et y restaient jusqu'à minuit. Tout était alors en mouvement dans le village ; on entendait prier, étudier, chanter avec un merveilleux entrain et Mgr Retord jouissait à plein cœur.

« Rien ne m'est plus agréable que de voir cet empressement de nos Tonkinois à s'instruire et à s'approcher des sacrements : mais aussi rien n'est plus fatigant pour le corps que ces longues séances, qu'il faut passer au confessionual : Dieu en soit béni ! »

A certains jours le confessionnal du vicaire apostolique était envahi; les Annamites préféraient l'absolution de l'évêque à celle des missionnaires. Un soir, à Ke-Dam, afin de mettre un terme à cette obsession, Mgr Retord appela son diacre et lui murmura quelques mots. Interprète plus ou moins fidèle, celui-ci publia à haute voix que les scélérats, les brigands, les voleurs, enfin ceux dont la conscience était chargée de tous les crimes, auraient seuls le privilège de se confesser à l'évê-

ON ÉLÈVE UNE GRANDE BARAQUE EN BAMBOUS ET EN PAILLE

que. Plus de cinquante personnes entourèrent aussitôt le saint tribunal, se disputant la primauté du rang, énumérant leurs titres à cette préférence, se faisant le plus noirs possible et se diffamant à l'envi pour obtenir la faveur d'être entendus de leur premier pasteur.

Il avait établi, parmi ses chrétiens, la pratique du Chemin de la Croix, et c'était là, à certains moments surtout, un moyen très efficace de conversion :

« Rien n'est plus attendrissant, disait-il, que d'entendre nos chrétiens réciter ces méditations dans leur langue chantante, sur un ton triste et doux et avec un merveilleux accord. Oui, leurs gémissements sur la cruelle agonie de Jésus, dans ces pays lointains et idolâtres, dans cette vallée d'exil et de larmes, sont encore plus touchants que ceux des enfants d'Israël sur les rives du fleuve de Babylone. »

S'il survenait une fête, les fidèles accouraient plus nombreux ; l'évêque célébrait la messe en plein air, sur une estrade élevée à la hâte. D'interminables processions se déroulaient à travers le village et s'étendaient dans la campagne. L'Annamite aime les distractions bruyantes, les réunions nombreuses, les couleurs brillantes, tout l'apparat plus ou moins comique : des drapeaux, tamtam, sabres et lances de bois doré ; ce jour-là il rayonnait, prenant sa revanche des heures sombres et silencieuses de la persécution. Le complément indispensable de toute cérémonie, un grand festin que les invités s'offraient à eux-mêmes, terminait la solennité.

Certains détails auraient pu choquer des Français, excellents civilisateurs, empressés et généreux, mais comprenant difficilement que leurs pratiques ne peuvent et ne doivent pas être universelles.

« Peut-être, leur disait Retord, voudriez-vous nous faire changer quelque chose dans nos cérémonies et nos habits religieux ? Dans ce cas, vous passerez ici pour un hérétique ; on vous poursuivra comme un excommunié, car nos Annamites sont persuadés que la religion étant l'œuvre de Dieu, elle est immuable comme lui et doit être aujourd'hui absolument comme dans les temps passés. Et si on leur disait qu'en France il y a des diocèses où les prêtres ont dans un temps suivi le rit romain, porté le surplis, la barrette, le chapeau rond et la soutane sans queue, et que dans d'autres ils avaient un rit particulier, portaient le rochet, le bonnet carré, le chapeau tricorne et la soutane à queue, ils en seraient grandement scandalisés ; ici on peut bien perfectionner et embellir ce qui existe déjà, ce que les anciens ont établi, mais il faut le faire avec prudence et comme insensiblement, sans toucher aux anciennes choses. »

Lorsque le renouvellement moral et religieux de la paroisse était ainsi opéré, l'évêque faisait ses adieux à cette population à laquelle il avait apporté la grâce et les bénédictions de Dieu, et il partait pour recommencer la même œuvre ailleurs. Ses chrétiens le suivaient en pleurant, le plus loin possible, ne se lassant pas de recevoir sa bénédiction et de baiser son anneau. Quelques hommes lui faisaient escorte, la torche à la main, car on voyageait surtout la nuit. Ils chantaient et priaient, et les païens, réveillés par cette marche nocturne et triomphale, disaient non sans une certaine terreur :

« Voilà le roi de la religion qui passe ! »

VI

Retour de M. Charrier. — Visite au Lac-Thô. — Division du vicariat. — Incendie de la flotte de Thieu-Tri. — Avènement de Tu-Duc.

L'ANNÉE 1845 apporta avec elle une grande joie à Mgr Retord. M. Charrier, un des cinq missionnaires délivrés par le commandant Lévêque, revint au Tonkin.

« Quand il arriva, raconte Mgr Retord, je me trouvais avec M. Titaud dans un village tout chrétien, où nous avons un collège de quarante élèves ; alors les eaux de l'inondation couvraient encore toute la plaine, et les nombreux hameaux dont elle est semée semblaient autant de petites îles verdoyantes. Aussitôt qu'on m'annonça l'approche de M. Charrier, j'envoyai plusieurs barques à sa rencontre, tandis que dans le village on préparait les tambours et tous les instruments de musique, et que dans le collège on décorait l'église comme aux jours de grande solennité. Notre chapelle de bambou était toute tendue d'étoffes de soie, et l'autel orné de colonnes, d'images et de belles dorures.

« Enfin, vers les dix heures du soir, des hommes placés en faction hors du village annoncent l'apparition d'une torche flamboyante, qu'on voyait se promener sur les eaux comme un météore. C'est M. Charrier qui arrive ! Aussitôt le collège et tout le village se portent vers ce point lumineux, qui grossit en s'approchant ; plusieurs chrétiens se jettent dans de petites barques et vont à la rencontre du missionnaire, et nos musiciens s'empressent d'ajuster leurs instruments. Le voilà arrivé !... Oh ! comme nous nous embrassâmes cordialement ! Mais voyez comme notre belle procession défile majestueusement à la lueur des flambeaux. Quel vacarme font mes hommes avec leurs tambours et leur musique ; et nous, comme nous faisons retentir au loin les échos en chantant le *Te Deum !* Nous entrons à l'église, où je donne solennellement la bénédiction épiscopale ; puis nous venons dans ma chambre, et là, dans l'intimité, nous causons du Tonkin et de la France, heureuse causerie qui dura presque toute la nuit.

« M. Charrier resta près de dix jours avec moi, puis nous nous séparâmes pour aller, chacun de notre côté, travailler à la vigne du Seigneur.

« Sans doute vous êtes étonné d'apprendre que nous donnions à notre joie une expression si bruyante. La persécution a donc cessé? allez-vous dire. Non, mon cher ami, elle dure toujours, puisque nous avons encore plusieurs confesseurs de la foi qui gémissent dans les prisons, sous le poids d'une condamnation à mort, ou qui traînent leur triste existence sur les plages de l'exil; elle dure toujours, puisque les mandarins lancent encore contre la religion des ordonnances où ils répètent toutes les calomnies consignées dans les édits de l'ancien roi, puisqu'ils vexent encore sans cesse nos chrétiens pour leur extorquer de l'argent, puisqu'on arrête encore les missionnaires et les prêtres du pays tout comme par le passé. Ainsi, par exemple, la veille de Toussaint de l'année dernière, on a saisi en basse Cochinchine Mgr Lefebvre avec un prêtre indigène et plusieurs chrétiens; et cette année il y a eu aussi plusieurs arrestations dans le Tonkin oriental et occidental. Malgré toutes ces vexations, nous sommes bien plus à l'aise, surtout au Tonkin, que du temps du roi Minh-Mang; et puis, à force d'être persécuté on finit par s'y habituer, les mille tracasseries suscitées par le tyran et ses satellites ne font presque plus aucune impression: c'est au point que nos néophytes, bien loin d'être abattus, sont plus courageux que jamais.»

L'évêque continuait donc le cours de ses visites pastorales, passant bravement près des mandarins, chantant des messes pontificales, présidant des concours de catéchisme, agissant en un mot au grand jour, comme s'il eût été dans le pays le plus libre du monde. Les païens le respectaient, les chefs de village lui faisaient demander l'autorisation de le saluer. L'évêque les recevait avec cordialité; cependant il gardait son grand air, car il est nécessaire pour conserver son prestige à leurs yeux de ne pas s'abandonner jusqu'à la familiarité.

Une de ses visites fut pour les sauvages du Lac-Thô. Perdus dans les montagnes, ces pauvres chrétiens, au nombre de quinze cents, étaient gouvernés par un prêtre annamite. Un seul évêque avait pénétré jusqu'à eux: Mgr Havard. Le pays était très malsain, et un missionnaire européen, qui avait voulu se fixer au milieu d'eux, y était mort de la fièvre.

Mgr Retord se mit courageusement en route, et, après bien des fatigues, il arriva auprès de ces chers délaissés. Reçu par eux avec enthousiasme, l'évêque n'oublia pas les impressions qu'il éprouva alors; il écrivait plus tard:

« C'est chez les sauvages que j'ai éprouvé le plus de plaisir, franchissant leurs montagnes qui semblaient s'incliner sous nos bénédictions et sous nos pas; traversant les déserts au milieu des herbes plus élevées que nos têtes, parmi les pierres et les buissons qui nous déchiraient les pieds, au travers de vallées profondes, sous l'ombre menaçante de leurs noirs rochers, dans le lit de leurs rivières limpides et fraîches ; me fourvoyant dans l'épaisseur des forêts et m'enfonçant quelquefois dans la boue jusqu'aux genoux. Souvent, nous entonnions avec force un beau cantique ou un *Laudate,* et les échos de tous les environs répétaient à l'envi nos accents avec la plus sublime et la plus grandiose harmonie. De temps en temps nous nous asseyions sur une pierre, près d'un ruisseau, sous l'ombrage d'un arbre antique, pour reprendre haleine, manger une orange et nous désaltérer avec l'eau qui coulait à nos pieds ; les vieux et gros oiseaux des forêts semblaient se montrer

MANDARIN ET SES SATELLITES

sensibles à notre visite, ils venaient sur les arbres d'alentour nous offrir l'hommage de leur présence et nous réjouir par leurs cris perçants. »

En 1846, Mgr Retord adressa à la Propagande un document important sur l'état de sa mission, et dans lequel il demandait la division du vicariat apostolique dont il était chargé. Une bulle du 27 mars 1846 décréta cette séparation et créa le vicariat du Tonkin méridional, qui reçut comme chef Mgr Gauthier. Pour remplacer son premier coadjuteur Mgr Retord s'en choisit un second, Mgr Jeantet.

Au mois de mars 1847, le commandant Lapierre ayant été envoyé à Tourane pour entamer avec l'Annam des négociations commerciales et réclamer pour nos nationaux la liberté de la prédication, Thieu-Tri essaya de l'attirer dans un guet-apens en l'invitant à un festin pendant lequel on devait le massacrer avec ses officiers; mais le complot fut découvert par la fidélité d'un chrétien, qui risqua sa vie afin d'instruire le commandant de la trahison projetée. Mal en prit au roi de cette perfidie. En deux heures, sa flotte fut incendiée et détruite à coups de canon.

Furieux, le roi lança un édit terrible de persécution qui ne fut pas exécuté complètement ; les mandarins craignaient la France, l'ayant vue à l'œuvre dans les dernières années.

Quelques mois après sa défaite, Thieu-Tri mourait de colère et d'humiliation (novembre 1847). Son fils Tu-Duc, qui lui succéda, fit d'abord espérer que la liberté religieuse serait donnée à ses sujets chrétiens. On racontait que son père lui avait souvent recommandé de laisser en paix les disciples de Jésus, et le prince s'était fait lire dans l'histoire du royaume le récit des services que l'évêque d'Adran avait rendus à sa famille. Hélas ! les espérances ne se réalisèrent pas ; Tu-Duc allait revenir aux tristes jours de Minh-Mang, et rendre son nom célèbre comme celui des plus terribles persécuteurs.

En août 1848, il publiait un édit contre les chrétiens. Mgr Retord, suivant sa tactique ordinaire, ne s'en effraya pas et continua ses visites pastorales. Il demeura pendant trois mois à Kebang.

« Jour et nuit le village était rempli d'étrangers : on n'y entendait que la voix des prédicateurs, des fidèles chantant leurs prières et des enfants étudiant le catéchisme. Tous les chemins qui aboutissent à Kebang étaient couverts d'une foule compacte qui accourait, non seulement de tous les points du district, mais encore du Xu-Thanh, de Hanoï et de la mission des Dominicains ; dans cette multitude se mêlaient beaucoup de païens qui venaient, les uns pour demander à se faire chrétiens, les autres pour se donner le plaisir de nous voir.

« Nous étions donc là au vu et au su de tout le monde : païens et mandarins, petits et grands, tous étaient comme fascinés, et personne ne parut songer à la somme promise à ceux qui nous arrêteraient ; personne n'a cherché à nous vendre, ni à nous dénoncer.

« Tous nos chrétiens étaient émerveillés et croyaient qu'il y avait quelque chose de miraculeux dans cette grande paix dont nous jouissions. Au commencement, chacun tremblait et pensait qu'il ne tarderait pas à nous arriver une mauvaise aventure, ou du moins que nous serions obligés de prendre bientôt la fuite : mais, à la fin, voyant que notre tranquillité n'était point troublée, tous s'enhardirent, et vous auriez dit que nous étions en plein pays catholique. »

Mais il y avait quelquefois des moments critiques. C'est ainsi qu'à Kenâp, où le vicaire apostolique s'était réfugié dans une cachette qu'il croyait inconnue, il se vit découvert, cerné et sur le point d'être pris ; on prétendit même qu'il était fait prisonnier. Dès que cette nouvelle arriva à Vinh-Tri, la population, en un clin d'œil, fut sur pied et se dirigea dans la direction de Kenâp. Les catholiques du village avaient heureusement fait évader les missionnaires par une issue mal gardée. Lorsque le sous-préfet arriva avec ses soldats, il était trop tard.

« Ce fut un grand bonheur pour le mandarin et pour nous que nous

TU-DUC

ne fussions pas tombés entre ses mains, car on l'aurait mis en pièces pour nous en arracher, et cela nous aurait suscité une bien terrible affaire. Nous redescendîmes le fleuve en barque, et le lendemain soir nous revînmes dans notre communauté. Quant au sous-préfet, furieux d'avoir manqué sa proie, il mit à la cangue et en prison le maître de la maison où nous avions trouvé asile, ainsi que le maire du village de Kenâp, les fit frapper de quelques dizaines de coups de rotin pour savoir où ils avaient mis les cinq barres d'or, les dix barres d'argent, le bâton d'or et le bonnet d'argent qu'il prétendait que je leur avais donnés.

« — Faites-moi apporter ces trésors, leur disait-il, et je vous rends aussitôt à vos familles. Que voulez-vous faire de tant de richesses? Pourquoi voulez-vous me les cacher ? Est-ce que je ne sais pas tout ce qu'il en est ? »

« Vous pensez bien que je n'avais pas donné une obole à ces pauvres gens. Enfin, après bien des prières, des allées et des venues, et après lui avoir donné la somme de deux cent cinquante ligatures, le mandarin mit nos deux hommes en liberté. Avec tous les frais, cette affaire nous occasionna une dépense de trois cents ligatures. »

VII

Le choléra. — La persécution recommence. — Influence de l'évêque sur les païens. — Un grand médecin. — Deux amis. — L'Académie.

Les années 1849 et 1850 furent fatales au royaume d'Annam. Le choléra désola le pays avec une extraordinaire violence, et fit près d'un million de victimes.

La charité des Annamites catholiques se montra admirablement durant cette calamité. Elle vint au secours des païens eux-mêmes, et l'on vit les persécutés tendre une main secourable aux persécuteurs de la veille.

La famine suivit naturellement l'épidémie, et les chrétiens firent encore l'aumône à leurs frères païens, mourants de faim. Le Christ n'a-t-il pas dit : « Faites du bien à ceux qui vous persécutent », et la preuve la plus sensible de la divinité de la religion n'est-elle pas dans la charité de ses enfants ?

Mais cette générosité ne désarma pas les persécuteurs. Le 21 mars 1851, le roi Tu-Duc, accusant les chrétiens d'avoir trempé dans la révolte de son frère Hoang-Bao qui voulait régner à sa place, publia un nouvel édit de persécution. La première victime fut Mgr Augustin Schaeffler. Il eut la tête tranchée. Le 1er mai 1852, Bonnard donnait aussi sa vie pour Jésus-Christ, consolé, soutenu durant sa captivité par les lettres de son évêque bien-aimé !

« Allez donc en paix, lui écrivait-t-il, enfant gâté de la Providence, allez jouir du triomphe qui vous attend. Je vous admire d'avoir été choisi de si bonne heure pour combattre le grand combat des héros chrétiens. Je vous porte envie, il est vrai, mais c'est une envie d'amour, une jalousie de tendresse. Il est certain que vous serez mis à mort, préparez-vous-y donc le mieux quevous pourrez; que vous êtes heureux !

Et encore : « Que la force de Dieu le Père vous soutienne dans l'arène des héros où vous allez entrer ; que les mérites de Dieu le Fils vous consolent sur le Calvaire où vous allez monter ; que la charité de Dieu le Saint-Esprit vous enflamme dans le cénacle de votre prison d'où vous allez sortir pour cueillir la palme des martyrs ! Adieu, nous vous verrons dans la Patrie... »

Bonnard fut décapité. Devant son corps exposé dans l'église de Vinh-Tri, Mgr Retord écrivait :

« Oh ! qu'il était beau, couché dans sa bière, revêtu des ornements sacerdotaux ! On aurait dit une statue du plus bel ivoire. Sa tête, bien ajustée à son cou, semblait dormir d'un paisible sommeil, ou plutôt il semblait être en extase et avoir une céleste vision qui le faisait sourire. »

Les épreuves qui fondaient sur sa mission n'abattaient pas la grande âme de Retord. Il savait quelle grâce de choix est la persécution, et il enviait le sort de ses martyrs :

« Rien n'est beau comme un coup de sabre qui fait couler tout notre sang pour Dieu et en témoignage de la Religion ; l'eau m'en vient à la bouche toutes les fois que j'y pense, mais je crains bien que ce soit là un bonheur dont je ne sois trouvé indigne ; d'autres, bien plus jeunes que moi, sont choisis pour le coup de sabre, et moi je suis toujours laissé de côté, comme un mauvais fruit, comme un vieil instrument de rebut dont on ne sait plus que faire. »

La mort de Mgr Schaeffler avait même inspiré à l'évêque ces strophes d'un souffle surnaturel si puissant :

Quand combattrai-je dans l'arène
Contre la rage des tyrans ?
Quand verrai-je à mes pieds la chaîne,
Autour de mon cou le carcan ?
Mes amis sont couverts de gloire,
Et moi, je ne puis que gémir ;
Je veux, pour gagner la victoire,
Mourir, mourir, mourir !

Je veux rendre ce sol fertile,
Arracher ces épais buissons ;
Je veux que ce terrain d'argile
Se couvre de hautes moissons.

Mais, pour activer la nature,
Le travail n'est pas suffisant ;
Il faut, pour l'orner de verdure,
Mon sang, mon sang, mon sang !

Du mondain, l'insensé délire,
Au plaisir borne ses souhaits ;
Mais, ô Jésus ! sous ton empire,
Vers la croix sont tous mes attraits.
De Jésus, que l'amer calice
Abreuve mon dernier soupir ;
Que je succombe dans la lice
Martyr, martyr, martyr[1] !

Cependant en pleine persécution, alors que ses prêtres étaient arrêtés et mis à mort, l'évêque ne perdait rien de son énergie, de son activité, de son assurance. Il ne changeait pas ses procédés d'évangélisation et voyageait selon ses besoins, sans s'inquiéter de ce qui pourrait lui advenir. Sa gaieté d'autrefois n'avait non plus diminué en rien. Il écrivait à un ami :

« Ni la persécution de vingt ans qui m'a passé sur la tête, ni la bonne demi-douzaine de maladies qui m'ont livré à différentes époques de terribles assauts, ni la vieillesse qui est venue caresser mon menton et en blanchir la barbe, ne m'ont rien fait perdre de mon ancienne gaieté, je chante toujours et bien fort toute espèce de chansons, de complaintes, de cantiques, en chinois et en annamite, en latin et en français: composés par d'autres ou par moi-même. Si donc vous voulez me voir, venez ici, et non seulement nous vous réjouirons, mais nous vous édifierons même, non pas, il est vrai, par le spectacle de nos vertus, elles sont trop minimes et trop rares, mais par la vue des grâces et des bénédictions que le Seigneur, dans sa miséricorde, répand autour de nous. Ainsi, par exemple, la veille de l'Ascension, jour de ma naissance, nous avons baptisé dans ma cathédrale de paille quatre-vingt-dix adultes, sans parler de ceux que nous avions régénérés précédemment ou qui l'ont été depuis, et de ceux qui se préparent à l'être bientôt. La veille de la Pentecôte, c'est-à-dire après-demain, je vais encore en baptiser trente-six d'un seul coup.

« Ah ! qu'il est beau de voir ces longues files de païens venir par petites bandes, par quartier de village, demander d'être instruits de

1. *Annales de la Propagation de la Foi*, 1854, page 50.

la religion et à être admis dans le bercail de notre bon Jésus ! Il y en a de toute espèce : quelques riches, quelques lettrés, beaucoup de pauvres, des vieillards courbés sur un bâton, de misérables veuves avec trois ou quatre enfants demi-nus, de petits orphelins au ventre affamé, des boiteux, des bossus, des aveugles, des lépreux. Tout ce qui est le rebut du monde vient s'abattre sur nous, comme les abeilles sur les fleurs. [1] »

Mgr Retord avait acquis un véritable ascendant sur les païens ; aussi, tandis qu'on emprisonnait et qu'on faisait mourir les fidèles, l'évêque était respecté, aimé et admiré. Le vice-roi du Tonkin, pris de rhume, acceptait avec reconnaissance de Mgr Jeantet un remède préparé par celui qui s'intitulait : « Élève du grand évêque Pierre. » Il n'était pas nécessaire d'être grand médecin pour prescrire le remède destiné à mettre fin à l'indisposition royale. C'était une vulgaire potion et du sucre noir. Sa Majesté se trouva bien, paraît-il, de la médication, car elle fit prévenir Mgr Retord d'avoir à se mettre en garde contre quelques espions qu'elle lui fit connaître. La réputation de médecin du prélat fut ainsi établie.

Une autre fois, c'était un sous-préfet qui venait le voir pendant la nuit, de crainte de se compromettre. Charmé de sa conversation, il prolongea l'entretien de neuf heures à onze heures. Plus tard il lui envoyait deux poésies qu'il intitulait : *Trésor d'affection entrevu sur les bords d'un nuage de la nuit.* Il y donnait libre carrière à son imagination orientale et appelait l'évêque : « Montagne de vertus, océan de mérites, abîme de savoir, pluie de bienfaits, lion par le courage, diamant par le prix. »

Mgr Retord profita de son influence dans les hautes sphères gouvernementales pour le bien de ses œuvres apostoliques. C'est ainsi qu'ayant fondé un hôpital pour les lépreux près de Vinh-Tri, il se fit allouer, par l'entremise du vice-roi auprès de Tu-Duc lui-même, une somme de deux mille cinq cents francs par an.

« Sans doute, disait-il, cette somme est insuffisante pour couvrir nos frais, mais c'est toujours autant de pris sur l'ennemi. »

Il faut avouer que ce devait être pour Mgr Retord une vraie satisfaction que de doter ainsi un hospice avec le secours du budget d'un roi persécuteur.

Les lettrés eux-mêmes, dont l'orgueil est si grand, ne restèrent pas en dehors de son action. Il fonda une académie qui organisait des con-

1. *Annales de la Propagation de la Foi*, 1854, p. 48.

cours et distribuait des prix. Tout lettré païen était admis à présenter son travail sur le sujet proposé : question d'histoire, de philosophie ou de religion. Les livres qu'on lui prêtait pour faire ses recherches le faisaient réfléchir et le disposaient, en lui donnant la connaissance du christianisme, à l'embrasser à l'heure de la grâce.

VIII

Une consultation. — Édit de persécution générale. — La retraite spirituelle. — M. de Montigny. — Bombardement de Tourane. — Une grande déception.

CEPENDANT Tu-Duc hésitait à s'engager à fond dans la lutte contre le christianisme. Il avait condamné à mort Schaeffler et Bonnard :

« Mais à quoi bon, disait-il, puisqu'il en vient toujours d'autres ? »

A la cour deux partis étaient en présence : l'un voulait qu'on en finît avec la religion chrétienne ; l'autre, par politique et par humanité, inclinait visiblement vers la tolérance. Le roi, longtemps incertain entre ces deux partis, tint de nombreux conseils, au sujet de la question religieuse, dans le cours des années 1853, 1854, 1855. A la fin, il se décida à adresser une consultation à tous les grands mandarins du royaume.

En réponse à cette consultation, de nombreux rapports furent envoyés de toutes les provinces au roi, annotés par lui et discutés en conseil.

On dit qu'avant de mourir Minh-Mang, dans sa haine satanique contre le christianisme, avait fait jurer à ses principaux mandarins que, de leur vivant, on n'accorderait jamais la liberté religieuse. Presque tous ceux de cet âge tenaient donc pour la proscription ; au contraire, les jeunes conseillers de Tu-Duc, persuadés de l'impossibilité de réussir par la violence, auraient voulu qu'on fermât au moins les yeux et qu'on tolérât ce qu'on ne pouvait empêcher ; mais les vieux officiers de Minh-Mang étaient implacables dans leur haine. Malheureusement, pour les chrétiens, et aussi pour le royaume annamite, le parti des violents devait finir par l'emporter.

Il serait impossible de relater toutes les absurdités, tous les blasphèmes, qui se débitèrent à cette occasion. La question des chrétiens ayant été mise ainsi solennellement à l'étude, chacun, pour faire sa cour au prince, crut devoir envoyer son petit plan de persécution.

Un des rapports les plus curieux qui furent présentés au roi à cette occasion est celui du Thuong-Glai, le vice-roi du Tonkin; il incline visiblement à l'indulgence et à la liberté religieuse; mais, pour ne pas choquer trop vivement le prince, il multiplie les détours et les périphrases, essayant de lui faire accepter la vérité.

Tu-Duc rejeta les demi-mesures des modérés. « Comment, dit-il, il y a près de vingt ans que nous employons tous nos efforts pour arra-

UN MANDARIN

cher les chrétiens à leur religion; nous n'avons encore rien gagné et vous croyez qu'en trois ou quatre ans on viendra à bout de les convertir? Ils ne craignent pas la mort, et vous vous imaginez qu'ils seront tentés par une ligature de récompense ou qu'ils seront épouvantés par une amende de six masses? Vous savez parler, mais vous ne savez pas agir; vous ressemblez à ceux qui regarderaient un tigre par un tube et le croiraient tout petit. »

Le 18 septembre 1855, l'édit de persécution générale était promulgué. La lutte sanglante allait commencer. Elle devait être implacable. La peine de mort était portée contre tout prêtre européen ou annamite; une récompense élevée accordée à quiconque arrêterait l'un d'eux. Les mandarins chrétiens avaient un délai d'un mois pour abjurer le christianisme, les soldats et le peuple, six mois. Les chrétiens étaient exclus de toute charge et ne pouvaient obtenir aucun grade littéraire. Mgr Retord ne se laissa pas abattre par le chagrin ni décourager par les revers. Il mettait en Dieu et en Marie son espérance, et au lendemain de la promulgation du terrible décret, fidèle à la devise qu'il avait inscrite sur son blason épiscopal, il s'écriait :

« Vivent les misères et les pleurs de cette vie, les croix, et les tribulations des apôtres, et surtout les tourments et le sang des martyrs. »

Pour reposer ses missionnaires des menaces de prison, de cangues, de chaînes, de supplices, d'exil, qui venaient de toutes parts les assaillir, l'évêque les réunit à Vinh-Tri. Ils étaient tous là sous le même toit. Un seul manquait, M. Néron, parce qu'il était trop éloigné pour franchir sans danger la distance qui le séparait de ses confrères.

Les missionnaires firent d'abord leur retraite spirituelle ; puis l'évêque ordonna une quinzaine de théologiens. On célébra ensuite la saint Pierre, patron de Mgr Retord. Ce fut une joie de famille très douce ; on était à l'époque des grandes chaleurs, les missionnaires restèrent ainsi ensemble, savourant les joies de l'amitié, se livrant à l'étude, s'entretenant de leurs travaux, de leurs consolations, de leurs épreuves.

« Ces conférences, disait l'évêque, sont très précieuses ; on se console, on s'encourage mutuellement ; le moral se remonte, le cœur se rafraîchit; chacun s'anime d'un même esprit pour agir avec unité dans un même sens, le bien se fait mieux. Dans ces entretiens, les vétérans rallument leur zèle refroidi à la flamme ardente des nouveaux, et les débutants s'instruisent de la prudence et de l'expérience des anciens ; enfin chacun remonte sa petite machine spirituelle pour la faire aller plus vite et plus juste, met en accord les cordes de sa harpe apostolique pour lui faire rendre des sons plus harmonieux et plus forts, c'est-à-dire, pour parler sans figure, que chacun s'exerce à devenir de plus en plus un vrai et bon missionnaire »[1].

Vers la fin de juillet, les missionnaires se dispersèrent de nouveau

1. *Annales de la Propagation de la Foi*, 1858, p. 208.

TOURANE

avec grande tristesse, en pensant que peut-être ils ne se rencontreraient plus en ce monde.

Bientôt ces pressentiments devaient se réaliser, car la persécution allait devenir plus terrible à la suite d'événements que nous allons raconter.

En 1856, M. de Montigny fut envoyé par le gouvernement français, avec les pouvoirs de plénipotentiaire à Siam, au Cambodge et en Cochinchine, pour négocier avec ces royaumes des traités de commerce et d'alliance. Au commencement de septembre, le monarque annamite annonça à ses mandarins qu'il ne fallait pas s'inquiéter de voir ces barbares, on saurait bien les congédier et les forcer à retourner dans leur pays. Il ne devait donc pas leur accorder audience.

Le 18 septembre, le *Catinat,* envoyé par M. de Montigny, arrivait à Tourane, et, ne trouvant personne à qui remettre ses dépêches, canonnait les forts. Le capitaine obtenait ainsi que ses lettres fussent portées au prince et qu'on lui vendît les buffles dont il avait besoin pour le ravitaillement de son navire.

Dans le courant d'octobre, la *Capricieuse* reparaissait de nouveau devant Tourane. Le roi sembla avoir peur, il se montra disposé à traiter. Mais les Annamites, avec leur habileté ordinaire, firent traîner le plus qu'ils purent les négociations ; pendant ce temps, ils organisèrent la défense, et, au moment où ils virent les forces françaises affaiblies, ils éludèrent toute entente sérieuse.

Le plénipotentiaire, n'ayant ni vaisseau ni soldats pour appuyer efficacement ses demandes, se vit forcé de partir pour Hong-Kong. Mais, en quittant Tourane, M. de Montigny écrivit au roi qu'il allait prendre de nouveau les ordres de son souverain, et que, si pendant son absence le gouvernement annamite vexait les chrétiens ou toute autre personne à l'occasion de l'ambassade, il aurait bientôt à rendre un compte sévère de ses actes.

« Précaution inutile autant que généreuse, écrivait Mgr Retord ; car, en voyant l'intérêt que M. le plénipotentiaire portait aux chrétiens, le roi en conclut que c'étaient eux qui l'avaient appelé...

« Et pourtant, ajoute-t-il, quelles espérances nous avions conçues à la seule annonce qu'une expédition imposante allait bientôt arriver, pour nous obtenir, de gré ou de force, une paix et une liberté entière, pour venger l'honneur de la France, outragée ici depuis si longtemps ! A cette nouvelle, une joie incroyable se répandit partout. Il fallait voir comme nous nous empressions de bâtir les plus brillants châteaux en Espagne au sujet de nos succès et de nos travaux futurs ! Déjà tout ce pays nous apparaissait catholique, avec de jolies églises dans chaque village, avec d'élégants clochers, dont il nous semblait entendre les joyeux carillons. Oh! que c'était beau! Quand on apprit que le *Catinat* était enfin arrivé, et qu'il avait détruit, comme en se jouant, les forts de Tourane, alors les païens mêmes étaient dans la jubilation: « C'est bon, disaient-ils, nous allons donc être enfin délivrés de cette dynastie corrompue et tyrannique! Grâce à la France, nous aurons un gouvernement paternel; sa gloire, ses richesses et son industrie se répandront jusque sur notre pays, et nous tireront de la misère et de l'abaissement dans lesquels nous végétons. »

L'envie que tout le monde avait de voir l'expédition française réussir, et le roi tomber de son trône, faisait inventer les contes les plus fantastiques et accréditait les plus extravagantes nouvelles. Ainsi, tout Européen était représenté comme un héros capable de terrasser soixante soldats annamites. L'ambassadeur n'avait eu besoin que de tirer un seul coup de canon pour renverser les fortifications de la capitale. Le roi était atterré dans son palais, il faisait creuser des souterrains pour se cacher et s'enfuir ; sa chute lui était annoncée par les plus sinistres augures : tous les soirs un oiseau inconnu venait éteindre, dans son vol lugubre, le flambeau qui éclairait le salon royal ; un des plus beaux éléphants de sa Majesté s'était sauvé en entendant parler des Français ; même panique s'était emparée du plus gros canon des remparts, qui avait prudemment déserté une cause perdue ; un globe de feu était tombé du ciel près de Phu-Xuan, et avait longtemps promené l'incendie sur son passage, etc., etc. Le peuple se repaissait avec avidité de ces fables absurdes, tant il croyait au succès infaillible de l'expédition et s'en promettait d'heureux résultats!

« C'était l'opinion, c'était le vœu du pays tout entier. On regardait comme si certaine la réussite des opérations annoncées que, même longtemps après le départ de nos marins, on parlait encore avec enthousiasme de leurs hauts faits, et l'on traitait d'imposteur quiconque osait soutenir qu'ils s'en étaient retournés comme ils étaient venus. Enfin vint une époque, vers la fin d'avril, où il ne fut plus possible de garder aucune illusion : on sut partout, à n'en pouvoir douter, que les Français étaient partis sans avoir absolument rien fait... Jamais plus grande mystification pour le pays, jamais déception plus navrante pour nos chrétiens! Et nous, il faut bien l'avouer, nous avons éprouvé un indicible serrement de cœur en voyant s'écrouler si vite tout l'édifice de nos plus chères espérances, en entendant répéter autour de nous des plaintes accusatrices et des propos extrêmement durs pour nos oreilles françaises.

« — Sont-ce là, disait-on, vos compatriotes si vantés ? C'était bien la peine de venir de si loin, s'ils ne voulaient que manger des buffles, aller à la chasse des singes ou se promener en amateurs sur les rivages de la mer ! Ils sont venus sans que nous les ayons appelés, et ils nous quittent après nous avoir compromis ! Ils ont commencé par une bravade et fini par une lâcheté. »

« Voici quelques-unes des paroles qui traduisaient autour de nous le désappointement général. Il est vrai qu'elles étaient injustes. M. de Montigny a fait tout ce qu'on pouvait attendre d'un homme de cœur ; son dévouement ne s'est arrêté que devant l'impossible, et s'il n'a pas réussi, c'est peut-être parce qu'il n'avait ni des pouvoirs assez étendus, ni des forces assez considérables ; c'est surtout parce que la tempête qui l'a jeté vers Manille ne lui a pas permis d'arriver à temps et de trouver réunis les deux navires qui devaient appuyer sa mission »[1].

IX

La lutte sanglante. — *Sicut passer solitarius :* Comme l'oiseau sur la branche. — Désastres. — Un moment d'abattement. — « Que votre volonté soit faite. »

A peine les vaisseaux français eurent-ils disparu à l'horizon, que Tu-Duc laissa éclater sa haine contre le catholicisme, en donnant le signal de la plus terrible persécution dont l'Église annamite eût souffert depuis son origine jusqu'à cette époque. Les mandarins se mirent en campagne et organisèrent le blocus des chrétientés. Un beau matin ils entouraient un village, pénétraient dans toutes les maisons et faisaient l'arrestation des prêtres qui n'avaient pu échapper à temps. La première perquisition de ce genre eut lieu à Phat-Diem et amena malheureusement la découverte d'une liste des chrétientés voisines et des néophytes. Des emprisonnements nombreux furent la conséquence de cette perquisition ; mais Mgr Retord, pour sauver la vie de ses chrétiens, n'hésita pas à payer généreusement la rançon exigée.

Comme on savait que l'évêque avait sa résidence ordinaire à Vinh-

1. *Annales de la Propagation de la Foi*, année 1858, p. 229.

Tri, on cerna plusieurs fois ce village ; Mgr Retord échappa au péril, mais, pour ne pas s'exposer inévitablement à être pris, il dut se réfugier dans les montagnes. Il vivait là solitaire comme un ermite contemplatif, quittant sa chaumière vers le soir pour gravir la montagne et respirer l'air pur ; puis il se hâtait de reprendre le chemin de sa demeure par crainte des tigres. Malgré les soucis que lui causait la persécution, il goûtait vivement ce repos de cœur, de corps et d'âme, passant son temps à lire, à étudier, à écrire et à prier. Mais Dieu sait toujours mêler pour notre sanctification quelque épreuve à nos joies les plus douces et les plus légitimes : la maladie vint visiter l'évêque, « convertir, comme il le disait lui-même, en gémissements ses nuits d'insomnies, et le pénétrer pendant le jour d'une mélancolique tristesse, *sicut passer solitarius in tecto.* »

Après avoir célébré les fêtes pascales dans sa retraite, il dut se rendre au séminaire de Hoang-Ngyen pour y assister son provicaire général Castex, qui était dangereusement malade. Il arriva à temps pour recevoir son dernier soupir. Cette mort lui causa une vive peine, car il était très attaché à ce saint missionnaire, et il s'était habitué à la pensée qu'il lui succéderait un jour, dans le gouvernement de l'Église annamite.

Cependant la persécution devenait plus violente. Un moment arrêtés par une terrible inondation qui avait détruit de nombreuses habitations et causé la mort de beaucoup de personnes, les mandarins apportèrent une très grande diligence dans l'exécution des prescriptions royales. Tandis que le gouverneur de Hanoï montrait des dispositions bienveillantes à l'égard des chrétiens, celui de Nam-Dinh, au contraire, les poursuivait avec un acharnement sans égal. Non content de tout mettre en œuvre pour les faire apostasier, il écrivait contre la religion des pamphlets infâmes, dans lesquels il accumulait sans pudeur et les injures les plus grossières, et les mensonges les plus effrontés. Sans connaître Voltaire, il était cependant de son école : « Mentez, mentez toujours, il en restera quelque chose. » Hélas! si cette persécution faisait des héros et des martyrs, elle faisait aussi des apostats. Sous l'étreinte de la douleur, des chrétiens se laissaient aller à frapper le crucifix, à faire le vœu de ne plus croire en Jésus-Christ, enfin à signer un billet d'apostasie. Sans doute, au fond du cœur, ils rétractaient les paroles que prononçait leur bouche pour échapper au supplice. Mais quel malheur cependant que ces actes de faiblesse, et quels effets désastreux ne devaient-ils pas produire sur les fidèles hésitants et craintifs !

L'irritation fut si grande parmi les persécutés, qu'ils se demandèrent s'ils n'entreraient pas dans une révolte qui avait éclaté dans la province de Hung-Yen. Mgr Retord leur défendit toute participation à cette tentative criminelle. Il fut obéi. Mais Tu-Duc et ses mandarins ne leur furent pas reconnaissants de cet acte de soumission, car ils continuèrent à les poursuivre sans relâche.

« Nous étions chez nous, écrivait l'évêque revenu à Vinh-Tri, comme l'oiseau sur la branche, sans cesse agités par une foule de mauvaises nouvelles annonçant que des espions nous avaient vus, que nous étions dénoncés, que les mandarins allaient venir bloquer notre village ; et alors quel malheur pour la mission et pour les chrétiens, qui seraient pillés, et dont plusieurs seraient mis à mort à cause de nous! Pour leur épargner ce malheur, tantôt nous allions sur le fleuve nous cacher dans quelque barque, tantôt nous nous retirions dans un de nos souterrains, espèces de tombeaux où l'on s'enterre avant la mort.

« Une fois nous y sommes restés ensevelis pendant huit heures, n'ayant pour respirer que l'air communiqué par un petit tube de bambou. Quand nous en sortîmes, nous étions tout hébétés et presque idiots.

« Cependant les peines corporelles qu'on éprouve dans ces moments critiques ne sont rien en comparaison des angoisses de l'âme ; on ne peut pas dormir, on ne veut pas manger, on n'a de goût pour aucun travail, la vie est à charge, et si la mort venait, elle serait accueillie comme une bonne fortune. »

Pour ne pas exposer les chrétiens de Vinh-Tri aux plus graves dangers, Mgr Retord et M. Charbonnier durent chercher de nouveau un refuge dans les montagnes.

« Nous voulons mourir seuls pour Dieu et pour vous, sans vous occasionner aucun malheur, disaient-ils à leurs fidèles; nous mettons vos personnes, vos biens et nos établissements sous la protection de Jésus et de Marie, nous confions votre défense aux anges gardiens et nous allons demander aux montagnes quelque abri ignoré. »

Hélas! la nouvelle de terribles événements vint l'affliger dans sa retraite: églises et presbytères détruits, chrétiens emprisonnés ou égorgés, séminaires dispersés, toutes ces calamités fondirent en quelques semaines sur le Tonkin. Il y eut alors dans l'âme, pourtant si vaillante, du vicaire apostolique comme un moment d'abattement. Ne recevoir jamais que de mauvaises nouvelles, être sans cesse accablé sous une foule d'affaires désastreuses et navrantes, respirer toujours au milieu d'une atmosphère de crainte et de proscription, entendre les blasphèmes et les calomnies des mandarins sans pouvoir leur répondre, savoir ses chrétiens poursuivis, spoliés, tourmentés de mille manières sans pouvoir les secourir efficacement : vraiment, c'en était trop; l'évêque éprouvait quelque chose des angoisses de Jésus

M. CHARBONNIER

au jardin des Olives, et volontiers il eût dit dans l'amertume de son cœur :

« Seigneur, si c'est possible, que ce calice s'éloigne de moi. »

Il nous a peint lui-même ce poignant état d'âme :

« Un jour que j'étais plus triste encore que de coutume, je faisais une longue lamentation sur les tribulations de ma vie passée au Tonkin, tribulations augmentées encore par les fréquentes maladies ou les infirmités corporelles que j'éprouve; je disais en présence de mes confrères :

« — Oh! si je pouvais avant de mourir avoir quelques années d'une liberté pleine et entière, seulement pour voir comme ça fait, que je me trouverais heureux! Oh! oui, que je serais content de ne plus être réduit à me cacher comme un scélérat, d'aller au grand jour prêcher l'Évangile à tous, aux mandarins comme aux autres, de travailler quelque temps sans entraves et de toutes mes forces! Ce serait trop de bonheur! »

« Tout à coup, MM. Charbonnier et Matheron m'interrompirent :

« — Comment, Monseigneur, me dirent-ils, n'êtes-vous donc pas heureux avec toutes les misères de la persécution? Est-ce que vous ne devez pas être satisfait des nombreuses et si belles croix dont le Seigneur vous gratifie? Souvenez-vous qu'au jour de votre Sacre, vous avez pris pour blason de votre noblesse épiscopale les deux croix de saint Pierre et de saint André, vos glorieux patrons, avec cette divise: « Faites que je m'enivre de la croix. »

« — Assez, assez, leur répondis-je, j'ai tout compris. Vous avez raison. Eh bien, que la très sainte volonté de Dieu soit faite. Vive Jésus! Vive sa croix! Vivent toutes les tribulations qu'il plaira à la divine Providence de nous envoyer. »

La volonté avait repris l'empire sur le cœur cruellement torturé; elle redevenait maîtresse de la nature un instant révoltée et elle redisait avec Jésus agonisant: « Que votre volonté soit faite! »

X

Le fugitif. — Chez les sauvages. — « Voilà le palais de l'évêque d'Acanthe. » — La mort. — « L'un sème et l'autre moissonne. »

Les cachettes qui abritaient l'évêque et ses missionnaires devenaient peu sûres. Le delta lui-même était fouillé par les soldats de Tu-Duc. Il fallait prendre le bâton de voyageur et errer d'asile en asile afin de dépister les mandarins et de ne pas attirer l'attention des païens. Quelle vie que ces marches forcées à travers les broussailles, dans les fatigues du corps et l'angoisse de l'esprit! Cela dura dix mois. Un jour, peu s'en fallut que les missionnaires ne tombassent entre les mains de leurs ennemis. Un lettré païen, alléché par la récompense promise aux dénonciateurs, avait indiqué la caverne où les proscrits s'étaient réfugiés. Les soldats s'y précipitèrent. L'héroïsme d'un diacre permit à l'évêque de s'enfuir. Cet homme généreux se livra de lui-même aux satellites, leur laissant croire ainsi qu'il était celui qu'ils recherchaient avec tant d'ardeur. La vue des mitres et des crosses qui se trouvaient là les entretint dans leur erreur. Grandes furent leur déception et leur colère lorsqu'ils s'aperçurent qu'ils étaient joués. Mis à la torture, le diacre refusa de faire connaître l'endroit où les missionnaires s'étaient cachés ; il fut condamné à l'exil.

Après avoir parcouru la plaine, Mgr Retord se décida à demander un asile aux sauvages qui habitaient la partie occidentale de la province de Ninh-Binh. Ces populations étaient bonnes, respectueuses et dévouées, mais il ne fallait pas exiger d'elles de trop lourds sacrifices. Quinze jours après l'arrivée de l'évêque, la peur s'était emparée

TYPES TONKINOIS

de ces bonnes gens, et ils offraient aux trois missionnaires de leur construire une cabane en pleine forêt.

« Faites la cabane, leur dit Mgr Retord, nous irons y loger. »

Et lorsqu'il entra pour la première fois dans cette misérable hutte :

« Eh bien, dit-il à ses prêtres avec un sourire, voilà le palais de l'évêque d'Acanthe ! »

Vraiment, n'était-il pas bien le disciple de celui qui a dit :

« Les renards ont leur tanière, mais le Fils de l'homme n'a pas une pierre où reposer sa tête ? »

Hélas ! ils n'étaient pas au bout de leurs peines et de leurs pérégrinations. Un ennemi sur lequel ils n'avaient pas compté les poursuivit jusque dans leur retraite. La fièvre fit son apparition parmi eux, et causa la mort d'un catéchiste. Il aurait fallu fuir ; mais où diriger ses pas ? Cependant le moment vint où l'on dut chercher un autre abri. Des soldats et des officiers, en chasse dans les environs, furent sur le point de découvrir la cabane des missionnaires. Les chrétiens, saisis de frayeur, supplièrent l'évêque de partir. Accédant à cette requête, Mgr Retord se réfugia sur une haute montagne. Au bout de quinze jours il s'éloignait de nouveau ; l'endroit était trop malsain, et rester là eût été s'exposer à une mort certaine.

D'après les indications des sauvages, l'évêque se cacha sur une petite colline entourée de marécages, à laquelle il était presque impossible d'accéder. C'est là qu'il écrivit ses dernières lettres, relatant les malheurs et les désastres de la mission du Tonkin. C'est un lugubre inventaire de ruines et de morts. Le dernier de ces comptes rendus est daté du 7 octobre.

« Le 16 du même mois, il fut saisi par un redoublement de la fièvre qui le minait depuis plusieurs semaines. Afin de ne pas gêner ses compagnons, M. Mathevon et trois prêtres annamites, il se fit construire une petite hutte particulière.

« Un prêtre indigène, qui avait quelques connaissances médicales, lui donna des soins et des remèdes, mais sans vaincre la fièvre qui affaiblissait beaucoup le malade. Le 21, dans l'après-midi, l'évêque éprouva un irrésistible besoin de sommeil. Le pauvre médecin diagnostiqua :

« — Il veut dormir, c'est bon signe. »

« Le soir, il constata le même état. Vers minuit il se releva et interrogea le catéchiste qui veillait :

« — A-t-il parlé ?

« — Non.

« — A-t-il pris quelque nourriture ?

« — Non. »

« Il regarda plus attentivement. L'évêque était immobile sur son lit de feuilles, les yeux vitreux et sans regard, les lèvres entr'ouvertes, la respiration très forte.

« — Seigneur Père, » dit le prêtre.

« Le malade ne fit aucun signe. Le prêtre reprit :

« — Seigneur Père, vous souffrez beaucoup ? »

« Même silence.

« — Il va mourir ! » s'écria-t-il effrayé. Et il courut avertir le Père Mathevon.

« Le missionnaire administra au mourant les derniers sacrements ; les prêtres annamites et les catéchistes, agenouillés autour de la couche funèbre, sanglotaient avec désespoir. Ils y restèrent jusqu'à neuf heures du matin. A ce moment, le malade fit un brusque mouvement des mains, un spasme crispa son visage, un dernier souffle s'exhala, puis les traits se détendirent, reprenant leur douceur accoutumée : l'âme était partie... C'était le 22 octobre 1858.

« Le corps fut enterré dans la forêt. Il y demeura dix ans et fut ensuite transféré dans la chrétienté de Késo, devenue la résidence des évêques du Tonkin occidental ; en 1880, il fut déposé dans la superbe église de ce village, construite par Mgr Puginier » [1].

L'Évangile a dit une parole qui s'est vérifiée souvent dans l'histoire de l'Église : « L'un sème et l'autre moissonne. » Mgr Retord a semé dans les larmes et les tribulations, d'autres recueillent maintenant dans l'allégresse.

Parlant un jour de l'enthousiasme qui accueillit la nouvelle de l'ambassade de M. de Montigny, le prélat disait :

« Il fallait voir comme nous nous empressions de bâtir les plus brillants châteaux en Espagne au sujet de nos succès et de nos travaux futurs ! Déjà tout ce pays nous apparaissait catholique, avec de jolies églises dans chaque village, avec d'élégants clochers, dont il nous semblait entendre les joyeux carillons. Oh ! que c'était beau ! »

Ce beau rêve n'est-il pas en train de se réaliser ? La dépouille mortelle du vaillant évêque a dû tressaillir de joie lorsque nos soldats ont pris possession de la terre annamite. Du haut du ciel, où nous croyons que ses vertus, ses travaux et ses souffrances lui ont mérité une place glorieuse, Mgr Retord a applaudi à leurs succès, et remercié Dieu de s'être servi encore une fois du noble pays de France pour étendre icibas le règne du Christ et de son Église.

1. *Mgr Retord et le Tonkin catholique*, par Adrien Launay, pp. 434, 435. Nous ne pouvons terminer cette notice sans remercier le Père Launay, qui nous a permis gracieusement d'utiliser sa belle vie de Mgr Retord.

Le Vénérable CHAPDELAINE

Le Vénérable CHAPDELAINE

I

« Il n'y a pas de curés dans mes tonneaux. » — Un jour de rentrée au séminaire. — « Tu as perdu le numéro de ta classe. » — La vocation à l'apostolat. — Le sacerdoce.

C'est au village de la Métairie, non loin du bourg de la Rochelle, à quelques lieues d'Avranches, que naquit, le 6 janvier 1814, Auguste Chapdelaine.

Il appartenait à une famille dont la foi était restée intacte pendant les jours mauvais de la Révolution. Elle avait même poussé l'héroïsme jusqu'à offrir un asile aux prêtres non assermentés, qui exerçaient en cachette le saint ministère auprès des chrétiens fidèles.

Un matin, la maison de Nicolas Chapdelaine fut visitée par trois envoyés du comité révolutionnaire d'Avranches. Ils commencèrent leur perquisition par la cave, et s'y servirent de copieuses rasades :

« Citoyens, leur dit Nicolas, il n'y a pas de curés dans mes tonneaux, et je n'entends pas que vous veniez boire mon cidre sans ma permission. »

Et ce disant, il les mit prestement dehors.

A une foi vive et ardente, les deux époux joignaient la pratique de la charité :

« Il y a toujours bon feu, bon pain et bon gîte chez les Chapdelaine, » disaient les pauvres.

Et ils prenaient souvent le chemin de la maison, où ils étaient accueillis avec tant de pitié généreuse et de cordialité.

« L'enfant profita des exemples que la Providence avait placés sous ses yeux.

« Dès ses plus jeunes années, il se fit remarquer par son esprit de foi et par sa générosité envers les malheureux. D'un caractère énergique, mais un peu replié sur lui-même, il prenait rarement part aux jeux des enfants de son âge. Il se plaisait dans la solitude, aimait les lectures prolongées, et, avant tout, l'étude de son catéchisme. Ses récréations favorites étaient consacrées à élever des autels, à planter des croix, à faire des processions. A sa prière, une de ses sœurs consentit à lui façonner des ornements sacerdotaux; il s'en revêtit avec joie et se mit à essayer de reproduire les cérémonies qu'il avait observées à l'église pendant la messe.

« Il fit sa première communion avec une ferveur dont plusieurs témoins encore vivants conservent le profond souvenir. Après cet acte mémorable, il prit sa part des travaux des champs. Doué d'une constitution vigoureuse, qui ne tarda pas à se développer avec les années, « il faisait de la besogne pour quatre, » disaient ses frères aînés.

« Bientôt se manifesta dans son cœur un ardent désir de fuir le monde et de se consacrer tout entier au service de Dieu dans les labeurs du sacerdoce. Mais, au sein de la famille, on appréciait trop la valeur de son travail pour le laisser partir; aussi rencontra-t-il la plus vive opposition à ses projets.

« Il ne voulut rien brusquer; il se contenta de prier avec plus de ferveur que jamais, remit entre les mains de la Providence ses pieux desseins et attendit.

« A vingt ans, il se sentait plus que jamais entraîné vers le sacerdoce. Mais, en même temps, l'opposition de sa famille grandissait. Que deviendrait sans lui la culture des vastes fermes dont son père et sa mère avaient pris la charge?

« De graves événements changèrent ces dispositions. En une semaine, deux de ses frères, qui essayaient avec le plus d'énergie de le retenir, furent frappés de mort.

« La famille Chapdelaine, sentant que trop de bras lui manquaient, remit une grande partie des terrains qu'elle avait affermés et laissa à Auguste toute liberté d'obéir à l'appel de Dieu.

« Le jeune homme s'empressa de se rendre chez un saint prêtre de son voisinage, qui perfectionna son instruction première et l'initia aux éléments de la la langue latine » [1].

La rentrée des classes, dans nos maisons d'éducation, est pour les nouveaux un jour d'impression profonde et pour les anciens l'occasion d'études de mœurs intéressantes, dont les nouveaux sont l'objet et souvent les victimes. L'arrivée d'Auguste Chapdelaine au petit séminaire de l'abbaye Blanche fit sensation parmi les élèves. Lorsque ce grand garçon de taille respectable, au costume de paysan, fit son apparition, les quolibets allèrent leur train :

1. Cf. *Les Cinquante-deux serviteurs de Dieu*, par Adrien Launay, t. II, p. 287.

« Tiens, tiens, quel est donc ce bon papa ? »

Un autre, chez qui l'admiration devait bientôt succéder à la moquerie, lui dit :

« Bonjour, papa ; comment t'appelles-tu ?

— Je m'appelle Auguste Chapdelaine.

— Tu viens faire ta philosophie ?

— Non, j'entre en cinquième.

— En cinquième ! Ah ! bast ! Avec une barbe comme ça ! Allons donc ! t'as perdu le numéro de ta classe ! »

Ces plaisanteries cessèrent bientôt et firent place à la plus cordiale sympathie et à l'estime ; on avait pu se convaincre, en effet, que le papa Chapdelaine était un jeune homme qui ne manquait pas de talent et un cœur d'or.

Cependant, avec l'âge, Auguste Chapdelaine sentait s'éveiller en lui les idées de vocation à l'apostolat qui devaient se dessiner si nettement plus tard. Il rêvait aux peuplades barbares assises dans les ombres de la mort.

« Il y a bien assez de prêtres ici, disait-il à ses condisciples ; nous devrions nous en aller en Chine ou dans l'Océanie instruire et baptiser les infidèles. »

En attendant l'heure où Dieu lui manifesterait sa volonté sur lui, il accomplissait avec la régularité la plus absolue ses devoirs de séminariste. Il édifiait ses condisciples sur lesquels il exerçait un véritable ascendant, et il méritait la confiance de ses professeurs, qui le traitaient quelquefois non pas en élève, mais en égal. Six années se passèrent ainsi.

Son cours de philosophie terminé, Auguste Chapdelaine entrait au grand séminaire de Coutances, où il avait le bonheur de se placer sous la direction d'un prêtre dont les ouvrages ont été la lumière du clergé en ce siècle, M. l'abbé Dubois. Cet homme de Dieu ne tarda pas à reconnaître dans son pénitent les signes évidents de la vocation qui le poussait vers les missions, mais il crut prudent de lui conseiller d'attendre encore quelques années avant d'exécuter son dessein : c'était lui donner le temps de mûrir son projet et répondre au désir de l'évêque du diocèse, Mgr Robiou, qui voulait qu'on éprouvât avec toute discrétion les élèves qui se destinaient aux vocations extraordinaires.

Vers la fin de son noviciat ecclésiastique, l'abbé Chapdelaine renouvela sa demande pour partir dans les missions :

« Votre vocation nous paraît certaine, lui répondirent les personnes autorisées qu'il consulta, mais nous avons de graves raisons de vous dire : différez un peu votre départ. »

Le séminariste, soumis et obéissant, s'inclina devant la voix de Dieu qui parlait par la bouche de ses supérieurs, et il attendit.

Au lendemain de son ordination sacerdotale, toujours poursuivi par son idée, il disait à son frère qui le ramenait à la Rochelle, pour y passer quelque temps au milieu des siens :

« Mon cher Nicolas, je t'ai donné bien du mal pour me faire ce que je suis, mais tu n'en auras pas la joie.

— Comment ? Pourquoi ?

— C'est que je ne me suis pas fait prêtre pour ceux qui connaissent déjà Dieu, je me suis fait prêtre pour ceux qui ne le connaissent pas. Bientôt je quitterai la France pour aller dans les pays étrangers, parmi les sauvages ou les peuples encore idolâtres, leur parler du bon Dieu et leur apprendre la voie du salut. »

II

Vicaire à Boucey. — L'auréole d'un prêtre recueilli. — Punition providentielle d'un enfant gourmand. — Une douillette à l'encan. — « La littérature de ma mère. »

Le 23 février 1844, l'abbé Chapdelaine s'installait dans le vicariat de Boucey, auquel venait de l'appeler la confiance de son évêque. La situation qui lui était faite dans cette paroisse était difficile, et demandait avec le zèle et le dévouement beaucoup de tact et de jugement. Il fallait suppléer le curé, M. Oury, incapable désormais de ministère actif à cause de son âge et de ses infirmités ; ménager une vieille gouvernante, qui ne voulait pas quitter son maître ; rendre aux offices de l'église la splendeur du culte et du chant, qui attire les populations et entretient la piété. L'abbé Chapdelaine ne fut pas au-dessous de cette tâche.

Les paroissiens de Boucey furent bientôt frappés de l'extérieur modeste et recueilli de leur nouveau vicaire :

« Nous avons un saint, » disaient-ils.

« Je n'oublierai jamais, racontait un des prêtres les plus éminents du diocèse de Coutances, l'impression qu'il produisit sur moi quelques semaines après son arrivée dans nos parages.

« Vers mon âge de onze ans, un soir d'été, j'étais assis, avec mon frère, plus jeune que moi, sous un grand arbre, au bord du chemin. De loin, nous vîmes venir un prêtre lisant son bréviaire. Les rayons du soleil couchant se reflétaient sur le livre doré et éclairaient le visage. Assurément ce visage n'avait rien de remarquable comme beauté naturelle, mais, comme expression de piété et de sentiment religieux, il était ravissant. Sans nous rendre compte du saisissement qui nous avait gagnés à la vue de ce prêtre inconnu, nous étions frappés de l'auréole de sainteté qui enveloppait le futur martyr. Il approchait toujours et nous le regardions en silence. Quand il fut à quelques pas, sans bruit, nous nous mîmes debout; mais il passa, priant toujours et sans nous rendre notre salut :

« — Tiens ! dit mon frère, il ne nous a pas dit bonjour !

« — Je crois, répondis-je, qu'il ne nous a même pas vus ; il est tout dans son livre ! »

« Il continua son chemin, toujours absorbé dans sa pieuse attention.

« Quelque temps après, je vis ce même prêtre dire la grand'messe à l'église de ma paroisse. Je le reconnus sans tarder ; je l'examinai pendant toute la cérémonie, ayant peine à détacher mes yeux de sa personne, de sa tenue, de ses mouvements. C'était bien la même piété, le même air de sainteté, avec un sentiment encore plus profond de la présence de Dieu.

« Après la messe, je demandai quel était cet étranger ; on me répondit.

« — C'est M. Chapdelaine, le nouveau vicaire de Boucey. »

« Je crois sincèrement que la vue de ce bon prêtre, dans ces deux circonstances, n'a pas été étrangère à ma vocation. Je rends grâces à Dieu de m'avoir permis de le rencontrer »[1].

Le vicaire de Boucey manifestait surtout à l'église les sentiments de religion profonde dont il était animé. Il y faisait de longues et ferventes oraisons, prolongeant bien avant dans la nuit sa visite au très saint Sacrement :

« Notre vicaire, disait-on à Boucey, n'en finit pas de causer avec le bon Dieu ; s'il osait, il transporterait son lit à l'église ! »

Son genre de vie était uniforme ; il aimait la retraite et l'étude. A part ses visites dans la paroisse et à quelques confrères du voisinage, son temps se passait dans son cabinet, partagé entre le travail et la méditation.

1. *Un Martyr normand*, par M. le chanoine Boursin, p. 67.

« Pendant les beaux jours, il avait coutume de se retirer dans un angle du jardin de la cure. Le site lui paraissait réunir les plus précieux avantages : pas le moindre bruit ne venait à son oreille ; une petite table, couverte de mousse, lui servait à écrire ; en face de lui, un enfoncement pratiqué dans le mur lui tenait lieu de bibliothèque ; au-dessus de sa tête, une vigne entrelaçait ses branches vigoureuses et le mettait à l'abri des rayons du soleil. A l'automne, elle se couvrait de séduisantes grappes, que le solitaire avait grand soin de respecter, mais qui lui attirèrent une tragique aventure.

« Elles avaient, en effet, frappé l'attention d'un gamin qui passait, et tout naturellement excité sa convoitise. Il ne trouve rien de mieux que de grimper sur le mur, se glisse le long de la vigne et commence sa cueillette. Mais voilà qu'au-dessous de lui une grosse voix se fait entendre :

« — Dieu punit les gourmands et les voleurs ! »

« Épouvanté d'être surpris en flagrant délit, et craignant d'être arrêté, le maraudeur se met en devoir de fuir au plus vite. Mais il prend mal ses précautions, perd l'équilibre, et tombe tout meurtri aux pieds de l'abbé Chapdelaine. Le vicaire le relève, et, après s'être assuré qu'il n'avait aucune grave blessure, il le conduit hors du jardin en lui disant :

« — Mon petit ami, n'oublie jamais la leçon que vient de te donner la Providence [1] ! »

Son détachement des biens de ce monde était très remarquable. Il se refusait tout confortable dans son mobilier et dans ses habits. Une table de travail, une bibliothèque mal assolidée, deux chaises, un pauvre lit, formaient l'ameublement de sa chambre. Quant à ses habits, il avait coutume de leur demander un temps de service exorbitant, témoin l'anecdote suivante. L'abbé Chapdelaine possédait dans sa garde-robe une douillette qui avait les droits les plus incontestables à la retraite ; cependant il ne voulait pas la remplacer, trouvant qu'elle pouvait encore lui faire un long usage. Les jeunes gens qui fréquentaient le vicaire essayèrent de lui faire comprendre qu'il était temps de laisser là ce vêtement par trop râpé. Ils mirent la douillette à l'encan au prix de cinquante centimes. L'abbé rit de bon cœur du procédé :

« Criez tant que vous voudrez, leur dit-il : faites-la valoir tant que vous pourrez ; je suis bien sûr qu'elle me restera. »

Missionnaire en Chine, le père Chapdelaine écrivait plus tard :

1. *Un Martyr normand*, par M. le chanoine Boursin, p. 72.

« Si vous saviez combien ma vieille douillette de Boucey me rend service ! »

La vertu de l'abbé Chapdelaine avait pour point d'appui, comme celle de tous les hommes de Dieu, une sincère humilité. L'histoire suivante, que raconte son historien, en est la preuve touchante :

« Comme beaucoup de paysannes de cette époque, la mère du vicaire de Boucey écrivait difficilement. Aussi, lorsqu'elle voulait entrer en relation avec son fils, elle priait un de ses voisins de lui servir de secrétaire. Il venait de rédiger plusieurs pages de lettres, et, avant de les expédier, il crut bon de les lire à Madeleine Dodeman.

« — Quels grands mots ! dit-elle. Comme c'est savant tout cela ! Je suppose que l'abbé comprendra, mais sûrement il dira : « Ce n'est pas de ma mère ! »

« — Que fallait-il donc lui dire ?

« — Eh bien ! il fallait lui dire que je ne vais pas trop mal ; que je suis allée passer deux jours chez notre cousine, la mère Françoise ; que notre voisin, le père Jacques, a eu trois moutons étranglés ; que si le bon Dieu nous donne un peu d'eau, nous aurons beaucoup de pommes cette année à la Rochelle ; que je l'embrasse par-dessus tout bien affectueusement.

« — Oh ! très bien ! »

« Le secrétaire prend sa plume et écrit :

« Mon cher fils,

« Je ne vais pas trop mal. Je suis allée passer deux jours chez notre « cousine, la mère Françoise. Le père Jacques, notre voisin, a eu trois « moutons étranglés. Si le bon Dieu nous donne un peu d'eau, nous « aurons beaucoup de pommes cette année à la Rochelle.

Je t'embrasse par -dessus tout. Bien affectueusement.

« Ta mère,

« MADELEINE DODEMAN. »

« La lettre part et arrive à sa destination. Le vicaire de Boucey la lit, la relit avec un bon sourire, puis la remet précieusement dans son portefeuille.

« Pendant plusieurs semaines il la porta toujours sur lui, et, la montrant à ses intimes, il leur disait :

« — Voulez-vous savoir d'où je suis sorti ? Tenez, lisez cela. Vous allez le reconnaître à la littérature de ma mère [1]. »

Cependant, tout en remplissant avec le plus grand zèle les devoirs de son ministère, le vicaire de Boucey ne renonçait pas à ce qu'il croyait être sa vraie vocation. Le moment vint enfin où il entendit sortir de la bouche de son évêque la parole qui lui donnait la liberté de suivre ses goûts pour l'apostolat :

« Je vous autorise, mon cher abbé, lui disait le prélat, à quitter le diocèse. Puisse le bon Dieu bénir votre entreprise comme je la bénis moi-même ! »

Le 16 mars 1851, l'abbé Chapdelaine franchissait le seuil des Missions étrangères, où il allait travailler pendant une année à se former aux devoirs de la vie de missionnaire.

III

Le séminaire des Missions étrangères. — Départ pour la Chine. — Un économe trop intéressé. — « Il te manque une culotte. »

PASSONS rapidement sur le séjour du Père Chapdelaine au séminaire des Missions étrangères. Sa vie dans cette maison bénie fut celle d'un séminariste appliqué à ses obligations, édifiant et soumis. Il était heureux de retrouver là le règlement qui l'avait tant charmé durant les années de son noviciat ecclésiastique. Il aimait particulièrement à prier dans la salle des Martyrs, auprès des reliques de ceux de sa congrégation qui avaient donné à Dieu le suprême témoignage de fidélité et d'amour. Il ne se doutait guère alors qu'un jour viendrait où l'on prierait devant une nouvelle vitrine contenant de nouvelles reliques, en demandant à Dieu d'imiter son courage, sa constance et sa foi.

Le 29 mars de l'année suivante, M. Chapdelaine recevait sa destination pour la mission du Kouang-Tong, en Chine, et, le 29 avril, il s'embarquait à Anvers sur un navire de commerce, *le Henri-Joseph*. La bourse des passagers lui avait été confiée comme au plus ancien. Désireux de dépenser le moins possible, pour garder davantage à

1. *Un Martyr normand*, par M. le chanoine Boursin, p. 80.

l'œuvre des Missions, il se montrait d'une économie exagérée pour tous les achats, même utiles. Ses confrères l'en plaisantèrent plus d'une fois.

SINGAPOUR

La traversée fut heureuse, à part une tempête qui s'éleva au sud de l'Afrique, et qui leur fit craindre un instant pour leur vie. La foudre, en effet, pouvait frapper le navire, qui aurait disparu dans les flots : c'était la mort pour tout l'équipage, mais la Providence veillait sur les futurs apôtres ; le calme se fit et le vaisseau continua paisiblement sa marche.

A Java un incident comique dérida les voyageurs.

Parmi les Javanais qui avaient réussi à grimper sur le pont, il s'en trouvait un qui n'avait autour des reins que la plus misérable ceinture. Les missionnaires eurent la charité de lui faire cadeau d'une chemise. Il se hâta de la passer. Heureux de se voir un vêtement aussi riche, et qu'il n'avait jamais eu l'avantage de porter, il se regardait, se regardait encore, passait fièrement au milieu des matelots. Ayant rencontré le second du navire que les Hollandais appellent *sturman,* et qui était en manches de chemise, il s'arrêta devant lui, le toisa de tout son haut et s'écria :

« — Hein ! nous avons tous deux le même grade, maintenant ! »

Puis il courut au capitaine, et lui dit :

« — Je suis un sturman !

— Mon ami, lui répondit-il, tu oublies que pour l'être il te manque, entre autre choses, une culotte [1]. »

Après avoir séjourné un mois à Singapour, les missionnaires trouvèrent un navire portugais, qui s'offrit à les conduire à Hong-Kong. Arrivés dans cette ville après une navigation de plus de huit mois, ils furent reçus avec grande cordialité, par M. Libois, supérieur de la procure. Ils profitèrent du long séjour qu'ils firent à Hong-Kong pour se chinoiser. L'apôtre doit en effet se défaire le plus possible de ses habitudes européennes pour vivre de la vie de ses ouailles.

« Celui qui entre en Chine doit apprendre à parler, ou plutôt à chanter ; puis à manger, à boire, à se mouvoir, à marcher, à fumer, sous peine, à chaque pas, de « perdre la face » et qui pis est la vie.

« Apprendre ne suffit pas ; tout ce qu'on sait est nuisible dans ce pays qu'on appellerait à juste titre une Europe renversée ; il faut aussi désapprendre. La main gauche est plus digne que la droite ; la politesse en visite est de garder son chapeau : les chrétiens le gardent à la communion ; le prêtre, en disant la messe, reste couvert et porte des bottes de soie ; l'enfant qui récite sa leçon tourne le dos à son maître ; on ne tend point la main à son ami, mais on serre les poings, on les rapproche et on les élève jusqu'au front qu'on incline en se prosternant. Le dîner commence par le dessert et finit par le riz et la

1. *Un Martyr normand*, par M. le chanoine Boursin, p. 155.

soupe ; on mange comme on peut, avec deux bâtonnets, et chacun prend librement au plat commun ; on boit chaud. Un livre chinois commence où les nôtres finissent, on lit de droite à gauche, et les notes sont en haut de la page ; chaque feuille du livre étant double et pliée, la tranche est à gauche. Le blanc est signe de deuil. Lorsqu'on anoblit un personnage, on anoblit du même coup, non sa descendance, mais ses ancêtres. La distinction se mesure à la longueur des ongles, et pour les femmes à la petitesse des pieds ; on comprime avec des bandelettes les pieds des petites filles, et au prix de deux ans d'intolérables souffrances, souvent au péril de leur vie, elles acquièrent l'inappréciable avantage de ne pouvoir marcher.

« Ces usages et tant d'autres sont sacrés dans ce pays, où toute invention passe pour un crime de lèse-majesté. Les convenances interdisent une réponse négative ; le comble de la perfection est de mentir adroitement, c'est ce qu'on appelle dire des paroles blanches [1]. »

La difficulté la plus sérieuse que le Père Chapdelaine éprouva pour se chinoiser, ce fut l'étude de la langue des habitants du Céleste-Empire.

« Ce n'est pas une langue comme le français, écrit-il ; le même mot peut avoir quelquefois un grand nombre de significations différentes, suivant le ton et les diverses intonations qu'on lui donne et les divers mots auxquels on le joint. Puis on n'a pas de lettres pour écrire cette langue. On a pour les remplacer un tas de griffonnages à peu près semblables aux paraphes de nos vieux contrats, mais bien plus compliqués, puisqu'un seul de ces griffonnages a quelquefois plus de soixante ou quatre-vingts petites barres entrelacées les unes dans les autres; et il y a, dans le chinois, quatre-vingt ou cent mille griffonnages de cette espèce [2].

« Eh bien! c'est cela que j'étudie depuis le matin jusqu'au soir. Je vous assure qu'il faut l'amour du bon Dieu pour oser aborder ces difficultés et l'insupportable ennui de cette étude si compliquée. Quand je serai un peu plus avancé, je dois pénétrer plus avant dans l'intérieur du pays, pour me perfectionner dans leur langue, avec les Chinois eux-mêmes [3]. »

1. *Vie de Mgr Faurie*, par J.-H. Castaing, pp. 76, 77.

2. Lettre du Père Chapdelaine à M. l'abbé Frasvic, à Pontorson.

3. *Vie d'Auguste Chapdelaine*, par l'abbé Bouclon, p. 29.

IV

Pour le Kouang-Si. — Une visite imprévue, minutieuse et indiscrète. — Le Kouang-Si. — Les premières conquêtes. — Tribulations. — La liberté.

Cependant le Père Chapdelaine désirait ardemment voir luire le jour où il lui serait permis de pénétrer dans sa mission. Il fut enfin exaucé. A la fin d'octobre 1853, il partait pour le Kouang-Si. Son voyage ne fut pas heureux. A peine était-il embarqué sur le fleuve de l'Est, qu'il fut assailli par des pirates qui le dépouillèrent de tout ce qu'il possédait. Ils ne lui laissèrent que ses vêtements. Revenu à Canton, il fit préparer une autre barque pourvue de canons, de lances nombreuses, et desservie par vingt-cinq matelots.

« Ce second voyage ne fut cependant pas sans incidents fâcheux. Après douze jours de route, étant arrivé près d'une douane fort sévère, le patron de sa barque refusa de le conduire plus loin, et menaça même de le dénoncer au mandarin s'il ne lui donnait cent cinquante piastres. Le missionnaire hésitait à sacrifier cette somme très considérable relativement à la modicité de ses ressources, mais sur les instances de ses guides chrétiens, qui craignaient pour leur vie, il finit par consentir. »

Le voyage continua sans autre affaire grave, mais pénible par sa durée et plus encore par toutes les précautions nécessaires pour éviter d'être découvert. Sans trop s'appesantir cependant sur ces rudes débuts de la vie apostolique, M. Chapdelaine les résumait ainsi :

« Notre argent est sur le point de nous manquer, et impossible de trouver à emprunter. Nos matelots sont les plus francs paresseux qu'on puisse imaginer, et ne font pas dans un jour ce que chez nous on ferait dans une heure et moins. A cela, ajoutez les fatigues du voyage, trois mois entiers dans une méchante petite barque ouverte à tous les vents, toujours assis ou couché sur la planche nue, sans pouvoir se lever, sans voir le jour, sans pouvoir sortir un instant pour respirer l'air, sans pouvoir lire ni travailler pour se désennuyer, puisqu'on ne peut porter avec soi aucun livre, sans pouvoir même parler. Un froid qui pique, peu d'habits pour se couvrir, et point d'argent pour en acheter. Les nuits entières passées sans dormir, toujours en face soi, livré à ses propres réflexions. Oh! que les nuits et que les jours sont longs! Quel trésor de mérites pourrait amasser celui qui supporterait ces peines et ces tribulations avec patience [1]. »

Arrivé à Kouy-Yang, capitale de la province, il resta quelque temps dans cette ville pour achever sa formation chinoise. Il habitait chez un ancien missionnaire, et c'est là que, le jour de Pâques 1854, il reçut une visite à laquelle il ne s'attendait pas. Un mandarin avait appris la présence de missionnaires, et se présentait pour faire une perquisition. Tout se passa pour le mieux, et le mandarin, qui désirait connaître la religion catholique, se fit faire un sermon. Le Père Chapdelaine prêcha en latin, émaillant le texte de son discours de quelques mots chinois. Un interprète traduisait à l'usage du mandarin.

« Enfin, comme je me retirais, raconte le Père à M. Libois, le magistrat m'a appelé à lui pour m'interroger et m'examiner de plus près. Il m'a pris les mains pour en considérer l'intérieur, et voir si je n'étais pas un fabricant d'armes. Il me regardait le bras, la figure surtout. Il lui a fallu voir jusqu'à mes culottes.

« Pendant tout ce temps, les chrétiens, qui étaient venus pour entendre la messe, faisaient comme moi bien triste contenance.

« Enfin la comédie s'est terminée par une visite chez le Père Faurie, qu'on n'a pas trouvé, comme de raison. Le grand mandarin s'en est allé avec tous ses gens, bien persuadé, je crois, que nous sommes des étrangers malgré qu'on prît bien soin de lui dire que M. Perny était du Kouang-Tong, et moi du Kouang-Si. S'il ne nous a pas arrêtés, c'est qu'il ne l'a pas voulu ou que Dieu ne le lui a pas permis. »

Quelques semaines plus tard, le Père Chapdelaine se dirigeait vers le Kouang-Si. Ce pays est une des dix-huit provinces de la Chine. Il est borné au nord par les provinces du Kouy-Tchéou et du Hou-Nan ; à l'est et au sud, par celles du Hou-Nan et du Kouang-Tong ; à l'ouest et au sud, par celles du Yun-Nam et par le Tonkin [2].

Des montagnes couvertes de vastes forêts, des vallées fertiles, un grand fleuve, le Si-Kiang : voilà, en quelques mots, la description du pays où le Père Chapdelaine allait exercer son apostolat.

La population est d'environ huit millions d'habitants. Quelques-unes des races qui la forment ont des qualités naturelles sérieuses ; mais dans l'ensemble, c'est une réunion de brigands rapaces et immoraux. Le culte de Confucius et celui de Bouddha sont en honneur parmi

1. Lettre à M. l'abbé Bréhier, du 20 février 1854.

2. Cf. *Atlas des Missions*, par Adrien Launay.

elles. Le grand obstacle à la conversion de ces peuples et des Chinois en général consiste dans leur immoralité et leur orgueil.

« Un orgueil profondément enraciné et qui dépasse toute mesure. Fier de son antiquité, de ses institutions séculaires, de la sagesse de ses lois ; fier aussi de son prestige auprès des nations voisines, vassales ou tributaires de sa dynastie, ce peuple estime que le monopole de la civilisation lui appartient, et juge fatal à ses mœurs comme à son unité tout contact avec les étrangers. De là, sa longue résistance à ouvrir ses portes aux Européens ; de là encore, maintenant que ceux-ci ont forcé les portes de son empire, la sourde et systématique opposition qu'il fait à leur influence[1]. »

Par mesure de prudence, le missionnaire s'était arrêté à Ta-Chan, non loin de la frontière. Les chrétiens étaient très peu nombreux au Kouang-Si, et c'eût été une témérité que de marcher à l'aventure.

Voyant que les appuis humains lui manquaient à peu près totalement, M. Chapdelaine se tourna vers le ciel ; il invoqua Marie et confia sa mission à Notre-Dame des Victoires. A cet acte de confiance filiale, la très sainte Vierge répondit aussitôt par une marque de sa protection.

« Un habitant du Kouang-Si, raconte le missionnaire à M. Libois, venait au Kouy-Tchéou voir quelques-uns de ses parents nouvellement convertis ; on l'instruisit, et après avoir adoré il retourna au Kouang-Si, emportant avec lui un petit catéchisme. Bientôt quarante ou cinquante familles environ, deux cent trente à deux cent quarante personnes de ses parents et amis ont suivi son exemple, brûlé leurs idoles et adoré le vrai Dieu. Sans doute, mon bien cher Père, vous admirerez avec moi les vues de miséricorde de Dieu pour cette pauvre province du Kouang-Si, où depuis plus de cent ans aucun missionnaire n'avait été envoyé ; et, au moment même où l'un se met en route pour y pénétrer, Dieu lui en prépare les voies. Le nouvel apôtre, voyant ces heureuses dispositions, repasse au Kouy-Tchéou chercher quelqu'un pour le seconder, c'était au mois d'août ; alors on savait qu'un missionnaire destiné pour le Kouang-Si venait d'arriver. Le brave homme trouve dans sa famille chrétienne du Kouy-Tchéou un catéchiste très capable, disposé à l'accompagner. Avant de partir, on vient me consulter ; je m'empresse de donner à ce catéchiste le viatique, les livres et autres objets de religion. Vers le mois de

1. *Dom François-Xavier Leboucq*, par Mgr Dubar, p. 338.

décembre, les nouveaux convertis étant instruits et préparés, on vient me chercher à Ta-Chan.

« C'est le jour de la fête de saint François Xavier, patron de toutes les missions et de la nôtre en particulier, que j'ai touché, pour la première fois, le sol du Kouang-Si. Après seulement six jours de marche, nous sommes arrivés et j'ai pu, pour la première fois, célébrer la sainte messe, le jour de l'Immaculée-Conception de la bonne Vierge, au milieu de mes nouveaux chrétiens. Puisse l'immaculé cœur de Marie, auquel j'ai consacré et je consacre tous les jours mon ministère et ma mission, être touché de compassion pour ces pauvres peuples et leur obtenir d'abondantes grâces de conversion [1]. »

A ces faits consolants succédèrent bientôt des tribulations et des vexations. Dix jours seulement après l'arrivée du Père Ma, nom chinois donné au Père Chapdelaine, un parent des néophytes le dénonça au grand mandarin, qui envoya aussitôt des satellites pour s'emparer de lui et qui le conduisirent à Si-Lin-Hien, ville éloignée de quatre lieues. Le missionnaire eut une attitude nettement respectueuse en présence du mandarin qui l'interrogeait. Dieu permit même que celui-ci, qui était un homme droit et qui avait une certaine connaissance de la religion chrétienne, rendît en faveur de la foi le plus beau témoignage qu'elle ait peut-être jamais reçu dans les prétoires de la Chine. Laissons la parole au Père Chapdelaine.

« — Vous êtes chrétiens, nous a-t-il dit ; les chrétiens sont de fort honnêtes gens. A Pékin, nous avons un grand nombre d'églises et de chrétiens. La religion de Jésus est la vraie religion. Vous croyez à un paradis pour récompenser les bons et à un enfer pour punir les méchants ; mais comment le croyez-vous sans le voir ? »

« Le mandarin achevait à peine ces mots qu'on amena en sa présence deux brigands qu'on venait de saisir :

« — Ah ! dit-il, en voilà deux qui iront certainement en enfer ; quant aux hommes qui font le bien, ils iront en paradis. »

« Il a parlé de la sorte au moins pendant une heure, en présence d'une foule nombreuse, adressant à mon catéchiste beaucoup de questions, auxquelles celui-ci a toujours répondu avec justesse et à propos. J'ai entendu ce même catéchiste, à la prison et ailleurs, traiter de la religion avec les plus lettrés de la ville et des environs ; il s'en est toujours tiré avec bonheur et au grand contentement des controversistes et des curieux.

1. Lettre à M. Libois, procureur des Missions étrangères à Hong-Kong, du 28 novembre 1855.

« Le mandarin a demandé qu'on récitât en sa présence quelques-unes de nos prières ; il a voulu voir nos livres de religion, qu'il a gardés chez lui huit ou dix jours, et il a fini par nous dire que son intention n'était pas de nous vexer; qu'il nous avait appelés à son tribunal, parce qu'il craignait que notre enseignement ne fût dangereux; qu'il n'en voulait ni à notre argent, ni à nos effets; qu'il ne fallait pas prêcher la religion dans les villages, où le pauvre n'a pas le loisir de nous entendre, mais bien dans les grandes villes où abondent les hommes instruits.

« — Avant de prendre une décision sur votre sort, ajouta-t-il, je dois consulter les autorités de Kiu-Ny-Fou, et je vais expédier sans délai un courrier au gouverneur de la ville. »

« Or ce courrier n'a pu arriver jusqu'au terme de son voyage, à cause des brigands qu'il a rencontrés sur sa route et qui l'ont forcé de rétrograder sans avoir vu le mandarin. Ce contretemps a été un nouveau trait de la Providence en notre faveur, car ce magistrat supérieur est extrêmement hostile aux chrétiens. A ce moment même il faisait mettre à mort une quinzaine de néophytes comme complices des rebelles, parce que ces derniers venant assiéger sa ville s'étaient installés de force chez les catholiques. Pour les punir d'un fait dont ils étaient les victimes, il brûlait leur chapelle, s'emparait de leurs propriétés, et forçait tous ces malheureux à prendre la fuite. Un mandarin animé de telles dispositions, si Dieu eût permis que le message parvînt jusqu'à lui, ne pouvait qu'aggraver notre sort.

Pendant seize ou dix-huit jours que nous avons passés en prison, les païens sont venus en foule de la ville et des environs pour nous voir et pour entendre prêcher mon catéchiste. Ce peu de temps a suffi pour répandre et populariser la connaissance du christianisme. Dans tout le pays on sait maintenant que la religion chrétienne est la vraie religion, le mandarin l'ayant déclaré en plein tribunal.

« Les quatre chrétiens saisis avec moi ont porté les chaînes pendant huit jours, et les satellites n'ont pas voulu les mettre en liberté à moins d'une rançon de six à sept taëls; pour mon compte, je n'ai pu m'arracher à leurs griffes qu'en leur payant une somme pareille. Les prétoriens, si nombreux dans les tribunaux chinois, n'ont pour vivre que ce qu'ils peuvent extorquer de cette manière ; ils sont de plus encouragés dans cette voie par l'exemple des chefs.

« Ainsi, le premier assistant du mandarin ayant aperçu ma montre, lorsqu'on me fouillait, a demandé à la voir, et dans la suite il n'a pas voulu me la rendre. D'autres objets m'ont été aussi dérobés ; mais

TRIBUNAL CHINOIS

laissons là ces pertes pécuniaires et remercions la Providence de nous avoir tirés si merveilleusement d'un pas difficile, car cet événement pouvait avoir des suites graves, surtout dans les circonstances présentes. Il était d'autant plus à craindre qu'on ne nous mît à mort sans autre forme de procès, que récemment les perturbateurs, sous prétexte de prêcher une religion nouvelle, avaient excité le peuple à la révolte, et au moment même de notre arrestation, à peu de distance de mon troupeau, une contrée très vaste était en pleine révolution. Mais Dieu n'a pas permis que sa cause fût confondue avec celle des méchants [1]. »

Le Père Chapdelaine fut donc rendu à sa chrétienté naissante, et put célébrer au milieu d'elle la fête des rois. Puis il se mit à parcourir les villages où habitaient ses fidèles, et eut le bonheur d'admettre au catéchuménat de cent soixante-dix à cent quatre-vingts personnes. Mais les païens ne se tenaient pas pour battus, et le missionnaire prenait toutes les précautions possibles pour cacher sa présence. Il s'était logé chez un magicien, qui paraissait disposé à se convertir ; là, il occupait un grenier où il restait tout le jour. Le soir venu, il sortait pour son ministère. Dieu bénissait ses sacrifices, car en moins de quatre mois près de deux cents catéchumènes furent admis à l'étude du christianisme, cinquante-six enfants et dix adultes reçurent le baptême.

Cependant le Père se plaignait douloureusement à ses supérieurs de ne pouvoir réaliser tout le bien que son zèle désirait opérer, à cause de son ignorance de la langue du Kouang-Si, différente des autres idiomes chinois qu'il avait étudiés. Il se sentait surtout paralysé dans son apostolat auprès des lettrés qui avaient demandé à s'instruire de la religion du Maître du ciel. Pour l'aider dans son œuvre, on lui envoya une sainte veuve nommée Agnès Tsao-Houy, active, douce, patiente, connaissant très bien et pouvant expliquer la doctrine chrétienne. Elle se mit à l'œuvre et commença à exercer son influence auprès des femmes et des jeunes filles. Il ne se passait guère de semaine sans qu'elle vînt dire au Père Chapdelaine :

« Père, j'ai encore gagné à notre Seigneur trois, quatre ou cinq familles. »

La Providence, qui sait mêler quelques consolations aux tribulations et aux souffrances, donnait en même temps un auxiliaire dévoué au missionnaire dans la personne de Laurent Pé-Man, païen nouvellement converti. Cet ouvrier sans instruction, mais intelligent, se fit le

1. Lettre au supérieur des Missions étrangères.

serviteur de l'apôtre, préparant sa nourriture, l'accompagnant dans tous ses voyages, lui épargnant ainsi les nécessités de la vie matérielle et lui permettant de se dépenser plus aisément pour le bien des âmes.

V

La consommation. — Une émule d'Hérodiade. — Arrestation. — Le supplice. — Le rotin. — La semelle de cuir. — Héroïque refus. — Le martyr. — La tempête de Sy-Lin-Hien. — La cause de béatification.

QUAND un homme a donné à Dieu, dans un sacrifice de tous les instants, son intelligence, son cœur, sa volonté, qu'il s'est dévoué pour sa cause, il lui reste à ramasser en quelque sorte toutes les puissances de son être, à prendre son corps et son âme et à les jeter aux pieds de Jésus-Christ dans une sanglante immolation. Tel était le sacrifice sublime qui allait couronner la vie du Père Chapdelaine.

On était au mois de février 1856 Le missionnaire se trouvait alors dans le village de Laochan, qui comptait un certain nombre de chrétiens. Mais il n'eut pas le temps d'exercer son ministère. L'heure du martyre avait sonné pour lui.

Le Père avait accepté l'hospitalité chez un de ses néophytes, dont la femme jeune et légère était pour son époux, par sa conduite, un sujet de désolation. Or, un jour que le mari faisait des reproches mérités à son épouse à cause de ses mœurs dépravées, celle-ci, furieuse de ces remontrances, lui répondit :

« Tu me calomnies, eh bien! je ne veux plus ni de toi ni de ton Dieu. J'aurai ma vengeance, et elle sera terrible. »

Le soir même elle se plaignait à son père et à son frère des prétendues injustices commises envers elle. Sans perdre de temps, ceux-ci firent rédiger par un lettré un acte d'accusation ainsi conçu :

« Un étranger, nommé Ma, est venu dans nos parages prêcher une religion fausse et perverse. Son but secret est d'exciter les populations à se révolter et à s'emparer de la ville de Si-Lin-Hien. Déjà il a réussi à se créer de nombreux sectateurs; il leur a révélé des secrets magiques qui leur permettent d'accomplir tout ce qu'ils veulent. Ils arrêtent la fertilité de la terre, font naître des tempêtes, changent les fleuves en torrents. Ils ont même le pouvoir de voler comme les oiseaux. Que l'on se hâte de mettre un terme à leurs complots occultes, ou bien le Kouang-Si va revoir des troubles, des brigandages, des combats sanglants. »

Le mandarin Tchang, à qui cet acte d'accusation fut porté, était un homme ambitieux et avide. Il vit là une bonne occasion d'obtenir de l'avancement et de satisfaire sa cupidité. Il accueillit donc la plainte avec faveur et envoya des satellites avec ordre d'arrêter M. Chapdelaine. Mis au courant de ce qui se passait, les chrétiens conseillaient au missionnaire de s'enfuir vers le Kouy-Tchéou :

« Non, répondit-il, si je vous quitte, vous aurez à souffrir à cause de moi ; pour vous épargner de plus grands maux je dois rester au milieu de vous. »

Mais comme les chrétiens insistaient, il consentit à se retirer chez un lettré chrétien qui habitait Sy-Lin-Hien. Lors donc que les satellites se présentèrent pour s'emparer de lui à Yao-Chan, ne le trouvant plus, ils entrèrent en fureur contre les habitants du village ; ils se mirent à piller et firent prisonniers un certain nombre de chrétiens.

« Tout à coup, pendant que retentissent les chants de la bande fanatique, un prodige apparaît dans le ciel. Au-dessus de Yao-Chan, se dessine un globe lumineux aux couleurs rouges et vertes. Les chrétiens tressaillent d'allégresse, et voient dans ce miracle l'annonce de la récompense qui les attend. Effrayés un instant, les païens s'arrêtent, se demandant s'il n'y a pas là une menace du ciel qui se prépare à punir leur forfait. Mais bientôt, aveuglés par leur passion brutale, emportés par la légèreté, ils se remettent en marche [1]. »

Le lendemain, 25 février, le Père Chapdelaine, après avoir pris son repas, venait de commencer la récitation de son bréviaire, lorsque deux cents soldats, escortant des mandarins civils et militaires, cernent la maison où il avait trouvé asile.

Le capitaine ordonne qu'on lui ouvre la porte.

Lô-Kong-Vé, — c'était le nom du courageux lettré, — s'avança vers lui :

« Que désirez-vous ?

— J'ai ordre d'arrêter un étranger appelé Ma, et plusieurs autres chrétiens qui se cachent ici. Voici leurs noms.

— Si tel est votre mandat, exécutez-le ; mais souvenez-vous de traiter convenablement ceux qui vont vous suivre. »

Sur l'ordre du capitaine, un de ses subalternes se dirige alors vers

1. *Un Martyr normand*, par le chanoine Boursin, p. 256

l'endroit où se trouvait le missionnaire pour s'emparer de lui. Le Père Chapdelaine était à genoux, récitant son bréviaire :

« J'achève ma prière, dit-il tranquillement ; va dire à ton chef que dans un moment je suis à lui. »

LE NOMBRE DE SOUFFLETS ORDONNÉ PAR LE MANDARIN

Au bout de quelques instants il se remettait lui-même aux mains des satellites, qui le conduisaient aussitôt chez le mandarin.

Après avoir interrogé les chrétiens, Tchang fit venir devant lui le missionnaire, et comme celui-ci restait debout :

« Comment, s'écria-t-il, tu as l'audace de paraître en ma présence sans fléchir le genou ! »

Le Père ne bougea pas.

« Qu'es-tu venu faire en cette contrée ?

— Enseigner la religion du Dieu du ciel.

— Tu veux exciter le peuple à la rébellion en lui apprenant de nouvelles doctrines.

— C'est faux ! je désire seulement montrer aux hommes à pratiquer le bien et à marcher dans le chemin du ciel.

— As-tu de l'argent ?

— Un peu.

— Renonce à ta religion, sinon je te fais décapiter.

— Ma religion est seule la vraie, je ne puis l'abjurer, ce serait une grande faute.

— Puisque tu persévères dans ton crime, tu vas l'expier. Soldats, appliquez-lui trois cents coups de rotin. »

Alors commence une scène atroce. Les soldats se jettent sur e missionnaire, l'étendent à terre et exécutent la sentence avec une cruauté si grande, que sans compter le nombre de coups ils ne terminent leur sinistre besogne que lorsqu'ils voient le martyr couvert de sang. Cependant le Père Chapdelaine se taisait et priait, se rappelant sans doute, pour ranimer son courage, la sanglante flagellation du Maître pour lequel il souffrait.

Après ce supplice, on releva le Père tout meurtri. Ce fut pour le livrer à un nouveau supplice.

« Qu'on le mette à la chaîne de fer ! » cria le mandarin.

Aussitôt l'ordre fut exécuté.

Le patient fut placé à genoux sur une chaîne tendue entre deux poteaux. Les pouces et sa queue de cheveux étaient pris dans une machine qui tenait raides son corps et sa tête. Une assez longue planche pesait sur ses jambes repliées, et à chaque bout se balançait de temps à autre un satellite. Le martyr endura ce supplice affreux depuis le midi du 25 février jusqu'à neuf heures du matin environ du jour suivant.

Quand on le délia, ses membres gonflés, ses nerfs distendus, ne lui permirent de faire aucun mouvement. On dut le transporter comme une masse inerte dans la prison.

Il s'y trouvait à peine depuis quelques instants, lorsque ses gardes le virent se promener alerte et gai. Étonnés d'un tel spectacle, ils lui demandent comment il se fait qu'il n'ait plus l'air de souffrir.

« Le Dieu que vous refusez d'adorer a opéré ce prodige, » répond le prisonnier.

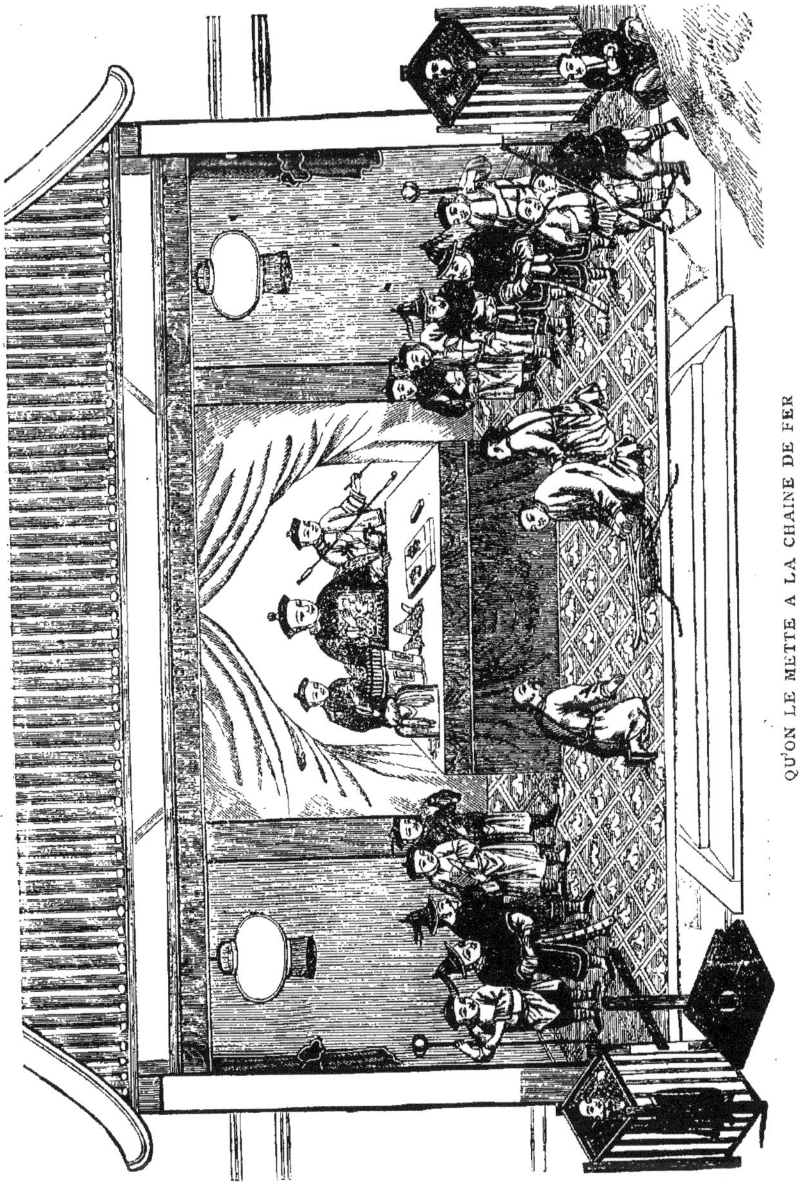

QU'ON LE METTE A LA CHAINE DE FER

Prévenu de ce qui se passe, le mandarin fait revenir le Père à sa barre.

« Par quels sortilèges as-tu triomphé de tes blessures ?

— Il n'y a point de sortilèges ; mais le Dieu que je sers est tout-puissant.

— Quoi ! tu oses encore prononcer devant moi le nom de ton Dieu ! Je saurai bien prévenir l'effet de tes enchantements. »

Et appelant à lui un de ses satellites :

« Voici deux cents sapèques, lui dit-il ; va vite nous acheter un chien noir. »

« Pendant que l'envoyé exécute l'ordre qu'il a reçu, Tchang éclate en injures contre le serviteur de Dieu. Il lui reproche de corrompre les mœurs, de former une secte dangereuse, d'exciter les gens simples et crédules à la rébellion.

« Soudain la porte du prétoire s'ouvre, le satellite rentre, traînant à sa suite le chien qu'il a réussi à se procurer. Un coup de couteau ouvre les veines du pauvre animal :

« — Recueillez le sang tout chaud, crie le mandarin, arrosez-en l'étranger. Nous allons voir si désormais il sera insensible à sa douleur. Donnez-lui ensuite trois cents soufflets avec la semelle de cuir. »

« Deux bourreaux s'emparent du martyr et le font mettre à genoux. L'un d'eux le saisit par les cheveux et lui renverse violemment la tête ; l'autre s'arme d'une sorte de semelle de soulier, formée de quatre lames de cuir cousues ensemble, et décharge à tour de bras sur les joues du patient le nombre de soufflets ordonné par le mandarin.

« Le supplice était loin d'être achevé que déjà la tête du Père était horriblement enflée, ses dents ébranlées et brisées. On lui fit ensuite pleuvoir sur le dos un nombre infini de coups de rotin. Puis il fut reconduit à sa prison. Les spectateurs le virent passer tout courbé, tenant ses joues entre ses mains ; il faisait entendre quelques gémissements. Il portait une chaîne autour de son cou ; sa tête, ses vêtements, ses pieds, étaient couverts de sang [1]. »

Le 27 au matin, le mandarin envoya son secrétaire dire aux chrétiens :

« Que votre maître consente à donner cinq cents taëls (environ quatre mille francs) et on lui pardonnera.

— Il ne le voudra pas, répondirent-ils, mais si le mandarin lui fait grâce, nous lui offrirons cent vingt taëls. »

Le scribe rapporta cette proposition à Tchang, qui se contenta d'exiger trois cents taëls.

1. *Un Martyr normand*, p. 267.

Aussitôt trois chrétiens s'en allèrent à la prison pour faire part de cette nouvelle au confesseur de la foi et lui demander son avis.

« Allez, leur répondit le martyr, et dites au mandarin que je ne donnerai pas une sapèque ; qu'il agisse à mon égard selon son bon plaisir ; il est utile que je meure pour vous. Mais prenez garde d'oublier le bon Dieu lorsque je n'y serai plus. »

Cette réponse héroïque était l'arrêt de mort du missionnaire.

Dans l'après-midi, vers cinq heures du soir, le mandarin arriva au prétoire où, d'après son ordre, on avait préparé deux cages pour le supplice du Père et d'Agnès Tsao-Kouy. Cette généreuse chrétienne, après avoir partagé les travaux du missionnaire, devait avoir part aussi à sa récompense.

Ayant pris place sur son siège, le mandarin ordonna qu'on amenât devant lui les deux prisonniers. Après leur avoir reproché leur conduite, il leur lut la sentence qui les condamnait à mort ; puis s'adressant aux satellites :

« Placez-les, dit-il, chacun dans leur cage[1]. »

L'ordre fut exécuté, il était six heures du soir. Les curieux se retirèrent alors, et il ne resta pour surveiller l'exécution que quelques gardes assis dans un coin du prétoire.

Entre dix et onze heures, le Père Chapdelaine poussa à trois reprises un profond soupir : c'était l'agonie.

« A ce mouvement convulsif, la cage se détache et tombe à terre. Les païens accourent. Le confesseur de la foi respirait encore. Les uns veulent suspendre la cage ; les autres s'y opposent, jugeant que le patient a succombé. Le corps resta donc jusqu'au lendemain matin étendu sur le sol. Les chrétiens entendirent de leur prison les derniers soupirs de M. Chapdelaine ; ils purent même le voir à la lueur des lanternes ; ils s'accordent à dire qu'il rendit son âme à Dieu presque immédiatement après la chute.

« C'était le vingt-deuxième jour de la première lune de la sixième année de l'empereur Hien-Fong, jour qui correspond au mercredi 27 février 1856[2]. »

1. La cage de suspension, haute de un mètre et demi à deux mètres, est tantôt une caisse rectangulaire, tantôt une sorte de lourd cuvier sans fond : la partie supérieure est recouverte de deux planches échancrées au milieu. On fait entrer le captif dans cette cage, trop haute pour qu'il puisse poser les pieds par terre, on place dessus les deux planches dont l'échancrure enserre son cou, et le malheureux reste ainsi suspendu, souffrant les tourments d'une strangulation lente et d'une douloureuse suspension. (Adrien Launay, *Les Cinquante-deux serviteurs de Dieu* t. II, p. 198.)

2. *Les Cinquante-deux serviteurs de Dieu*, par Adrien Launay, p. 303.

Le 28, deux soldats emportèrent sur un brancard, hors de la ville, le cadavre du missionnaire et, sur l'ordre du mandarin, lui tranchèrent la tête. Lorsque la hache s'abattit, le sang par trois fois jaillit vers le ciel. La tête fut suspendue à un arbre et des enfants qui revenaient de l'école s'amusèrent à lui jeter des pierres jusqu'à ce que le crâne se détachât de la chevelure et tombât sur le sol, où les animaux immondes le dévorèrent. Il en fut de même du corps du martyr.

Dieu voulut forcer le mandarin à confesser sa faute. Quelque temps après la mort du Père Chapdelaine, le 7 avril, une tempête épouvantable, accompagnée de coups de tonnerre formidables, éclate sur Sy-Lin-Hien ; les portes du prétoire sont arrachées de leurs gonds, deux murs de la salle sont renversés. Le mandarin, frappé de terreur, se cache sous son lit en disant :

« J'ai offensé le ciel en faisant mourir injustement l'étranger, Ma. »

Le 24 septembre 1857, un décret de Pie IX permettait l'introduction de la cause de béatification du martyr, qui prenait désormais le nom de vénérable. Depuis cette époque, les formalités de ce procès ont suivi leur cours normal. Un décret du Saint-Siège, publié le 2 juillet 1899, a constaté le martyre du Père Chapdelaine. C'est l'aurore de la béatification du serviteur de Dieu, qui sera, pour les missions de la Chine un gage de protection, et un honneur pour la France et pour la société des Missions étrangères.

« C'est une grande joie pour notre congrégation, disait un jour le Père Chapdelaine, de voir que Dieu veut bien continuer, comme par le passé, à choisir parmi ses membres des martyrs de la foi. »

Le Révérend Père LOURDEL

Le Révérend Père LOURDEL

APOTRE DE L'OUGANDA

(1853-1890)

I

A l'assaut des pays nègres. — Les *Annales de la Propagation de la foi*. — Une jeunesse difficile. — « Je montrerai que j'ai la vocation. » — A Maison-Carrée. — L'ordination.

« Je considère quant à moi, disait récemment un membre du Sénat français, que, de tous les événements accomplis au cours de ce XIXe siècle, le plus étonnant par la nouveauté et l'humanité profonde des moyens employés, le plus important par les conséquences incalculables qu'il entraînera à bref délai, c'est cette prise de possession pacifique du continent noir par les peuples civilisés ; jamais, à aucune époque, l'histoire ne marcha d'un tel pas. »

Le cardinal Lavigerie disait de son côté :

« Un mouvement providentiel, surtout depuis la seconde moitié de ce siècle, dirige vers le continent africain les regards et les efforts du monde civilisé. Les missions en sont le terme voulu de Dieu et le couronnement. Il suffit de jeter les yeux sur une carte de l'Afrique pour voir que toutes ses côtes ont été successivement occupées et comme assiégées, dans ces derniers temps, par les nations de l'ancien monde et même du monde nouveau. Au nord, la France a conquis une partie des provinces barbaresques ; à l'ouest, elle s'est emparée du Sénégal. La Tunisie, la Tripolitaine, l'Égypte ont renoncé à leur antique piraterie et ouvert leurs ports aux vaisseaux de l'Europe. L'Amérique a établi sur les côtes de l'Atlantique la République de Libéria. L'Angleterre a créé au sud la grande colonie du Cap. Les Hollandais ont fondé les Républiques d'Orange et du Transvaal ; enfin les traités conclus entre les sultans de Zanzibar et la Grande-Bretagne assurent aux Européens la liberté des transactions, depuis la terre de Natal jusqu'à l'entrée de la mer Rouge.

« Pendant que les nations chrétiennes formaient, avec leurs flottes et leurs armées, le blocus des côtes africaines, l'Église y déployait ses légions pacifiques. Les fils de Saint-François sont dans la Tunisie, la Tripolitaine, l'Égypte, le pays des Gallas ; ceux de Saint-Vincent-de-Paul dans l'Abyssinie ; les Pères du Saint-Esprit et du Sacré-Cœur-de-Marie au Zanguebar, au Congo, dans la Sénégambie, au Sénégal ; les Missions africaines de Lyon sur les côtes meurtrières de la Guinée, au Cap, au Dahomey ; celles de Vérone établies par Mgr Comboni dans les provinces récemment conquises du sud de l'Égypte ; les Pères de la Compagnie de Jésus à Madagascar et au Zambèze ; les oblats de Marie à Natal ; le clergé d'Irlande et d'Angleterre dans la colonie du Cap ; celui du Portugal au Benguela, celui d'Espagne au Maroc, celui de France en Algérie. En un mot, aucun point, des trois côtés que baignent la Méditerranée, l'océan Atlantique et l'océan Indien, n'échappe à ce siège immense que la miséricorde divine semble préparer pour mettre un terme à la malédiction de la pauvre race de Cham ; et on ne peut douter à tous ces signes que nous n'assistions à un de ces grands événements par lesquels la Providence change la face des nations. Mais si les rivages de l'Afrique sont tous occupés par ces messagers de la bonne nouvelle, il n'en est pas de même de l'intérieur. C'est seulement depuis vingt années que le voile qui couvrait ces régions ténébreuses a été soulevé par des explorateurs dont les noms sont sur toutes les lèvres. On s'est bientôt passionné pour leurs découvertes, enthousiasmé pour leur courage, et cet entraînement de l'opinion s'est traduit par des actes d'une portée décisive. »

C'est pour travailler à cette conquête pacifique du continent noir que le cardinal Lavigerie avait institué la société des Pères Blancs.

Parmi les vaillants missionnaires qui furent ainsi envoyés par le grand évêque dans l'Afrique équatoriale pour faire œuvre de foi et de civilisation, le père Lourdel, dont nous voulons rapidement esquisser la vie, occupe un des premiers rangs.

Il était né à Dury, petit village du Pas-de-Calais, d'une famille très chrétienne.

« Sa mère a raconté que, dans les premières années de son mariage, elle aimait à lire les récits des *Annales de la Propagation de la foi*. Elle y revenait sans cesse dans les loisirs que les travaux de la ferme pouvaient lui laisser. Le dimanche surtout, entre les offices, les soirs d'hiver, les deux sœurs passaient de longues heures dans cette lecture dont elles ne pouvaient se détacher. De temps en temps on relevait la tête et la conversation s'engageait :

« — Qu'ils ont du courage ces pauvres missionnaires, disait-on, et pourtant comme ils sont maltraités et persécutés !

« — Oh ! reprenait la mère, si je pouvais avoir un fils missionnaire comme ceux-là ! Je serais heureuse !

« — Prions, ma sœur, ajoutait sa pieuse compagne : Qui sait si le bon Dieu n'exaucera pas nos prières ? Ce serait trop beau pour notre famille ! Mais aussi ce serait pour le bon Dieu [1]. »

Nature vive et ardente, caractère de joyeuse humeur, Siméon manifesta bientôt les signes de la vocation à laquelle Dieu l'appelait. Successivement élève au petit séminaire d'Arras, au collège Saint-Bertin de Saint-Omer, puis au collège de Montreuil, il persévéra avec une rare ténacité dans son idée première, que bien des obstacles venaient contrarier. Ses supérieurs, en effet, se préoccupaient de l'esprit d'insubordination du jeune homme et de son peu d'application à l'étude, et ils ne croyaient pas voir en lui des marques suffisantes de vocation. Mais Siméon tenait bon.

« Je serai prêtre, disait-il ; on dit que je n'ai pas la vocation, eh bien je montrerai que j'ai la vocation. »

Il entra enfin au grand séminaire. Là une conférence du père Charmettant affermit en lui les idées d'apostolat qui le hantaient depuis longtemps.

« Je serai missionnaire, répétait-il ; je suis né pour cela, si j'ai quitté le monde c'est pour le devenir. »

Au commencement de 1874, il partait pour le noviciat des Pères Blancs, à Alger, s'arrachant en pleurant des bras de sa mère, et lui montrant le crucifix :

« Tenez, ma mère, disait-il, celui-ci vous consolera. »

A Maison-Carrée, le cardinal Lavigerie le reçut à bras ouverts.

« Mes chers enfants, dit-il aux nouveaux arrivants, vous trouverez en moi un père ; mon cœur, mon âme, ce qui me reste de forces, tout est à vous. »

La piété, l'étude de la théologie et des langues se partagèrent les instants du futur missionnaire pendant les trois années qu'il passa au noviciat. Il ne se faisait pas illusion sur les sacrifices que l'apostolat exige de ceux qui doivent en remplir les labeurs, il les envisageait froidement et s'y préparait.

« Savez-vous bien, écrivait-il à un ami, ce que c'est que la vie de missionnaire ? Y avez-vous réfléchi quelquefois, voyant les choses

1. *Vie du Père Lourdel*, par l'abbé Nicq, p. 3. Poussielgue, éditeur.

telles qu'elles sont, sans illusion? Ah! la vie du missionnaire a ses souffrances, souffrances que l'on ne comprend pas bien avant de les avoir éprouvées. Cher ami, je ne dis pas cela pour vous épouvanter. Non. Mais je veux que si vous venez ici, vous sachiez ce qui vous attend. Vous ne devez compter que sur des souffrances. De véritables consolations, vous n'en recevrez que de Dieu seul, entendez-vous!

« Vous aurez des confrères, et c'est un grand bien d'avoir des confrères en mission, de n'être jamais seul; mais il peut se faire que ces confrères ne soient pas tout à fait de votre caractère, alors il faudra savoir plier. Je laisse de côté les souffrances corporelles pour ne vous faire envisager que celles de l'âme, les peines du cœur. Votre vie sera une vie bien humble, bien cachée.

« Au missionnaire, surtout dans notre mission, peuvent s'appliquer ces paroles de l'Écriture : *Mortui estis, vita vestra abscondita est cum Christo in Deo*. Vous êtes morts et votre vie est cachée dans le Christ en Dieu. Une vie tout entière à passer dans une cabane ou une tente, occupé à panser des plaies rebutantes, ne recevant aucune récompense, aucune louange pour vos services, même quand vous vous serez livré, donné tout entier, quelquefois trouvant le blâme au lieu de l'encouragement, étant plusieurs années sans pouvoir convertir une âme, n'ayant pas toujours de quoi suffire à votre entretien; enfin vieillissant dans le dénuement sans aucune espérance d'être soutenu, et quelquefois sentant le découragement vous gagner à mesure que vos forces diminuent, à la vue du bien que les ruses du démon et la malice des hommes vous auront empêché de faire.

« Eh bien! cette vie-là vous sourit donc, cher ami? Réfléchissez, ce ne sont pas de belles phrases que j'ai voulu faire.

« Je ne vous ai laissé entrevoir aucune des joies du missionnaire, afin que vous ne soyez pas déçu. Je ne vous ai pas parlé du martyre, c'est trop beau. Je ne veux que vous montrer ce qui peut vous rebuter. Si, avec la grâce de Dieu, vous vous sentez appelé à supporter tout cela, alors vous serez un véritable missionnaire, un apôtre. Allons! prions ensemble, et Dieu fera connaître sa volonté par la voix de votre directeur [1]. »

Pour habituer ses missionnaires aux privations qu'ils devraient supporter plus tard, le cardinal Lavigerie avait organisé un noviciat très pénible et très austère. Il fallait coucher tout habillé sur la dure ou

1. *Vie du Père Lourdel*, par l'abbé Nicq, p. 34 et suiv.

MAISON DES PÈRES BLANCS A ALGER

sur une sorte de lit de camp, composé d'une toile attachée à quatre piquets, et de simples couvertures pour se préserver du froid.

« C'est une vie rude et mortifiée, mais elle a le double avantage d'immoler complètement la nature et d'éclairer sur une vocation qui, il ne faut pas se le dissimuler, est celle de l'abnégation la plus entière, et, pour quelques-uns peut-être, du martyre [1]. »

Le 2 avril 1877, le Père Lourdel était ordonné prêtre dans la chapelle du noviciat de Maison-Carrée. Envoyé à la fin de cette même année dans le Sahara, au poste de Metlili, il y passait quatre ou cinq mois. C'est là qu'il reçut de ses supérieurs l'ordre de partir pour le centre de l'Afrique. Il accepta cette proposition avec la plus vive joie, tout en envisageant la possibilité du martyre.

« Il faudra des victimes pour établir cette nouvelle mission, écrivait-il, et il peut très bien se faire que je sois l'une d'elles. Gloire à Dieu! Notre-Seigneur Jésus-Christ est mort pour moi: si je puis à mon tour lui donner ma vie pour le salut des âmes, ce sera la plus grande grâce qu'il puisse m'accorder.

« Priez pour moi, afin que Dieu me donne les secours dont j'ai tant besoin [2]. »

II

En route pour les grands lacs! — Les tribulations d'une caravane. — Un sauvetage laborieux. — « Notre chère sœur la fièvre! » — Étonnement. — Vers l'Ouganda!

Eh bien! mes enfants, vous êtes donc disposés à être de bons missionnaires?

— Avec la grâce de Dieu, très saint Père, nous ferons ce qu'il demandera de nous.

— Ils sont prêts à tout, reprit Mgr Lavigerie, même au martyre, si c'est la volonté divine. Ce sont les prémices de la mission africaine. Ils vont partir pour l'intérieur de l'Afrique, cherchant à atteindre le centre. Bénissez-les, très saint Père, afin qu'ils aient le courage de souffrir pour leur foi, et, s'il le faut, de donner leur tête pour elle. »

Le Saint-Père fit un geste résolu et résigné.

« En effet, dit-il. Dans notre temps, il ne faut pas que la tête tienne aux épaules si l'on veut faire la volonté de Dieu. La mienne est aussi

2. Cardinal Lavigerie, *Lettre à un supérieur de séminaire*. Paris, Plon, 1869.

1. *Vie du Père Lourdel*, par l'abbé Nicq, p. 66.

exposée que la vôtre dans la mission d'Afrique, même davantage, car c'est à l'Église qu'on en veut, et par conséquent à moi qui en suis le chef. »

Ceci se passait en 1876.

Vers la fin de l'année suivante, Pie IX, se souvenant de l'offre généreuse de ses enfants, proposait officiellement aux Pères Blancs de fonder des missions nouvelles dans les lieux où la Société internationale africaine allait établir ses centres d'action.

« Les missionnaires répondirent à cette demande par un cri d'enthousiasme, de reconnaissance et d'amour. Les sociétés religieuses ont toutes leurs époques héroïques, les Pères Blancs d'Alger en étaient à cette période-là. Ils envoyèrent à Rome deux de leurs membres, chargés de présenter au pape une adresse qui mettait à la disposition du Saint-Siège leurs volontés, leurs souffrances, leurs travaux, leur vie pour le salut de l'Afrique équatoriale. Les deux messagers, interprètes de si beaux sentiments, arrivèrent à Rome en janvier 1878. Mais, au moment de signer le décret préparé par la propagande, Dieu rappela à lui le grand et saint Pontife. Son successeur, Léon XIII, demanda à l'Œuvre de la Propagation de la foi et de la Sainte-Enfance de fournir aux nouveaux apôtres le subside nécessaire à leur lointain voyage, et quatre jours après son élection au souverain pontificat il réalisait le projet de son prédécesseur. Quatre centres de mission, destinés à devenir autant de vicariats apostoliques, furent assignés aux Pères Blancs : le lac Nyanza, le lac Tanganika, Kabébé, capitale des États de Mouata-Yamvo, et l'extrémité nord du cours du Congo. C'était là même que la conférence de Bruxelles se proposait de fonder des stations. Léon XIII, qui ne voulait pas être devancé, et qui avait compris la pensée de l'archevêque d'Alger, ordonna que le départ des missionnaires eût lieu sans retard. Il fallait prévenir à tout prix l'envahissement de l'hérésie [1]. »

Le 22 avril, les missionnaires désignés pour le Nyanza et le Tanganika s'embarquèrent sur le *Yang-Tsé*, vaisseau des Messageries qui faisait le voyage de l'Extrême-Orient. Le journal des missionnaires contient le récit de leur voyage. Extrayons les détails les plus intéressants :

« Dimanche 5 mai. Nous voici à Aden. A peine le *Yang-Tsé* avait-il jeté l'ancre dans la rade que des barques de toutes couleurs et de toutes formes l'entourèrent. Nous entrâmes dans l'une d'elles avec

1. *Un grand Français, le cardinal Lavigerie*, par Xavier de Préville, p. 162. Tolra.

nos valises, et sept ou huit rameurs poussèrent l'embarcation vers la côte.

« Comme ils voyaient que nous étions des nouveaux venus, à qui on pouvait facilement jouer quelques tours, ils passèrent tranquillement devant le débarcadère, et nous conduisirent dans une sorte de baie, où le bateau ne tarda pas à toucher le sable. Nous étions à plus de cent mètres du rivage : c'était-là, disaient-ils, qu'il fallait descendre. Une troupe d'autres nègres entouraient en même temps la barque, et chacun se disputait l'honneur de porter sur ses épaules les passagers et les bagages. On pense bien qu'ils n'étaient pas poussés par des motifs d'amour pur, et que notre pauvre bourse aurait payé bien cher cette entrée triomphale.

« Il fallut toute l'éloquence et le regard terrible du Père Lourdel pour déterminer nos bateliers à reprendre les rames et les autres nègres à nous laisser en repos [1]. »

Arrivés à Zanzibar, les missionnaires furent reçus comme des frères par les religieux du Saint-Esprit, et ils préparèrent la caravane qui devait les conduire à Tabora. Rien n'est plus difficile que l'organisation d'une caravane pour l'intérieur de l'Afrique. Il fallait trouver trois cents porteurs et un nombre suffisant de soldats ou askaris pour protéger la colonne.

Toutes choses étant donc réglées, la caravane se mit en marche le 17 juin, fête de sainte Thérèse. Le journal des missionnaires relate avec soin, et quelquefois avec humour, les incidents du voyage. Rien n'est plus intéressant que de suivre ainsi, au jour le jour, les héroïques apôtres.

Au passage du marais de Kingani, ce sont les pauvres ânes de la caravane qui s'embourbent dans une vase noire et gluante. Il faut opérer le sauvetage des malheureuses bêtes. Plus loin une autre difficulté plus grave surgit. Il s'agit de traverser un ruisseau au liquide fangeux, d'un mètre au moins de profondeur, avec deux berges taillées à pic, à trois mètres l'une de l'autre. Que faire ? Un seul moyen se présente : débarrasser les ânes de leurs brides et bâts, et opérer le halage à la façon des nègres. Le plan s'exécute malgré les protestations des victimes. On attache une corde à leur cou. Les noirs les jettent de la berge dans cette eau bourbeuse. Tirés ainsi de l'autre côté, ils sont saisis par les oreilles, soulevés par derrière et amenés triomphalement sur la rive opposée. Tous ne passèrent pas sans

1. *A l'assaut des pays nègres*, p. 44.

encombre. L'un d'eux tomba si malheureusement du haut de la berge que sa tête s'enfonça dans la vase. Il fallut le dévouement du Père Lourdel pour le tirer de cette fâcheuse position. Un autre l'imita et nécessita le même sauvetage.

La fièvre vint à la suite de la fatigue, vers la fin de juin.

CARDINAL LAVIGERIE

« Nous avons été visités par notre chère sœur la fièvre, écrivait le Père Pascal, supérieur de la mission du Tanganika. Tout le monde supporte résolument les peines et les privations de toutes sortes. C'est une grande consolation de songer que nous souffrons pour le bon Maître et pour les âmes qu'il a rachetées au prix de son sang. »

C'est un véritable empoisonnement que cette fièvre tropicale. Elle commence par un mal de tête violent, suivi d'un froid intense et d'un épuisement général. Malgré les doses de quinine, le délire arrive, et des visions morbides agitent les nuits du pauvre malade.

Le Père Pascal ne put résister à l'action de cette fièvre. Son agonie fut douce. Étendu sur sa natte, sous sa tente de voyage il paraissait prêt à s'endormir.

« Il s'endormit en effet, raconte le cardinal Lavigerie, du sommeil de la paix, avec le calme et la joie d'un saint, donnant sa vie avec des transports admirables de charité pour cette mission qu'il avait tant désirée. C'est dans le lieu même où il était mort que furent faites les prières des funérailles. Tous les missionnaires étaient réunis, au nombre de neuf. C'est aussi là que fut offert le saint sacrifice pour ce premier apôtre, et j'oserai dire pour ce premier martyr de l'Afrique équatoriale. »

Sept jours après la mort du Père Pascal, le Père Lourdel, qui était faible depuis deux jours, se sentant trop fatigué pour suivre la caravane, fut contraint de s'arrêter et de se coucher sous un arbre. Le Père Livinhac resta près de lui pour lui prodiguer ses soins. Arrivés au camp, les missionnaires envoyèrent une litière, qui permit aux retardataires d'arriver à la tombée de la nuit.

Après trois mois de marches forcées, car les missionnaires, bien que travaillés par la fièvre, continuaient courageusement leur voyage, la caravane parvint à Tabora. Là on décida d'envoyer des ambassadeurs à Mirambô, sultan de l'Ourambo, afin de lui demander les étoffes et les pagazis nécessaires pour payer les porteurs jusqu'au Tanganika et au Nyanza. Le Père Déniaud fut choisi avec le Père Lourdel pour cette délicate négociation. Ce dernier tomba malade et fut obligé de s'arrêter en route. Son compagnon ne trouva pas le roi, et force fut aux missionnaires de traiter avec les Arabes. Puis les ouvriers évangéliques se séparèrent en se donnant rendez-vous au ciel. La caravane destinée au Tanganika continua ses préparatifs de départ, celle du Nyanza se mit en route.

Le journal contient quelques épisodes intéressants du voyage :

« Rien de plus amusant que la naïveté des habitants du Mtinguénia. Tout les étonne : notre teint, nos habits, nos armes. Ils se tordent de rire en voyant la manière dont nous nous mouchons. Tous, depuis les plus petits bergers jusqu'aux vieillards, se frottent les yeux, ne pouvant en croire leurs sens, et poussent des cris de surprise. Ce fut bien autre chose encore lorsque nous voulûmes quitter nos bottes de voyage ; la surprise fit place à une terreur panique, dont on se ferait difficilement une idée ; dans l'esprit des naturels, nos bottes devaient faire partie intégrante de notre individu. Pourtant, en voyant nos éclats de rire, ils ne tardèrent pas à revenir de leur frayeur, et se contentèrent de répéter tout bas :

« — Ces blancs, ces Basungou, sont en vérité de grands magiciens. »

« Leur costume est des plus simples, dit encore le journal, presque tous n'en ont aucun. En revanche, ils possèdent les coiffures les plus excentriques et les plus diverses. Il en est qui montrent orgueilleusement une sorte de tonsure de perles plaquée sur l'occiput ; d'autres se rasent presque complètement le crâne, ne laissant qu'une petite couronne de cheveux et une touffe laineuse au milieu ; le plus grand nombre se contentent d'une mèche à la base postérieure de la tête, et y suspendent, de cent manières, des plumes de grosseur et de couleurs variées. Les femmes ont des ceintures de peaux et se rasent aussi la tête : on se demande comment ils peuvent en cet état supporter impunément les ardeurs du soleil. »

« Le Père Lourdel et moi, ajoute le R. P. Livinhac, nous nous rendons avec quelques soldats chez le chef du village, Mtinguénia. Son habitation est relativement belle ; une figure humaine, grossièrement sculptée, en orne la porte d'entrée. Dans la cour intérieure s'élèvent plusieurs petits greniers remplis de moutama, de maïs et d'arachides. L'ordre et la propreté règnent partout. Nous offrons au mtemi un cadeau digne de lui : fusil à pierre, miroir, collier de perles, bracelets de cuivre et trois dotis d'étoffe. Il nous remercie gracieusement et nous promet de nous fournir des porteurs pour après-demain [1]. »

A la fin du mois de décembre 1878, la caravane arrivait au second terme du voyage, sur les bords du lac Nyanza. Comme ils craignaient que les nègres, qui étaient très dévoués aux musulmans, ne fissent de faux rapports contre eux, les missionnaires décidèrent que deux des leurs prendraient les devants pour offrir des cadeaux au roi Mtéça, et lui faire connaître le désir qu'ils avaient de se rendre dans son royaume. Le 20 janvier 1879, le Père Lourdel, accompagné du Frère Amans, s'embarquait sur une pirogue. Après avoir triomphé de bien des obstacles, et de la maladie elle-même, le vaillant missionnaire mettait le pied sur la terre qu'il était destiné à évangéliser. Le voyage avait duré presque un mois.

1 *A l'assaut des pays nègres*, p. 205.

L'Ouganda, qui est une de plus belles contrées de l'Afrique équatoriale, comptait alors environ trois millions d'habitants, et était gouverné par un roi très habile et très intelligent, et dont la puissance était absolue.

Mtéça fut surpris de voir des Européens pénétrer dans ses États sans qu'il en eût été averti. De plus les ministres protestants, qui avaient précédé les missionnaires, mettaient tout en œuvre pour leur faire interdire l'accès du royaume. Le roi fit donc attendre longtemps son audience. Enfin, revenu sur les préventions qu'on lui avait inspirées, il admit près de lui le Père Lourdel. Son accueil fut très bienveillant, et il autorisa les prédicateurs de l'Évangile à s'établir dans ses États.

Cependant le Père Livinhac et ses confrères se demandaient avec inquiétude ce que devenait l'ambassadeur qu'ils avaient envoyé dans l'Ouganda. On était à la fin du mois de Marie, lorsqu'un jour des pirogues apparurent sur le lac.

« Nous n'osons pas trop nous réjouir, dit le journal, car nous craignons que ce ne soient pas celles que doit nous envoyer notre confrère. Elles arrivent enfin au rivage : c'est bien nous qu'elles viennent chercher ! Dieu soit béni ! bientôt nous voguerons vers notre chère mission !

« Le Frère Amans a été obligé d'accompagner les barques. Il se trouvait mieux qu'au moment où il avait quitté Kadouma, et cependant que de privations il avait dû s'imposer dans le voyage ! Le Père Lourdel allait mieux aussi. Il y a vraiment pour les missionnaires une providence particulière. Nous avons été bien inspirés d'envoyer nos deux confrères chez Mtéça : sans cette mesure nous n'aurions pas pu probablement pénétrer dans son royaume, le plus important de la région des grands lacs. »

Les confrères du Père Lourdel s'embarquèrent donc au plus vite ; ils avaient hâte d'aborder sur cette terre qu'ils voulaient conquérir à Jésus-Christ.

« Que la Pentecôte que nous solennisons aujourd'hui est une belle fête, disaient-ils en partant ; pour ceux surtout que Dieu destine à continuer l'œuvre des Apôtres. Tous les jours de ce mois nous prierons en commun le Sacré-Cœur de Jésus. Puisse le divin Maître continuer à répandre sur nous ses bénédictions et nous conduire au terme du voyage [1] ! »

1. *A l'assaut des pays nègres*, p. 270.

III

L'Ouganda. — Flore. — Faune. — Gouvernement. — Mœurs. — La première entrevue avec Mtéça. — La faveur du roi.

Le royaume de l'Ouganda, vers lequel les missionnaires se dirigeaient le cœur plein de saints désirs, est situé au nord et au nord-ouest du lac Nyanza. Rien de plus gracieux que ce pays aux vertes collines, aux plaines fécondes où s'épanouit et s'étale la plus puissante végétation. La température est toujours à peu près égale; elle va, pendant la journée, de treize à trente-trois degrés centigrades. Il y à deux saisons de pluies, qui durent chacune plusieurs semaines.

La principale production du pays est la banane, dont les habitants font la base de leur alimentation. Une espèce de banane, la biddé, est utilisée pour la fabrication d'une boisson appelée mwengué, dont le goût se rapproche de celui du cidre. Outre le bananier, l'Ouganda produit les patates douces, le manioc, le maïs, les haricots, le tabac, la canne à sucre, le café.

La faune de ce pays est aussi d'une merveilleuse variété; on y trouve un grand nombre des animaux que nous possédons en Europe: la poule, la chèvre, le mouton, le bœuf, l'éléphant, le lion, les hyènes, le léopard sont très nombreux. Quant aux oiseaux, le Créateur leur a donné un riche et brillant plumage, mais ils sont presque tous sans voix.

Les habitations sont placées ordinairement au milieu des bananeraies et ont la forme de huttes rondes et coniques. Les fenêtres et les cheminées en sont absentes. C'est par la porte que pénètrent l'air et la lumière et que sort la fumée quand elle n'a pas pu s'ouvrir un passage à travers la toiture.

Le costume des Bagandas était très primitif jusqu'à ce que les commerçants de la côte du Zanguebar eussent pénétré dans leur pays. Il se composait d'étoffes d'écorces d'arbres et de peaux préparées, mais depuis quelques années les tissus apportés de la côte tendent à prévaloir dans l'habillement des noirs. Le coton qui pousse naturellement chez eux leur fournirait facilement l'étoffe nécessaire s'ils savaient l'utiliser.

Le gouvernement de l'Ouganda est entre les mains d'un monarque absolu appelé, dans la langue du pays, Kabaka. A sa mort, les principaux du royaume choisissent parmi ses fils celui qu'il leur plaît d'élever à la dignité royale. Le palais du roi comprend quatre ou cinq cents huttes pour sa famille et pour ses serviteurs.

La population est divisée en classes très nombreuses : esclaves, gens du roi, hommes libres. Les membres de chaque famille sont soumis à l'autorité d'un chef qu'ils appellent leur père. Malheureusement, l'esclavage et la polygamie portent une notable atteinte à ce qui constitue essentiellement la famille. Une coutume singulière à la naissance de l'enfant est, après lui avoir imposé un nom, de verser sur sa tête un vase d'eau. Quand on leur demande la signification de cet acte, ils répondent :

« C'est la coutume ».

Les Bagandas ont un goût particulier pour la guerre ; aussi, lorsqu'un roi voisin réclame leur protection, sont-ils empressés à venir à son secours. Le chef de l'armée jouit alors du titre de Kabaka et d'une des principales attributions de la royauté : le droit de vie ou de mort sur tous ses hommes.

« Les guerriers allant au combat n'ont, pour tout uniforme, qu'une ou deux peaux de chèvres attachées autour de la ceinture. Ils se peignent le corps, y compris la figure, avec de la terre rouge ou blanche, ce qui leur donne un aspect des plus fantastiques. Ils fondent comme une avalanche sur les villages qu'ils veulent emporter d'assaut et ne reculent qu'à la dernière extrémité [1]. »

Il est difficile de dire exactement quelles idées les Bagandas se font du monde surnaturel. Ils croient cependant à l'existence d'êtres invisibles supérieurs à l'homme, qu'ils appellent Loubalé. Ils donnent à l'un d'eux le nom de Katonda, qui signifie créateur. Les représentants de ces Loubalé sont les sorciers, qui se disent en relations avec eux et auxquels on a recours pour des conseils, des remèdes et des amulettes. Leur croyance à la vie future est très vague. Ils disent qu'après la mort il se dégage du corps un esprit qui n'est ni heureux ni malheureux et qui peut même s'emparer des vivants, les tourmenter, les rendre malades et les faire mourir.

Tel était le peuple confié aux Pères Blancs. Arrivés auprès de Mtéça ils furent présentés par le Père Lourdel, qui avait été admis à exposer devant la cour les vérités de la religion.

Voici comment leur journal raconte l'entrevue :

1. *Vie du Père Lourdel*, par l'abbé Nicq, p. 160.

« Vendredi 27. — C'est aujourd'hui que nous devons nous présenter chez le roi et lui faire nos présents. Vers sept heures, Msici, officier de la cour de Mtéça, le commandant de notre flottille, arrive avec ses hommes : ce sont eux qui doivent porter les cadeaux. A huit heures

SUR LES BORDS DU LAC NYANZA

nous partons, le drapeau de Mtéça en tête. Les gens se pressent sur notre passage pour nous examiner. Ils trouvent notre habit très beau. Nous avons notre gandoura, notre rosaire, et par-dessus notre douillette ; l'habit noir pour les Bagandas est tout ce qu'il y a de mieux.

« Au bout d'une demi-heure de marche, nous arrivons à la résidence du roi. Le soleil étant très chaud, on nous fait entrer dans une case où l'on étend des nattes sur lesquelles nous devons nous asseoir. Il n'y a pas de salle d'attente ; régulièrement on doit attendre dehors en plein air et en plein soleil. Nous restons là une grande heure. Pendant ce temps, les tambours battent, les clairons sonnent, les soldats s'exercent; ils viennent exécuter devant nous un défilé, ils sont environ cent cinquante, tous armés de fusils et marchent en bon ordre.

« Enfin le roi est prêt, son page vient nous chercher. Après avoir passé un certain nombre de cours et de portes, nous arrivons devant la résidence royale. La milice exécute ses manœuvres, la musique joue ses plus beaux airs, nous entrons et nous nous trouvons soudain en présence du roi. Il est placé dans un des angles de la salle, à droite en entrant ; il est couché sur le côté gauche, dans un lit recouvert de lobougo (étoffe faite avec de l'écorce d'arbre), et élevé d'un demi-pied au-dessus du sol. Il a le bras appuyé sur son oreiller et n'a d'autres vêtements qu'un léger manteau de bafouta (cotonnade légère et très estimée), qui est retenu par un nœud sur son épaule gauche. Devant lui sont les grands du royaume, ses courtisans ; ils sont assis sur des nattes, tous habillés différemment. Plusieurs ont des robes noires chamarrées d'or ou d'argent. Le katikiro ou premier ministre est aussi vêtu d'une belle robe noire. Il a au cou une jolie cravate bleue et à son côté un magnifique yatagan turc. La plupart des courtisans portent le fez grec, un pantalon terminé par une bande rouge et des souliers indiens.

« Aussitôt après avoir été introduits, nous saluâmes le roi à l'européenne, et l'on nous fit asseoir à gauche en face de Sa Majesté.

« Mtéça paraît avoir une quarantaine d'années ; il a une figure très intelligente, un beau front découvert, de grands yeux noirs ; il ne ressemble pas aux autres nègres. Il pose parfaitement ; on voit en lui un homme qui se possède très bien; sa figure ne trahit jamais ses sentiments ; il parle peu. Les Bagandas d'ailleurs méprisent un homme qui cause beaucoup.

« Au commencement, la séance fut froide, personne n'osant prendre la parole avant le roi. Cependant nous fîmes apporter nos présents. Il y avait, entre autres objets européens, quatre beaux sabres avec leurs ceinturons, trois casques, trois képis, une dizaine de paquets de boutons dorés, deux beaux habits de ministres, etc. Monseigneur[1] avait eu la bonté de nous envoyer ces deux derniers articles pendant que nous étions à Marseille. Nous ajoutâmes une variété d'objets d'échange les plus estimés dans le pays, avec une robe rouge et une robe noire chamarrées d'or, et diverses étoffes précieuses. Il y avait une caisse contenant des aiguilles, des hameçons, des couteaux, des miroirs, des perles, etc.

« Le Père Lourdel défit les paquets et exhiba chaque chose l'une après l'autre. Le roi ne témoigna aucune surprise, aucun contentement. Cependant, quand les présents furent enlevés, il anima la conversation, demanda au Père Livinhac les nouvelles de sa santé, plaisanta sur le papier que lui avaient donné les Anglais, et cela malgré la présence de M. Pearson ; à la fin, il fit entendre qu'il était satisfait et il nous remercia.

« Plusieurs courtisans parlèrent en notre faveur. Toli, voyant le roi bien disposé, en profita pour lui rappeler que nous voulions faire bâtir une maison plus grande et pour lui demander un homme plus intelligent que celui qu'il nous avait déjà donné pour diriger les travaux et faire apporter les matériaux. Tout cela fut accordé, et le roi, d'un geste, termina l'audience. »

A partir de ce moment, le roi fit souvent venir le Père Lourdel pour lui demander des explications sur la doctrine catholique. Il l'écoutait avec bienveillance et semblait lui témoigner plus de confiance qu'aux ministres protestants. Ceux-ci n'hésitèrent pas, pour se venger, à répandre des calomnies contre les missionnaires. Mal leur en prit, car le roi déclara qu'il voulait faire alliance avec les missionnaires catholiques et étudier leur religion. Il leur demanda même de se prêter au projet qu'il avait conçu d'envoyer l'un d'eux en France avec une députation pour mettre son royaume sous la protection de la République ; il est vrai de dire qu'en même temps il envoyait des Anglais solliciter le protectorat du gouvernement britannique. Mais, soupçonnant que celui-ci était allié avec les Turcs, il voulait se tourner d'un autre côté. Le Père Livinhac, devant une pareille proposition, demeura perplexe, mais il se retrancha derrière cette raison qu'il n'avait pas mission de traiter les questions politiques. Cette fin de non recevoir jeta quelque froid dans les relations des missionnaires avec sa majesté noire ; mais ce malaise dura peu, et les conférences religieuses à la cour reprirent bientôt.

Mtéça était intelligent ; il avait peut-être dans le fond du cœur le désir sincère de la vérité, mais il était retenu par la pensée qu'il lui faudrait renoncer aux passions sensuelles qu'excite la polygamie. Il était sous la domination des sorciers, qui exercent un ascendant absolu sur les Bagandas.

« Malgré tous ces obstacles à l'action des missionnaires, le Père Lourdel avait su prendre un véritable ascendant auprès du roi et auprès des grands de la cour. Nous l'avons vu, d'après le journal, c'était toujours à lui que le roi s'adressait; lui seul traitait toutes les affaires, lui seul soutenait les controverses et faisait le catéchisme au roi. A quoi tenait cet ascendant, cette sorte d'autorité qu'il avait su acquérir en si peu de temps? A la grâce de Dieu d'abord, mais aussi au caractère et aux qualités remarquables du Père Lourdel. Nous pouvons le dire, d'après le témoignage de son supérieur et de ses confrères, il semblait être fait pour l'apostolat de l'Ouganda. Rien ne le déconcertait ni ne l'effrayait. Malgré une activité presque impatiente que, du reste, il savait toujours dominer en présence des noirs, il était d'une rare prudence et se possédait parfaitement dans les circonstances les mieux faites pour l'émouvoir. Il savait faire entendre la vérité, et en même temps la faire accepter de l'esprit, lorsque la volonté elle-même refusait de se rendre. Il avait un tact parfait; jamais il ne blessait le roi par une parole tant soit peu imprudente ; il savait choisir les moments et les circonstances les plus favorables. La facilité qu'il avait pour parler les langues indigènes augmentait considérablement son influence. La faveur acquise auprès du roi devait l'aider beaucoup dans son apostolat auprès des Bagandas [1]. »

IV

Les premières conquêtes. — Organisation de la mission. — Consolations.

Les missionnaires appelaient de tous leurs vœux le jour où il leur serait donné d'instruire les premiers catéchumènes de l'Ouganda. Dieu exauça leurs prières; les jeunes gens commencèrent à se mettre en relations avec eux et demandèrent à apprendre le catéchisme. A la fête de Noël quatre d'entre eux reçurent le baptême: l'Église de l'Ouganda était fondée.

Les missionnaires continuèrent patiemment leur œuvre d'évangélisation, le nombre des catéchumènes allait en augmentant; malheureusement les grands mettaient des obstacles à la conversion de leurs inférieurs en disant :

« Comment, nos gens apprendraient la religion avant nous ! »

1. *Vie du Père Lourdel*, par l'abbé Nicq, p. 203.

Heureusement, le 1er février, un jeune mohami vint trouver les Pères, accompagné de son esclave de prédilection :

« Père, disait-il, instruis-nous; je suis allé chez les Arabes avec mon esclave, mais nous n'avons pas été satisfaits de leur enseignement. »

Et, tombant à genoux aux pieds du missionnaire, ils répétaient tous deux en pleurant :

« Père, instruis-nous; fais-nous connaître ce qui est bon et ce qui est mauvais. »

Le nombre des catéchumènes s'accroissait ainsi peu à peu. En trois mois il avait doublé. Ce mouvement était favorisé par la confiance que le roi témoignait au Père Lourdel en le chargeant du soin de sa santé.

« Je remplis actuellement, écrivait-il à son supérieur, le rôle de médecin de Sa Majesté, médecin sans talent et surtout sans remèdes. Heureusement le bon Dieu n'a pas besoin de grands talents ni de grandes ressources. Le roi, atteint dernièrement de la dysenterie, à bout de remèdes me fait appeler. Quelques remèdes le rendent, après vingt-neuf jours, à son état de santé habituel. Cette maladie et cette guérison envoyées, nous n'en doutons pas, par la Providence, faciliteront beaucoup l'établissement de notre sainte religion dans ces contrées. »

Bientôt Dieu récompensait les premiers efforts des missionnaires. Le 27 mars, quatre catéchumènes étaient admis au baptême. Le lendemain, les néophytes furent confirmés; tout allait donc pour le mieux. Les Bagandas continuaient à mettre de l'empressement à venir assister au catéchisme que les Pères faisaient trois fois par jour. Aussi le 14 mai, veille de la Pentecôte, quatre nouveaux baptisés venaient grossir le nombre des néophytes.

Outre l'œuvre d'évangélisation qui était la plus importante de leurs occupations, les Pères devaient aussi consacrer une partie de leur temps à l'organisation matérielle de la mission. Ils faisaient au roi de fréquentes visites. Une lettre du Père Livinhac, datée du 29 août 1880, donne d'intéressants détails sur le genre de vie du Père Lourdel :

« Le Père Lourdel est chargé, dit-il, de l'orphelinat, de l'économat et du soin des malades.

« Nous manquons de tout ce qui est nécessaire pour l'installation d'une école, et le Père doit se contenter d'enseigner aux enfants les grandes vérités de la religion. Il leur fait tous les jours un petit catéchisme. Deux enfants sont chargés de la cuisine, deux gardent les chèvres, un troisième veille à ce que nos poules ne ravagent pas notre jardin. Les autres travaillent avec le Frère Amans.

« Inutile de vous dire que nous n'habituons pas nos enfants au luxe européen. Leur nourriture est celle des esclaves des personnes aisées : bananes, haricots. La terre nue leur sert de table et de siège, une feuille de bananier leur tient lieu d'assiette. Ils n'ont d'autre boisson que l'eau de la fontaine; ils la boivent dans des tasses qu'ils font eux-mêmes avec de petites courges.

« Une petite culotte, sarrouël de cotonnade, compose tout leur costume du dimanche. Les jours ordinaires, les plus grands ont un pagne; les autres doivent se contenter de deux peaux de chèvres. La nuit, les peaux de chèvres servent de lit et l'étoffe d'écorce d'arbre de couverture.

« Vous le voyez, nos enfants ne deviendront pas des Européens à peau noire. Nous sommes bien plus exposés à devenir nous-mêmes des Africains à peau plus ou moins blanche; car il ne nous reste guère plus que nos livres et nos habits pour nous rappeler les usages de la patrie absente. Logement, style kiganda, muraille de roseaux, porte de roseaux; conversation kiganda, obligés que nous sommes de passer presque toute la journée avec nos chers Bagandas. Au réfectoire, tout est encore kiganda, jusqu'à la table confectionnée avec des roseaux. Vous connaissez notre ordinaire : viande et bananes, pour boisson le mwengué, cidre de bananes.

« Cet ordinaire, tout simple qu'il est, donne bien des tracas à l'économe. Impossible de faire des provisions. On ne peut guère acheter que pour deux ou trois jours. Avec cela pas de marché; notre commissionnaire est obligé d'aller courir de tous côtés pour chercher des gens qui veuillent vendre. Souvent on ne veut pas de nos objets d'échange. Il faut alors les échanger contre des cauris (petits coquillages servant de monnaie), et voilà notre Père économe et souvent le Père supérieur transformés en marchands en détail de cotonnade, d'aiguilles, etc., etc. Heureusement le Père Lourdel a des dispositions particulières pour la vente au détail.

« Il n'en a pas moins pour la médecine et il est tout étonné lui-même de la réputation médicale qu'il s'est acquise, dans ces derniers mois surtout. Bon nombre de malades viennent se faire soigner chez nous. Les grands seigneurs le font appeler souvent. Le roi lui-même, qu'il a guéri, le regarde comme son médecin de choix et lui accorde mille faveurs.

« Voyant cette confiance de Mtéça en la science du Père Lourde j'ai chargé le Père d'entretenir les relations entre la mission et la cour. Depuis deux ou trois mois, il fait à Sa Majesté de fréquentes visites, ce qui lui prend beaucoup de temps. Bien souvent, pour avoir l'honneur de voir Mtéça, il faut passer toute la matinée dans les

MGR LIVINHAC

huttes d'attente. Vous auriez de la peine à comprendre la nécessité de semblables visites. Il faut être sur les lieux pour voir combien elles sont indispensables. N'aller voir Mtéça que de loin en loin serait lui dire qu'on ne l'aime pas, et quand Mtéça croit que quelqu'un ne l'aime pas, il ne lui laisse aucune liberté dans son royaume. Le Père Lourdel représentant la mission, je ne fais moi-même que de rares apparitions chez Sa Majesté. »

L'année 1881 fut une année de calme et de travail. Les missionnaires avaient obtenu de la bienveillance de Mtéça un nouvel emplacement plus étendu et plus proche de la résidence royale. Les catéchumènes assistaient toujours régulièrement aux instructions. Au mois d'août, leur nombre se montait à deux cents. Quelques-uns étaient d'une intelligence au-dessus de la moyenne et montraient une bonne volonté et une fermeté d'âme qui remplissaient leurs maîtres d'espoir et d'admiration. Après avoir été instruits, ils se faisaient apôtres auprès de leurs camarades et facilitaient ainsi la tâche du missionnaire. Témoin le fait suivant.

Un jour, le Père Lourdel, se rendant chez le roi, rencontre un jeune page de Katikiro qui depuis quelque temps sollicitait la faveur d'être admis au catéchuménat. Les Pères, croyant avoir des raisons de douter du sérieux de sa demande, avaient remis à plus tard leur réponse. Ce jour-là, l'enfant avait un certain air de gravité qu'on ne lui connaissait pas :

« Père, dit-il, le mois est passé depuis longtemps; il faut que tu me laisses venir. J'apprendrai vite, je t'assure. Tiens, regarde, je sais déjà faire au nom du Père. »

Puis il fait le signe de la croix et récite le « Notre Père » et le « Je vous salue, Marie ».

« Qui t'a appris cela? lui dit le Père.

— C'est un de mes amis des pages du roi. »

Un tel acte de bonne volonté méritait sa récompense, aussi la permission de venir au catéchisme lui fut-elle accordée sur-le-champ.

Plusieurs des catéchumènes instruisaient ainsi leurs camarades qui en témoignaient le désir. En se faisant les auxiliaires des missionnaires, ils leur gagnaient du temps et contribuaient puissamment à étendre autour d'eux le règne de Notre-Seigneur Jésus-Christ. Les cœurs des ouvriers évangéliques s'ouvraient donc à l'espérance de voir se lever, dans un avenir qui n'était pas trop éloigné, une ample moisson d'âmes. Mais comme rien de grand ne se fait ici-bas sans le sacrifice, la Providence allait féconder leurs œuvres par l'épreuve et par la souffrance.

V

L'épreuve. — Foi ardente, mais téméraire. — Départ pour la tribu du Boukoumi. — Une mort très édifiante. — Chez les Wanyamouézi. — Mort de Mtéça. — Retour dans l'Ouganda.

On s'inquiétait, à la cour de Mtéça, du nombre toujours grossissant des Bagandas qui allaient se faire instruire chez les Pères Blancs. On se demandait quel pouvait être le but de ces étrangers qui, depuis deux ans, séjournaient dans le pays sans parler de repartir. Ils avaient bien dit, il est vrai, que le seul désir de sauver les âmes les avait déterminés à quitter leur patrie ; mais on avait peine à croire à un pareil désintéressement. Les Arabes profitaient de ce mécontentement et répandaient des calomnies sur le compte des missionnaires. Les choses en arrivèrent à ce point, que le roi, pour connaître ceux de ses sujets qui avaient embrassé les idées nouvelles apportées par les étrangers, résolut d'ordonner à tous les gens de son entourage de se rendre à une mosquée bâtie dans la capitale depuis quelque temps.

Il fallait éviter à tout prix la persécution sanglante qui suivrait probablement le refus d'apostasier des nouveaux disciples de Jésus-Christ, et ne pas soumettre à cette tentation quelques catéchumènes encore faibles dans la foi. Mais comment déterminer le roi à abandonner son idée ? Le Père Lourdel, après avoir prié Dieu avec ferveur, se chargea de cette mission difficile. Trois jours de suite, il se rendit à la case royale, pour assister à l'audience. Les deux premiers jours, le roi n'osa pas mettre son projet à exécution en présence de Mapéra (c'est le nom sous lequel le Père était connu chez les Bagandas). Le troisième jour, Sa Majesté se décida à dire :

« Le choléra exerce de grands ravages dans le pays, on m'assure que le fléau cesserait si nous priions avec les Arabes. Vous allez donc tous quitter l'audience et vous rendre à la mosquée. »

Le moment était critique : le Père Lourdel se prosterna aux pieds de Mtéça.

« Tu es un grand roi, dit-il ; un grand roi ne doit pas forcer ses sujets à embrasser une religion, fût-elle la vraie. Dieu veut qu'on s'attache à lui librement. Si, parmi tes hommes, il y en a qui veulent prier avec les Arabes, tu peux le tolérer ; mais, je t'en prie, ne contrains pas tes sujets à embrasser leur religion. »

Et comme les Arabes, furieux de cette intervention qui menaçait de déjouer leurs calculs, reprochaient au roi de se laisser ainsi faire la loi par un Européen, le Père Lourdel, dans un mouvement de foi ardente mais téméraire, prit en main le livre des évangiles et s'écria hardiment :

« Puisque les Arabes prétendent que la religion de Jésus est une religion de mensonge, et qu'il n'y a de vraie que la leur, demandons à Dieu de juger entre eux et nous. Fais porter du bois devant la porte de la case ; allume un grand brasier. Je m'offre à le traverser avec mon livre à la main. Qu'ils fassent de même avec leur coran. Celui que le feu épargnera sera certainement l'envoyé de Dieu. »

Le roi fut stupéfait de ces paroles, les Arabes ne voulurent pas se hasarder à accepter le défi ; la victoire était gagnée. Mais les préventions de Mtéça ne tombèrent pas à la suite de cet événement, et le jour vint où les missionnaires durent songer prudemment à s'éloigner pour quelque temps de leurs jeunes chrétientés, afin de ne pas susciter contre les néophytes et les catéchumènes une persécution redoutable pour leur foi. Ils prévinrent donc le roi qu'ils allaient quitter son royaume. Mtéça, un peu étonné, mais au fond très heureux de cette détermination, leur fit un riche cadeau, et leur promit les barques nécessaires pour la traversée du lac. Ils partirent donc avec leurs enfants rachetés, et se trouvèrent au sud du lac l'avant-veille de l'Épiphanie 1883.

C'est dans la tribu du Boukoumi que les missionnaires, après un voyage d'exploration, résolurent de s'établir pour fonder une mission. Les habitants étaient gens simples et pacifiques, et n'avaient eu jusqu'à ce jour aucune relation avec les Arabes. Le roi Kiganga les avait accueillis favorablement, et, comme preuve de son amitié, il avait voulu que le Père Girault et son fils Mazingue mêlassent leur sang, selon les habitudes du pays.

Leur arrivée fut un événement considérable pour ces populations qui n'avaient jamais vu de Blancs.

« Hommes, femmes, enfants, raconte le Père Lévesque, accourent de tous côtés en poussant des cris de joie. Tout les étonne, jusqu'aux ânes qui ne manquent pas d'exciter l'hilarité générale. Les mères de famille, avec leurs bébés liés sur le dos par des courroies ou des cordes, ne le cèdent pas à la jeunesse volage. De la fin de la caravane elles se précipitent au commencement : on va, on vient, on tombe plus d'une fois dans les sillons semés de moutama ou de sorgho, mais c'est pour se relever vite et courir de plus belle. »

FAIS PORTER DU BOIS DEVANT LA PORTE DE LA CASE

Voici maintenant le croquis du roitelet nègre :

« Quand nous fûmes arrivés sur un petit cap, Tofiki, notre soldat et notre interprète, nous dit d'attendre à l'ombre d'un grand arbre, tandis qu'on ira prévenir le mtémi de notre arrivée. Après un quart d'heure d'attente, nous voyons apparaître un vieillard revêtu d'un petit pagne de merikani crasseux. Il a à la main une serpette à long manche. Sous ce costume négligé, on nous dit de reconnaître le mtémi ; aussitôt nous tendons la main pour saisir celle qui nous est présentée, et nous le saluons en kiswahili. Le sultan nous répond dans la même langue. Après cela nous gardons tous un religieux silence : le sultan ne sait que le kinyamouézi et nous que le kiswahili. Heureusement notre interprète possède parfaitement l'une et l'autre langue. »

Lorsque les missionnaires furent installés, le Père Lourdel quitta ses confrères pour conduire à Tabora les orphelins de la mission. De là il rendit visite au célèbre Mirambo, qui le reçut avec courtoisie, puis il revint retrouver les missionnaires du Boukoumbi. Là, il fut repris par sa maladie de rate avec une violence telle, que le Père Livinhac lui conseilla de retourner en France, pour demander à la patrie une guérison possible. Notre missionnaire partit donc de nouveau pour Tabora. En arrivant il eut la douleur d'apprendre la mort de quelques-uns de ses orphelins ; mais il fut très consolé par le récit qu'on lui fit de leurs derniers moments.

« Tu souffres beaucoup ? disait-on à l'un deux.

— Oui, beaucoup.

— Ne murmures-tu pas au fond de ton cœur ?

— Pourquoi murmurer ? Dieu veut que je souffre.

— Si Jésus voulait te prendre au ciel, serais-tu content d'aller avec lui ?

— Je le voudrais bien, mais je suis enfant du démon, j'ai le péché d'Adam dans mon cœur, et j'ai peur d'aller dans le feu. Je veux recevoir le baptême.

— Peut-être ne voudras-tu plus servir Jésus, si tu viens à guérir ?

— Oh ! je le servirai toujours. Je veux être son enfant, je n'aime pas le démon qui est mon ennemi ; il me dit chaque jour de faire le mal, mais c'est pour me traîner dans le feu. »

Au moment où il reçut le baptême, un des Pères lui disait :

« Demande à Jésus de te guérir.

— Maintenant, répondait-il, je suis son enfant, je n'ai plus peur de la mort.

— Si tu vas au ciel, tu auras bientôt oublié ceux qui t'ont fait du bien.

— Je ne les oublierai jamais, chaque jour je prierai beaucoup pour eux. »

Quelques jours après, il était à l'article de la mort.

« Le bon Dieu va peut-être te prendre avec lui dans le ciel, lui disait-on, veux-tu un remède pour mourir saintement?

— Je le veux, je le veux. Je veux aller avec lui. »

Il reçut alors avec une grande foi le sacrement d'extrême-onction; on lui imposa ensuite les scapulaires de l'Immaculée Conception et du mont Carmel :

« Je vous assure, raconte le missionnaire, qu'il était beau à voir cet enfant de Cham revêtu de ces saintes livrées. Ne pouvant plus parler il répondait par signes, faisant entendre qu'il aimait toujours Jésus, Marie, Joseph. »

Il mourut le soir même à onze heures. Une fin aussi édifiante était bien faite pour consoler les missionnaires de leurs souffrances et de leurs déboires. Elle leur donnait à espérer que, du haut du ciel, ces âmes d'enfants intercéderaient auprès de Dieu pour leurs frères païens, et que la grâce divine ferait lever un jour une ample moisson de baptisés sur la terre qu'ils avaient arrosée de leurs sueurs.

A Tabora, le Père Lourdel apprit la nomination du Père Livinhac à la charge de vicaire apostolique, avec le titre d'évêque de Parando. Le nouveau prélat devant se rendre à Alger pour y recevoir la consécration épiscopale, le Père Lourdel renonça pour le moment à son voyage ; il se soigna comme il put, et parvint à améliorer un peu l'état de sa santé.

En avril 1884, nous le trouvons chez Mirambo à qui il prodigue ses soins et « qui, dit-il, n'aura plus bientôt pour trône que son lit. » La fondation d'une mission dans l'Ourambo a été décidée, le roi se prête à ce désir ; il désigne lui-même l'endroit où les missionnaires seront le plus en sûreté.

Le Père commença à exercer son ministère auprès des enfants qu'il avait rachetés. Il leur faisait le catéchisme le dimanche et plusieurs fois la semaine. Voici comment il décrit lui-même l'emploi de ses journées :

« Je n'ai ici ni réveille-matin, ni montre ; mes exercices de piété en souffrent un peu. Le matin, je me lève au chant des petits oiseaux, qui souvent me préviennent dans le concert de louanges que les créatures rendent à leur Maître souverain. Le vieux coq que j'ai mis dans ma maison pour me servir d'excitateur ne connaît pas bien l'heure du règlement. Il est trop matinal ou trop paresseux, ce qui fait souvent que, pour ne pas me lever avant l'heure, je me lève après. J'espère cependant que le bon Dieu ne m'en voudra pas trop et qu'il aura égard à mes petites misères, tant spirituelles que corporelles. Il me pardonnera, j'aime à le penser, les instants de paresse matinale qu'il m'arrive parfois de m'accorder.

« Au jour, nous faisons la prière, et mes gens vont au travail, tandis que je fais l'oraison et célèbre la sainte messe. Après mon léger déjeuner, je vais les visiter et les diriger.

« Au milieu de la cour, j'ai planté un grand bâton en guise de cadran solaire. Lorsque l'ombre est arrivée à un certain point, on cesse le travail, on se repose quelques instants ; puis je fais le catéchisme et tout mon monde se remet à l'œuvre jusqu'au coucher du soleil. Nous soupons à la lumière d'une lampe primitive entretenue avec du beurre. Puis nous faisons en commun la prière du soir, et chacun va reprendre sur sa natte un repos bien mérité[1]. »

Comme le pays était en guerre, le Père Lourdel ne pouvait exercer une action apostolique efficace sur les Wanyamouézi ; il se contentait de préparer le terrain à la grâce par sa bonté, son affabilité et son dévouement. La prédication de l'exemple n'est pas une des formes les moins fécondes d'apostolat. Il saisissait aussi avec empressement toutes les occasions de tirer de l'esclavage des enfants à qui il apprenait les éléments de la religion. En vrai missionnaire, il n'oubliait pas non plus d'observer avec soin les usages de la contrée et d'étudier le caractère de ses habitants :

« Les Wanyamouézi, disait-il, seront plus durs que les Bagandas à amener à la connaissance de notre foi ; ils ont leurs superstitions et leurs croyances aux mzimous, et ne paraissent pas encore sentir la nécessité de la vraie religion. Une fois convertis, peut-être seront-ils les plus fermes dans la foi ; la polygamie n'est en usage que parmi les chefs. »

Pendant que le Père Lourdel était ainsi condamné au repos par les événements, une grave nouvelle lui arrivait de l'Ouganda. Mtéça venait de mourir (octobre 1884) et son fils Mwanga, qui avait toujours montré de la bienveillance pour les missionnaires, lui succédait. Le nouveau roi avait dix-huit ans :

« Aussitôt que tu seras Kabaka, lui avait dit le Père Lourdel en partant, nous reviendrons. »

Il était donc nécessaire de profiter de l'occasion pour rentrer au plus

1. *Vie du Père Lourdel*, par l'abbé Nicq, pp. 323-324.

tôt dans l'Ouganda, de peur que les Anglais et les Arabes ne fissent changer les bonnes dispositions du monarque.

La Providence semblait elle-même approuver ce plan. Au moment

UNE PAREILLE FAÇON DE VOYAGER NE PARAIT PAS ÊTRE DU GOUT DE MON ANE

où le Père Lourdel annonçait la mort de Mtéça à ses supérieurs Mirambo succombait aux atteintes de la maladie qui le minait depuis longtemps.

L'Ourambo restait toujours en guerre, bien que le successeur du roi défunt eût pris le nom pacifique de Mpanda-Tshalo (cultivateur des campagnes). De plus, les Bagandas faisaient des incursions dans les pays voisins du Boukoumbi, et pouvaient, si on ne revenait pas chez eux, se livrer à des représailles contre la mission de Notre-Dame de Kamoga. Toutes ces raisons déterminèrent les Pères à se retirer pour le moment de la station du Boukoumé. Le Père Lourdel devait se rendre à Tabora, pour organiser son retour dans l'Ouganda.

Une lettre du missionnaire, pittoresque et vive d'allure, nous raconte avec beaucoup d'intérêt les péripéties de la route [1]. Là c'est un âne « qui, apercevant sur son passage le corps d'un chat tigre qui venait d'être tué, fait un bond en arrière et lance au milieu des broussailles un cavalier inexpérimenté ». Plus loin, il faut marcher au milieu d'herbes qui ont atteint à cette époque de l'année leur plus grande hauteur. Imbibées d'eau comme des éponges pleines, elles sont un véritable bain pour les voyageurs.

« Pour se défendre contre une pareille humidité, dit le Père, il faudrait avoir des guêtres jusqu'au-dessus du chapeau ; nous nagions à travers cette mer herbacée, trempés jusqu'aux os. A chaque instant nous étions arrêtés dans notre marche par cette végétation exubérante qui gênait nos mouvements et paralysait nos efforts. Tantôt c'était une voûte épaisse et basse d'où l'eau coule comme des gargouilles de nos vieilles églises gothiques ; il faut se courber tant qu'on peut et s'acheminer de son mieux, la tête le plus près possible des genoux. Tantôt c'est une barrière à peu près infranchissable qui se met en travers du passage. Ce sont mille tiges flexibles qui viennent s'entrelacer comme des serpents entre les jambes du voyageur. On est pris dans ces mille liens comme des mouches dans une toile d'araignée. Chaque pas que l'on fait vous y empêtre davantage ; on dirait les tentacules gluants et tenaces d'une légion de pieuvres acharnées à notre poursuite. Tout cela vous enlace, se colle à tous les membres et vous couvre d'une multitude de petites pailles piquantes. On est alors comme dans une fourmilière.

« Il arrive fréquemment que la fourmilière devient tout à fait réelle. Il n'est pas rare de rencontrer des essaims de fourmis en émigration. Si le voyageur ne s'aperçoit pas de leur présence et ne se hâte de passer rapidement, il est en quelques instants assailli par ces féroces petites bêtes. L'ennemi engage la lutte avec une ardeur qui défie toute résistance. Il se glisse partout, pénètre sous les habits, attaque tous

1. *Annales de Sainte-Monique*, n° 56.

les côtés à la fois. Le malheureux voyageur prend la fuite en poussant des cris aigus et agitant les mains et les pieds sans savoir par où commencer pour se débarrasser des terribles insectes. Au reste, l'aventure n'a rien de dangereux, elle est même fort comique pour ceux qui ont la chance de n'être que de simples spectateurs. On ne peut s'empêcher de rire beaucoup des grimaces désespérées de la victime. »

Citons encore le récit d'une aventure qui faillit tourner au tragique :

« En sortant de Tandoula-Mahéma, nous entrons dans un véritable lac. La nappe d'eau, sinistre et sale, s'étend à perte de vue, et, d'un bout à l'autre de l'horizon, on n'aperçoit qu'elle. Nous voilà en plein dans l'eau, barbotant comme des canards, moitié nageant, moitié nous traînant dans une bourbe mouvante et gluante. Une pareille façon de voyager ne paraît pas être du goût de mon âne. Le métier qu'il fait depuis quelques jours lui semble trop dur, et il n'en peut mais. Il lui est impossible de deviner les trous cachés au fond de notre marais ; à tout moment la malheureuse bête trébuche dans des profondeurs invisibles et me fait faire avec elle les plongeons les plus désagréables.

« Gabriel, mon compagnon, m'avait assuré qu'il connaissait la route. Le brave garçon a été complètement désorienté par la transformation du pays en lac. Il ne connaît plus rien : nous voilà perdus. Un instant nous sortons de l'eau, mais pour entrer dans un terrain visqueux et gluant, où il ne nous est possible ni de marcher ni de nous tenir debout. Le sol n'a aucune solidité. Il cède sous notre poids et nous enfonçons. Mon pauvre âne est englouti jusqu'au-dessus de la queue ; il fait des efforts désespérés pour se dégager, et à chaque mouvement il s'embourbe davantage. Nous voulons le secourir, mais nous-mêmes nous sentons la vase mouvante s'ouvrir sous nos pas. Nous sommes dans un de ces terribles endroits, si lugubrement célèbres dans les souvenirs de Wanyamouézi, où, au temps des grandes mazikas, les hommes disparaissaient tout vivants comme dans un gouffre. Il n'y a pas une minute à perdre.

« Gabriel et moi nous réunissons toutes nos forces et nous saisissons l'âne qui avait à peu près disparu dans la boue. Par un suprême effort, nous le dégageons et parvenons à le tirer sur un coin de terrain un peu plus ferme.

« Grâces à Dieu, nous étions hors de danger. »

La réception cordiale des Pères de Tabora fit oublier aux voyageurs leurs peines et leurs fatigues. Le Père Lourdel ne se livra pas longtemps aux douceurs du repos ; il se mit tout de suite à préparer son retour pour Notre-Dame de Kamoga et l'Ouganda. Il avait hâte de revoir ses chers catéchumènes pour les affermir dans leurs bonnes dispositions et implanter définitivement la foi dans ce royaume de l'Ouganda qui lui donnait tant d'espérances.

VI

Rentrée triomphale. — Meurtre de l'évêque Hannington. — Cruautés de Mwanga.

Après un long et périlleux voyage, le Père Lourdel est rentré triomphalement dans sa mission de l'Ouganda. Mwanga l'a reçu avec une joie qui paraît sincère.

« Mes Pères sont arrivés, répète-t-il à ceux qui l'entourent. »

Plusieurs de ceux qui ont sa confiance sont néophytes ou catéchumènes ; ils ont instruit le roi des principales vérités religieuses. Pour montrer ses bonnes dispositions, il a rejeté la superstition et les sorciers qui l'entretiennent.

Les anciens catéchumènes ont persévéré dans la foi catholique, malgré les efforts tentés par les protestants pour les attirer dans leur secte. Ils ont même fait de nombreux prosélytes qu'ils amènent au missionnaire en disant :

« Voici ceux que nous avons instruits, » et ils leur font réciter leurs prières.

Le Père Lourdel, dans une lettre qu'il écrit au cardinal Lavigerie, évalue le nombre des disciples de Jésus-Christ à huit cents. L'heure de la grâce semble vraiment avoir sonné pour les Bagandas.

Mais il y a un point noir à l'horizon. Le Katikiro ou premier ministre est mal disposé pour les Blancs. Il a tramé une conspiration contre le roi, et ce sont les néophytes qui ont averti Mwanga des projets homicides qui vont mettre sa vie en danger. Le roi a pardonné aux coupables, mais le Kati Kiro est devenu le plus mortel ennemi des chrétiens. A partir de ce moment, il saisit toutes les occasions de répandre des calomnies contre les néophytes, et d'indisposer le roi à leur égard. Ces machinations ont produit leur effet. Mwanga, tout en laissant à ses sujets la liberté de conscience, s'est refroidi légèrement à l'endroit des missionnaires. Tout à coup survient un événement considérable. Les missionnaires anglais, pour grossir le nombre de leurs fidèles, ont résolu de faire venir un évêque protestant. Au moment où il arrive, on apprend que les Allemands rêvent de faire des conquêtes sur la côte du Zanguebar. L'impression produite sur le roi par ces nouvelles est très fâcheuse. Laissons parler le Père Lourdel :

« Après un petit voyage que Mwanga avait fait dans le mois de septembre et dans lequel je l'avais accompagné, nous reçûmes le courrier qui nous annonçait le projet des Allemands de s'emparer de Bagamoyo et de l'Ousagara. En même temps, les missionnaires anglais apprenaient que leur évêque, Hannington, arrivait par la voie des Massays, et demandaient au roi la permission de l'aller chercher avec leur barque sur la côte est. Ils eurent l'imprudence d'ajouter que c'était un grand homme et qu'il avait à sa suite un certain nombre de personnes. Mwanga, d'abord très fâché en apprenant par les Arabes l'invasion allemande, s'irrita encore davantage en sachant que les Anglais venaient par la côte est (qu'il appelle le derrière de sa maison). Il défendit à M. Mackay d'aller lui-même avec la barque chercher son évêque. Un de ses wagouanas partit à sa place avec un représentant de Mwanga, ayant ordre de mener d'abord l'évêque à Msalala, et ensuite de revenir informer le roi ; après amples informations, on déciderait s'il était opportun de recevoir M. Hannington dans le Bouganda.

« Quelques jours après, nous apprenons que des Blancs viennent par la route de Bousoga. Mwanga, irrité, envoie l'ordre de les tuer. Les missionnaires anglais, qui savaient que le Blanc signalé était M. Hannington, vont, mais inutilement, intercéder auprès du roi pour qu'il revienne sur la sentence ; mais ils ne purent, pendant deux jours qu'ils attendirent à la cour, obtenir une minute d'audience. Ils eurent alors recours à moi et me prièrent d'aller intercéder en leur faveur pour la vie de leur évêque. Comme alors le roi me recevait facilement, je me rendis à leur prière, et, à force d'instances, j'obtins de Mwanga qu'il ne ferait pas périr les Blancs, mais les chasserait simplement, en leur envoyant l'ordre de retourner sur leurs pas. Mais la promesse du roi était-elle fausse, ou l'ordre était-il déjà exécuté ? Le fait est que nous apprenions, quelques jours après, que le meurtre était consommé. Le Blanc venait d'être massacré avec la plus grande partie de son escorte, une quarantaine d'hommes environ.

« Il y a une quinzaine de jours, j'appris secrètement que le ministre avait dit que les trois Anglais résidant ici seraient exécutés, eux aussi, si le Blanc tué dans le Bousaga était réellement leur chef qu'ils avaient envoyé chercher sur la côte est. J'en informai secrètement MM. Mackay et Ashe. Le lendemain, ces messieurs apprenaient la même nouvelle par d'autres personnes. Ils résolurent alors de faire un superbe cadeau au roi et à deux de ses ministres afin de sauver leur vie Le roi et le ministre, étonnés que leur projet eût pu être découvert, dirent à messieurs les Anglais qu'ils voulaient absolument savoir le nom de l'individu qui leur avait fait ce rapport, ainsi que celui du mganda qui leur avait annoncé l'ordre donné par lui de tuer le Blanc du Bousoga. MM. Mackay et Ashe tinrent bon et ne se laissèrent pas intimider par les menaces de Mwanga.

« La défense étant portée en général pour les Blancs, je demandai au roi s'il nous comprenait, nous aussi, dans la proscription. Il me répondit que non, que nous pouvions continuer à instruire.

« Le pauvre Mwanga ajoutait, le matin même de cette séance :

« — C'est moi qui suis le dernier roi de Bouganda ; les Blancs s'empareront de mon pays après ma mort. De mon vivant, je saurai bien les en empêcher, mais après moi se terminera la liste des rois nègres du Bouganda. »

Le résultat de ces événements fut que Mwanga, entretenu dans ses défiances à l'égard des Blancs par le Katikiro, commença à exercer des cruautés contre ses sujets chrétiens. La première victime fut Joseph Mkasa, chef des pages. Ce fervent et généreux néophyte avait dit à Mwanga :

« Pourquoi commences-tu à tuer des Blancs ? Mtéça, ton père, n'en a jamais tué. »

Le roi prit ces paroles pour une grossière insulte et résolut de perdre ce jeune homme, malgré tous les services qu'il lui avait rendus. Il l'accusait de plus d'avoir, par l'entremise du Père Lourdel, averti les protestants de l'ordre qu'il avait donné de tuer Hannington et les Anglais de l'Ouganda.

Le condamné montra beaucoup de calme et de courage. Arrivé sur le lieu du supplice, il dit au bourreau :

« Tu diras de ma part à Mwanga qu'il m'a condamné injustement, mais que je lui pardonne de bon cœur. Tu ajouteras que je lui conseille fort de se repentir, car s'il ne se repent, il aura à plaider avec moi au tribunal de Dieu. »

Il fut ensuite décapité et son corps brûlé. Un jeune catéchumène, arrêté en même temps que lui, fut aussi mis à mort. Il fit preuve d'une grande fermeté que Mwanga expliquait ainsi :

« Les Blancs donnent à ces enfants un remède pour maintenir la foi dans leur cœur, et ce remède une fois pris, ni les tourments ni les souffrances ne peuvent le leur arracher. »

VUE DU LAC VICTORIA NYANZA

Le jour où Joseph Mkasa fut exécuté, un certain nombre de pages catéchumènes vinrent trouver les Pères :

« Nous allons mourir, disaient-ils, donnez-nous au moins le baptême auparavant. »

Comment repousser une telle demande? On les baptisa donc. Aussitôt après ils retournaient auprès de Mwanga, en disant au Pères :

« Peu nous importe de mourir maintenant. »

Le lendemain, en effet, le roi faisait appeler les jeunes pages et leur disait :

« Que ceux qui ne prient pas chez les Blancs s'approchent de moi. »

Trois seulement s'avancèrent ; les autres, et parmi eux des enfants d'une douzaine d'années, restèrent fermes et ne se laissèrent pas intimider.

« Je vous ferai tous tuer, disait le roi.

— Eh bien ! soit, tu nous feras tous tuer. »

Dieu seul pouvait inspirer tant d'héroïsme à ces chers enfants.

Le roi s'en tint aux menaces ; mais on sentait que sa colère n'était pas dissipée et les missionnaires baptisaient le plus possible de catéchumènes, pour leur donner le courage de confesser leur foi si Dieu les appelait à l'honneur du martyre. L'un d'eux disait au Père Lourdel :

« Ils vont probablement me tuer, donne-moi le baptême. Voilà trois ans que j'ai commencé à me faire instruire. Aujourd'hui je serai probablement mis à mort. Accorde-moi cette grâce, je t'en supplie. »

Un néophyte, nommé Pierre, se présentait un soir à onze heures avec vingt neuf catéchumènes qui avaient fini leur temps d'épreuve :

« Le roi, disait-il, a fait entendre à Bohami, le successeur de Mkasa, qu'il allait faire brûler des catéchumènes. Vite, baptise tous ces jeunes gens, ils veulent aller avec le bon Dieu. »

On devine les sentiments du Père Lourdel devant des paroles semblables ; Dieu lui accordait de récolter après avoir semé dans les sueurs, les larmes, les tribulations de toute sorte. En une semaine, il avait donné jusqu'a cent cinq baptêmes ! Pouvait-il y avoir une consolation plus grande pour le cœur de ce zélé missionnaire ? Et comme il devait remercier Dieu, dans de pareils instants, d'avoir tout quitté pour procurer à Jésus-Christ de fervents disciples, qui allaient bientôt devenir, par le martyre, des élus pour le ciel !

VII

La persécution. — Une page des Actes des martyrs. — « Que ceux qui prient se rangent de ce côté. » — La Mère des douleurs.

Peu à peu un calme relatif succéda à ce premier orage. Le roi sembla revenir à de meilleurs sentiments. Mais, hélas! cela ne devait pas durer. Katikiro et ses amis ne négligeaient aucune occasion de réveiller la défiance du roi contre les chrétiens. Laissons ici la parole à Mgr Livinhac et au Père Lourdel; leurs récits, reproduits par les journaux catholiques, ont profondément ému les âmes et nous en savons qui, devant de telles scènes dignes des temps héroïques de l'Église, ont pris de généreuses résolutions.

Clara Utési, fille de Mtéça, convertie au catholicisme depuis quelques mois, avait été préposée à la garde du tombeau d'un des anciens rois du Bouganda. Elle brûla les amulettes et chassa les sorciers. La nouvelle de cette profanation, jusqu'alors inouïe, ne tarda pas à se répandre. Le roi fit appeler Katikiro en pleine nuit et lui déclara qu'il voulait un massacre général de tous ceux qui priaient (c'est le beau titre sous lequel ces barbares nous désignent). Les portes de la résidence royale furent fermées et ordre fut donné aux portiers de ne laisser sortir personne. Un des chrétiens, informé de ce qui venait de se passer et de ce qui se préparait, courut prévenir le missionnaire au milieu de la nuit. Le Père Lourdel résolut, dès la pointe du jour d'aller trouver Mwanga et de lui demander grâce pour ses néophytes. Voici ce qu'il écrit sur cette visite à la cour dans son journal quotidien à la date du 26 mai:

« Malgré la pluie qui tombe, et transforme les chemins en bourbiers, je me dirige vers la résidence de Mwanga. En route, je rencontre quelques néophytes, qui m'annoncent l'arrestation d'Honorat, successeur de Joseph Mkasa.

« Bientôt j'aperçois des bandes d'hommes armés de fusils, de lances et de boucliers, qui arrivent au pas de course. On m'apprend que tous ces pillards viennent d'être lancés sur les principaux centres chrétiens pour les ravager et enchaîner les chefs.

« — J'arrive trop tard maintenant, me disais-je, pour conjurer l'orage. »

« Je poursuis cependant mon chemin, le cœur plein de tristesse.

Que va-t-il advenir de moi-même? Je ne puis le prévoir et je me recommande à Dieu, lui faisant le sacrifice entier de ma vie.

« Me voici à la résidence royale. Tout est calme, mais c'est un calme de mort! Les quelques personnes que je rencontre me regardent avec étonnement et semblent me dire :

« — Oser venir se présenter devant Kabaka en pareil jour, quelle audace! »

« M'efforçant de cacher mon émotion, je gravis d'un pas assuré la pente qui conduit à la hutte d'attente pour les audiences royales, où se tient le ministre que je salue comme d'habitude, et me dirige vers les cours intérieures dans lesquelles, à ma grande surprise, on me laisse pénétrer sans la moindre difficulté. Mon étonnement est à son comble quand je vois nos chrétiens de la cour libres, aller tranquillement de côté et d'autre, comme si rien d'extraordinaire ne s'était passé. Tout ce qu'on m'a raconté est-il donc une fable, ou suis-je le jouet d'un rêve? Hélas, non. Le bon Dieu a seulement voulu me réserver la triste consolation de voir, de mes propres yeux, enchaîner mes chers enfants et leur dire du regard un suprême adieu, au moment où ils vont livrer leur dernier combat sur cette terre d'exil. Bientôt, en effet, je vois chaque chef de groupes d'employés réunir ceux de ses gens qui sont chrétiens près de la porte de la cour dans laquelle se trouve la case royale. Plusieurs sont pleins de joie; quelques-uns ont l'air un peu intimidé, tandis que d'autres répondent fièrement à leurs amis païens qui leur disent :

« — Vous auriez dû vous sauver!

« — Me sauver, et pourquoi? »

« Charles Louanga, chef du groupe des pages dans lequel nous comptions le plus de néophytes, est appelé le premier avec ses compagnons. Ils sont accueillis par des huées que domine la voix tonnante du roi. Il leur fait les reproches les plus amers sur leur religion, puis s'écrie :

« — Que ceux qui prient se rangent de ce côté. »

« Aussitôt Charles Louanga et Kizito, jeune catéchumène d'une fermeté de caractère tout à fait rare à son âge, se dirigent vers l'endroit désigné. Tous ceux de la troupe qui sont chrétiens suivent leur exemple. Circonstance touchante, Charles et Kizito étaient convenus, pour s'encourager mutuellement et ne pas faillir au moment décisif, de se tenir par la main.

« A un signe du roi, les bourreaux se jettent sur ces courageux confesseurs de la foi, les enlacent dans leurs grosses cordes et les traînent en dehors de la cour. L'héroïque troupe s'arrête à quelques pas de moi. On a lié ensemble les jeunes gens de dix-huit à vingt-cinq ans. Les enfants forment un autre faisceau. Ils sont tellement serrés qu'ils ne peuvent marcher qu'à grand'peine, à petits pas, et en se heurtant les uns contre les autres. Je vois le petit Kizito rire d'une position si bizarre, le visage aussi serein que s'il eût joué avec ses camarades. Kizito est fils d'un des plus grands seigneurs du royaume. Plusieurs de ses frères ont depuis longtemps embrassé le christianisme et se font remarquer par leur courage et leur ferveur. Kizito est digne de ses aînés. Depuis longtemps il m'importunait pour recevoir le baptême, me disant que Mwanga ne tarderait pas à le tuer. Il lui est arrivé de passer la nuit dans notre case, déclarant qu'il ne partirait pas avant que je lui eusse assigné le jour où il lui serait donné de devenir enfant de Dieu. Je me rappelle avoir été obligé une fois, pour me débarrasser de ses importunités, de le prendre entre mes bras et de le faire passer par la fenêtre. Enfin, le voyant si ardent, si bien disposé, je lui avais promis dernièrement de le baptiser dans un mois.

« Le groupe des pages de Charles Louanga sorti, on introduit devant le roi le groupe des pages désignés sous le nom de *Bagalagala*. Nous ne comptons parmi eux qu'un petit nombre de néophytes et de catéchumènes. Ils se montrent fermes comme les premiers, et comme eux sont enchaînés par les bourreaux.

« En passant devant moi, nos chrétiens me cherchent et me saluent du regard, tandis que je prie Celui qui est la force des martyrs de répandre, dans les cœurs de ces jeunes athlètes, les grâces de choix nécessaires pour persévérer dans la confession de la foi.

« Cependant l'émotion me domine, et, sentant mes forces défaillir, je m'appuie contre une palissade de roseaux, priant la Mère des douleurs, qui eut la force de se tenir debout au pied de la croix, de me venir en aide. Comme elle, je suis impuissant à réprimer la rage des bourreaux, que je vois entraîner brutalement leurs victimes. Il ne m'est pas même permis d'adresser à ces chers enfants une dernière exhortation, et je dois me contenter de considérer leurs visages sur lesquels se peignent à la fois une douce résignation, une sainte joie et un mâle courage ; je rends gloire à Dieu, et le remercie de l'honneur qu'il fait à la mission du Bouganda, en daignant prendre ses enfants pour les premiers témoins de la foi parmi les nègres.

« Après les employés de la cour, un jeune soldat, Jacques Bouzabaliao, est mandé devant le roi. Ce néophyte est remarquable par sa naïve simplicité et par son zèle à instruire les enfants de la capitale.

Mouanga, qui le connaît, l'a menacé de mort s'il ne cessait de parler de religion ; mais ces menaces ne l'ont pas intimidé, et il a continué avec la même ardeur son apostolat. Le roi lui reproche aussi d'avoir essayé de l'instruire et de le convertir lui-même ; autant de crimes qui doivent en faire une de ses premières victimes.

« A peine le roi l'a-t-il fait appeler, qu'il se dirige en courant vers la hutte royale, sachant bien ce qui l'y attend.

« — C'est toi, lui dit Kabaka, qui es le chef des chrétiens de Kigoa ?

« — Je suis chrétien, il est vrai, répond Jacques, mais le titre de chef que tu me donnes ne m'appartient pas.

« — Ce jeune homme, s'écrie le roi, veut faire le grand ! à le voir, on le prendrait pour le mkouinda.

« — Merci beaucoup, répond en plaisantant Bouzabaliao, de la grande seigneurie que tu me donnes !

« — C'est celui-là, ajoute le roi, qui a voulu autrefois me faire embrasser la religion ! Bourreaux, enlevez-le et tuez-le bien vite ; c'est par lui que je veux commencer.

« — Oucraba ! adieu, dit alors le jeune chrétien au roi sans s'émouvoir ; je m'en vais là-haut au paradis, prier Dieu pour toi. »

« Un éclat de rire accueille ces paroles, incompréhensibles pour de pauvres païens.

« — Il faut, disent-ils, que les chrétiens aient perdu la raison pour parler ainsi. »

« Jacques passe devant moi, la corde au cou, conduit par le bourreau qui va lui trancher la tête. Je lève la main pour donner une dernière absolution. Il me répond en élevant ses bras chargés de cordes, pour me montrer le ciel et m'y donner rendez-vous. Il est souriant, comme s'il allait à une fête, et semble me dire :

« — Père, pourquoi t'attrister ? C'est peu de chose que cela, en comparaison des biens éternels que tu nous a appris à connaître. »

« J'attends ensuite, durant plusieurs longues heures, la faveur de voir le roi. Elle ne m'est pas accordée. Craignant que Mwanga, dans un accès de colère, ne fasse piller notre maison et massacrer nos orphelins, je reprends le chemin de Sainte-Marie de Roubaga. Dans l'espoir d'avoir quelques renseignements touchant les desseins de Sa Majesté, j'accompagne le ministre, qui, lui aussi, quitte la cour pour rentrer dans sa demeure. Katikiro se montre d'une politesse exagérée, sans me faire la moindre révélation ; mais, en me quittant, il me laisse, en guise d'adieu, une raillerie odieuse :

« — Les hommes de Dieu savent tout, me dit-il, mais ils n'avaient pas prévu le coup d'aujourd'hui ! »

« Je ne lui réponds pas, et m'éloigne tristement, faisant les plus tristes conjectures sur l'avenir de notre chrétienté naissante et ne voyant d'espérance que dans le secours de Dieu.

« Le soleil est de feu. Une soif brûlante me dévore, allumée par les tristes scènes dont je viens d'être témoin. On dit que la soif est une des plus grandes souffrances des suppliciés et que l'une de leurs dernières paroles est presque toujours : « J'ai soif. » C'est la parole du Seigneur en croix. Les bourreaux si impitoyables du Bouganda se montrent généralement sensibles à cette prière de leurs victimes, et leur offrent de l'eau ou du vin de bananes. Actuellement, personne sur la route n'oserait m'en donner, par la crainte de se compromettre. Je passe devant la case d'un de nos néophytes, l'armurier Mathieu Kisoulé. Dans cette case, rendez-vous habituel de nos chrétiens, j'aimais à me reposer quelques instants, en revenant de la cour. On se faisait un plaisir de m'y offrir quelques rafraîchissements. Aujourd'hui, elle est déserte et silencieuse comme la mort ! A quelques pas de là, ayant rencontré une petite source, je me penche pour boire, quand j'entends une voix connue qui me dit :

« — Le cadavre d'une des victimes de la nuit a été traîné dans cette eau. »

« Je me relève plein d'horreur.

« En route, je rencontre le vieux portier Lousaka, honnête païen, notre ami, père de trois néophytes. Lui, si gai habituellement, m'aborde les yeux pleins de larmes :

« — Mes trois fils sont enchaînés, me dit-il, quelle cruauté ! Quel mal ont-ils donc fait ? Ils n'ont ni volé, ni insulté le roi. On leur reproche de prier, mais est-ce un crime ? »

« Le pauvre vieillard me serre les mains et me témoigne sa douleur d'une manière si affectueuse, que j'en suis profondément touché ; d'autant plus que sur mon chemin j'ai essuyé plus d'un regard hostile et menaçant de la part des parents des victimes, qui voient en moi la cause de leur malheur.

« En m'apercevant, une femme s'est écriée :

« — Oh ! que ne suis-je homme ! je percerais de ma lance ce Blanc qui a instruit nos fils et les a fait ainsi périr. »

« Pauvres gens ! S'ils pouvaient comprendre combien nous les aimons ! S'ils savaient tout le bien que nous leur voulons, les sacrifices que nous avons faits pour nous arracher à notre famille et à notre patrie, et venir jusqu'à eux !... Mais il est écrit que le disciple ne doit pas être mieux traité que le maître ; et que nous devons, comme notre divin Sauveur, être un objet de méfiance et de haine de la part de ceux mêmes pour qui nous sommes prêts à donner notre vie.

Je croise plusieurs bandes de pillards, chargés des dépouilles de nos chrétiens dont ils viennent de saccager les villages, et j'arrive épuisé de fatigue à Sainte-Marie.

« Dans la nuit, nombre de néophytes viennent chercher auprès de nous quelques consolations et nous donnent les détails qu'ils ont pu recueillir sur le pillage des centres chrétiens. Ils nous apprennent que quelques néophytes et catéchumènes de la cour sont encore libres. Le roi, ayant besoin de leurs services, les épargnera tant qu'il n'aura personne pour les remplacer.

« Étant retourné le lendemain, je pus m'approcher du roi, et lui représentai, les larmes aux yeux, le tort qu'il se fait à lui-même en immolant ses meilleurs serviteurs ; mais tout ce que je lui dis paraît ne lui faire aucune impression, il en rit.

« — Je ne veux plus que mes sujets prient, me dit-il ; je suis kabaka (roi), ce n'est pas donné à tout le monde. Je suis maître chez moi et prétends que personne ne me résiste. »

« Sans me rebuter, j'intercède encore pour nos chrétiens, m'efforçant de faire comprendre à Mwanga que tout ce qu'on dit contre eux n'est que pure calomnie.

« — Tous ne mourront pas, me dit-il enfin avec un grand éclat de rire, j'en épargnerai quelques-uns. »

« Je n'en puis obtenir davantage, et me retire après lui avoir demandé des porteurs pour transporter les bagages de nos confrères de Mtongo à Sainte-Marie de Roubaga. »

Le Père Lourdel avait à peine quitté la résidence royale, qu'on arrêtait le plus influent de nos néophytes, André Kagoua, seigneur de Pagoa.

« André avait montré pour Mwanga un dévouement à toute épreuve. Il était un de ceux qui découvrirent la conspiration tramée contre lui par le ministre et autres grands du royaume. Intelligent et intrépide, affable, prêt à rendre service à tout le monde, il avait su se concilier l'estime et l'affection de tous les gens de bien. La mort de Joseph, son ami intime, tout en l'attristant profondément, ne lui avait arraché aucune plainte. Il s'était contenté de pleurer en silence, servant, pour obéir à Dieu, son maître avec la même fidélité, quoique persuadé que bientôt il partagerait le sort de son ami ; car ainsi que Joseph, il était chrétien. Son zèle était connu de tout le monde. On savait qu'il avait converti sa femme, et groupé autour de lui plus de cent cinquante néophytes ou catéchumènes qui l'aimaient comme leur père. On lui reprochait même le crime d'avoir converti deux enfants du ministre ; crime énorme, qui, en achevant d'irriter Katikiro contre le coupable, lui avait fait prendre la résolution de ne rien négliger pour le perdre. Aussi, dès qu'il vit le roi résolu à massacrer les chrétiens, s'empressa-t-il de dénoncer André comme le plus dangereux de tous.

« Mwanga hésita d'abord à sacrifier celui qu'il regardait comme le plus fidèle de ses amis ; mais le ministre le lui dépeignit sous des couleurs si noires, qu'il finit, de guerre lasse, par lui permettre un jour d'en faire ce qu'il voudrait. Katikiro, craignant que Kabaka ne revînt sur la sentence qu'il venait de lui arracher, fit appeler en toute hâte Mkadjanga, le plus terrible et le plus expéditif des bourreaux.

« André est donc garrotté et conduit au tribunal du ministre. Celui-ci affectant de ne pas le connaître, lui dit :

« — C'est toi qui es le seigneur de Pagoa ? »

« André lui répond avec calme :

« — Tu ne me reconnais donc pas ?... Tu m'as vu cependant bien des fois, et en particulier quand je suis venu avec mes gens te remercier, lors de ma promotion au grade de mgoa. »

« Le ministre reprend :

« — Tu as instruit mes enfants de la religion ?

« — Oui, répond André, je les ai instruits. »

« Le ministre ajoute :

« — Mksa (Joseph, victime de la première persécution) t'a donné, avant de mourir, un fusil pour tuer le roi.

« — Si j'avais eu de mauvais desseins, répond André, ce fusil m'était-il nécessaire pour les accomplir ? Les nombreux fusils que je tiens de Mwanga lui-même ne sont-ils pas aussi bons que celui que j'ai reçu de Mkasa ? Toi-même, tu as reçu beaucoup de fusils de Mtéça ; te les a-t-il donnés pour tuer son successeur ?

« — Qu'on l'emmène et qu'on le tue ! conclut Katikiro.

« Et s'adressant à Mkadjanga :

« — Tue-le à l'instant, lui dit-il ; je ne mangerai pas que tu ne m'aies apporté sa main coupée, comme preuve de sa mort. »

« Généralement, les bourreaux gardent plusieurs jours les condamnés et les soumettent à d'horribles tortures, leur promettant de les adoucir s'ils leur donnent esclaves, bœufs, chèvres, cauris, etc. Ce n'est que lorsqu'ils n'espèrent plus rien obtenir de ces malheureux ou de leurs amis qu'ils leur donnent le coup de grâce. Les condamnés sont ainsi une bonne fortune pour les bourreaux, aussi remercient-ils chaleureusement le roi toutes les fois qu'il leur en livre quelqu'un, surtout s'il est riche. Mkadjanga, qui tremble devant le ministre, comme probablement le ministre tremblera quelque jour devant lui, se garda bien de réserver André, quoiqu'il eût pu se promettre d'en obtenir beaucoup de choses, car il était riche et avait de nombreux amis.

« André, de son côté, craignant que Mkadjanga, qui lui témoignait quelque compassion, ne retardât l'heureux moment de son triomphe, lui dit :

« — Hâte-toi d'accomplir les ordres que tu viens de recevoir. Quand le maître te dit qu'il a faim et t'ordonne de lui tuer une chèvre grasse, tu te presses, afin de pouvoir lui servir au plus tôt. Tue-moi donc vite pour t'épargner les reproches du ministre. Tu lui porteras ma main, puisqu'il ne peut manger avant de l'avoir vue. »

« Les bourreaux conduisirent André dans une cour, à quelques pas de la hutte de Katikiro, et lui tranchèrent la tête, puis ils coupèrent la main qu'ils allèrent, en toute hâte, présenter au ministre. Nous n'avons pu encore savoir où avait été jeté son corps. »

Mgr Livinhac arrivait en ce moment dans l'Ouganda. Le Père Lourdel alla au-devant de lui et lui fit connaître la triste situation dans laquelle les missionnaires se trouvaient. Arrivés à la capitale, les Pères se rendirent dès le lendemain auprès du roi persécuteur. S'abstenir eût été ruiner complètement la mission. Mwanga parut embarrassé, mais il retrouva bientôt son aplomb.

« Sans lui adresser des reproches amers, raconte Mgr Livinhac, qui n'auraient fait que l'irriter et aggraver la situation, nous lui fîmes remarquer que la ligne de conduite qu'il venait d'embrasser lui enlevait ses meilleurs sujets, et qu'elle éloignerait les étrangers de son royaume. Nous ajoutâmes que, dans de telles conditions, nous ne pouvions rester en grand nombre, et je le priai, conformément aux instructions que j'avais reçues de mes supérieurs, de me donner des barques pour reprendre le chemin du sud. Cette demande parut l'étonner beaucoup ; il déclara qu'il ne pouvait consentir à me laisser partir si vite, mais il se garda bien de nous faire espérer la fin de la persécution. Nous insistâmes avec force, allant jusqu'à la menace, faisant valoir tous les sentiments, tous les motifs. Peine inutile. Il finit par me permettre de partir et chargea un de ses officiers d'aller réunir les pirogues.

« Connaissant la lenteur avec laquelle se font ici les choses, j'étais sûr d'avoir plus que le temps nécessaire pour faire la visite de la station et confirmer les néophytes qui pourraient parvenir jusqu'à nous, car, tant que durera la persécution, il ne nous sera pas permis de parcourir les villages; nos néophytes eux-mêmes ne pourront guère venir à la mission en plein jour, et, comme dans la primitive Église, nous devons les réunir à la faveur des ténèbres...

« Durant le mois que je suis demeuré à Sainte-Marie de Roubaga, il ne s'est pas passé de nuit où je n'aie reçu la visite de plusieurs d'entre eux, et j'ai pu donner la confirmation à quatre-vingt-dix-sept des mieux préparés. Il m'est arrivé de me lever quatre et cinq fois dans la même nuit, pour recevoir quelqu'un de ces chers visiteurs. Je ne saurais dire combien j'ai été touché, en voyant les merveilleux effets que la grâce a produits dans ces âmes, hier encore plongées dans les erreurs du paganisme.

« Nos chrétiens s'attendent, d'un moment à l'autre, à être livrés aux bourreaux ; mais ils ne s'en inquiètent pas, et envisagent les supplices et la mort avec ce courage calme que peuvent seules donner la grâce de Notre-Seigneur et une foi inébranlable.

« — Les bourreaux, nous disaient-ils souvent, peuvent bien tuer le corps, mais ils ne sauraient tuer l'âme ; ils nous feront souffrir, il est vrai, mais à ces souffrances d'un moment succédera un bonheur sans fin. »

« Plusieurs nous ont demandé si se cacher n'était pas une sorte d'apostasie, et s'il ne serait pas mieux d'aller se déclarer chrétiens devant les persécuteurs. Les saintes dispositions de ces âmes généreuses nous consolaient et nous faisaient trouver courtes les heures que nous passions à les instruire et à les exhorter. Cependant la nature finissait par réclamer impérieusement ses droits, et, pressés par le sommeil, nous essayions de prendre congé de nos visiteurs.

« — Restez encore, nous disait alors l'un d'eux, demain je dois être conduit chez le roi, et probablement de là à la mort. Je ne vous verrai plus en ce monde.

« — Ce n'est qu'avec peine, disait un autre, et en faisant un cadeau à mon geôlier que j'ai été délivré des entraves qui serraient mes pieds, et autorisé à aller dire adieu à mes amis ; c'est donc la dernière fois que je m'entretiens avec vous. »

« Impossible d'être insensible à de telles prières. Nous prolongions donc nos entretiens, qui avaient le plus souvent pour objet la vanité des plaisirs de ce monde, la brièveté de la vie la plus longue, les joies du ciel et le bonheur de le gagner d'un seul coup en mourant pour Dieu.

« Quelquefois nous nous faisions raconter les supplices des néophytes qui avaient consommé leur sacrifice, ou les souffrances de ceux qui étaient encore dans les fers. Nos conversations, loin d'être tristes, étaient animées d'une douce gaieté, et la vue du visage épanoui de ces confesseurs de la foi, les aimables saillies dont ils égayaient leurs récits, nous faisaient oublier un instant la rude épreuve que traversait notre Église naissante.

« Ceux dont la vie était plus en péril attendaient jusqu'à minuit afin de pouvoir communier ; et, fortifiés par le pain descendu du ciel, ils s'en allaient courageusement affronter les combats du lendemain.

« En plein jour, nous ne recevions que quelques rares visiteurs, que nous cachions dans les compartiments les plus retirés de notre grande case, la prudence nous faisant une loi d'ordonner à nos néophytes de se tenir cachés dans leurs campagnes, tant que durerait l'orage.

« Mathieu Kisoulé, grand armurier du roi, pouvait cependant venir chez nous sans trop s'exposer. Ouvrier habile dans son art, il est nécessaire à Mwanga. Les espions de sa majesté le savent, et ne songent pas à mettre la main sur lui. Aussi il va et vient librement et ne laisse passer aucun dimanche sans aller prier dans la chapelle de la mission.

« Le roi n'ignore pas son attachement à notre sainte religion, et, pour l'intimider, il lui dit souvent :

« — Je sais que tu pries, je te ferai tuer, ou pour le moins je te ferai couper les oreilles. »

« Un jour qu'il avait reçu une menace de ce genre, il nous dit en riant :

« — Vois ces oreilles, elles ne sont plus à moi, Kabako va m'en débarrasser un de ces jours.

« Kisoulé possède plusieurs propriétés, son art lui procure quantité de cotonnades, de cauris, nombre de bœufs et de chèvres. Il profite de son aisance pour exercer la charité, surtout à l'égard des chrétiens. Les catéchumènes qui demeurent trop loin de la mission logent chez lui pour pouvoir plus facilement suivre nos catéchismes. Il reçoit tous les chrétiens malades, et les soigne comme ses enfants. Ceux de nos néophytes qui sont repoussés par leurs parents encore païens trouvent chez lui un asile assuré.

« Il lui est arrivé d'avoir ainsi à sa charge plus de cent personnes; sa grande charité ne s'arrête pas là : il fournit des vivres aux chrétiens qui sont dans les fers, arrache celui-ci aux tortures en faisant un cadeau aux bourreaux, rachète la femme de celui-là, etc., etc.

« Voyant tous les jours beaucoup de monde, il est au courant de ce qui se dit et se fait et nous donne, dans ces jours mauvais, les plus utiles renseignements. C'est par lui que nous avons appris les souffrances de plusieurs victimes de la persécution.

« Le nombre de ces victimes, au dire de Baganda, dépasse cent. Cependant nous n'avons pu jusqu'ici connaître, d'une manière positive, qu'une quarantaine de noms, qui sont comme le commencement de notre martyrologe. »

VIII

Martyre des jeunes pages. — Mathias. — Mourouvaba. — La Masse noire.

Il est vraiment admirable de voir comment la grâce de Dieu donnait à de pauvres noirs la force de supporter de si cruelles souffrances. Les quelques détails qui nous sont parvenus nous font assister à des scènes du plus pur héroïsme, et sont bien capables d'arracher à leurs passions et à leurs mesquines pensées terrestres les âmes qui se traînent dans la pratique d'un christianisme amoindri. En voyant ce que de faibles enfants ont fait pour leur Dieu, comment ne pas marcher généreusement dans le chemin du sacrifice !

Charles Louanga, chef des pages, fut un de ceux contre lesquels la rage du bourreau s'exerça avec le plus de fureur ; il le brûla lentement en commençant par les pieds. Tout en se livrant à son horrible besogne, il lui disait :

« Allons ! que Katonda [1] vienne et te retire du brasier.

— Pauvre insensé, lui répondit le martyr, tu ne sais pas ce que tu dis. En ce moment, c'est de l'eau que tu verses sur mon corps ; mais, pour toi, le Dieu que tu insultes te plongera un jour dans le véritable feu. »

Il endura ensuite ce supplice atroce sans qu'une plainte sortît de ses lèvres.

Les trois plus jeunes des pages, Siméon Sebouta, Denys Kamiouka et Ouélabé touchèrent le cœur du vieux chef des bourreaux nommé Mkadjanga ; il voulut leur sauver la vie à condition qu'ils déclarassent qu'ils ne prieraient plus.

1. C'est le mot qui, dans la langue chrétienne de l'Ouganda, sert à désigner Dieu.

« Nous ne cesserons jamais de prier tant que nous vivrons ! » répondirent les enfants.

Le bourreau, espérant que la vue du supplice de leurs camarades viendrait à bout de leur constance, les fit emmener avec les autres sur la colline de Namougongo. Ils étaient au nombre de trente-quatre.

On avait préparé un amas considérable de roseaux secs, qui servirent à faire de gros fagots dans chacun desquels on renferma une des victimes solidement liée.

Parmi elles se trouvait le fils du bourreau, qui avait tout essayé, mais en vain, pour faire renoncer son enfant à la foi chrétienne afin de le sauver. Au dernier moment, le père dit à son fils :

« Consens simplement à ce que je te cache chez moi ; personne n'y passe et on ne pourra t'y découvrir.

— Père, répond l'enfant, je ne veux pas être caché. Tu n'es que l'esclave du roi. Il t'a ordonné de me tuer ; si tu ne me tues, tu t'attireras des désagréments. Je veux te les épargner. Je connais la cause de ma mort : c'est la religion. Père, tue-moi. »

Voyant qu'il ne pouvait rien obtenir, le vieux bourreau, la mort dans l'âme, commanda à l'un de ses hommes d'assommer l'enfant. Il voulait éviter à son fils l'atroce supplice du feu. On alluma ensuite les fagots du côté des pieds des martyrs, afin de prolonger leur souffrance et pour tenter d'obtenir quelques apostasies. Cet espoir fut déçu. Les héroïques jeunes gens se mirent à affirmer leur foi avec une constance inébranlable, en récitant les prières qu'ils connaissaient. Ah ! comme ces supplications devaient être puissantes sur le cœur de Dieu, et comme elles devaient faire descendre en abondance sur le peuple de l'Ouganda les grâces de conversion et de salut.

Au bout d'une demi-heure, le feu avait fait son œuvre et les témoins de cette horrible scène n'avaient plus sous les yeux qu'un amas de cendres et de cadavres à demi consumés.

Dieu permit que Siméon Sebouta et deux de ses compagnons fussent épargnés, afin que le récit de l'héroïque et précieuse mort de ces jeunes gens parvînt aux missionnaires pour leur consolation, et aux âmes chrétiennes pour leur édification. Il faudrait pouvoir citer toutes les pages de ce martyrologe de l'Église naissante de l'Ouganda ; obligés de nous borner, nous terminerons par ce trait où se montre d'une façon si éclatante la force divine de la grâce qui transforme les âmes lorsqu'elles se laissent docilement diriger par elle.

Un fervent chrétien, nommé Mathias Mouroumba, qui remplissait les fonctions de juge de paix dans un des principaux districts du pays, fut une des premières victimes de la persécution. Lorsqu'il fut amené devant le ministre, celui-ci, le regardant d'un air méprisant, s'écria :

« C'est là Mouroumba, c'est lui qui à son âge a embrassé la religion ?

— Oui, c'est moi, répond Mathias.

— Pourquoi pries-tu ?

— Parce que je veux prier.

— Tu as chassé toutes tes femmes, c'est donc toi-même qui prépares ta nourriture ?

— Est-ce à cause de ma maigreur ou à cause de ma religion ? »

Alors le ministre dit aux bourreaux :

« Emmenez-le et tuez-le !

— C'est ce que je désire, répond Mathias.

— Bourreaux, dit Katikiro, vous lui couperez les pieds et les mains, et lui enlèverez des lanières de chair sur le dos. Vous les ferez griller à ses propres yeux. »

Puis il ajouta ironiquement :

« Dieu te délivrera.

— Oui, répondit le martyr avec assurance, Dieu me délivrera, mais vous ne verrez pas comment il le fera ; car il prendra avec lui mon être raisonnable et ne vous laissera entre les mains que l'enveloppe mortelle ! »

L'ordre barbare de Katikiro fut exécuté ponctuellement.

Mkadjanga coupa avec une hache les pieds et les mains de Mathias. On les brûla devant lui, puis on lui enleva des lanières de chair qu'on grilla pareillement. Le vaillant disciple de Jésus crucifié supporta ces souffrances sans murmurer. Par un raffinement de cruauté, les bourreaux, en arrêtant l'écoulement du sang, retardèrent la mort de trois jours. Abandonné de tous comme le Christ en croix, Mathias expira seul, sans que personne vînt apporter un soulagement à ses douleurs.

Mgr Livinhac ne voulut pas, par prudence, rester plus longtemps au milieu de ses héroïques enfants de l'Ouganda.

Après les avoir encouragés puissamment par sa présence et par ses conseils, il partit dans les premiers jours de juillet pour visiter les autres parties de sa vaste mission. Il se retira à Notre-Dame de Kamoga, dans le Boukoumbi. C'est de là qu'il apprit à ses supérieurs et à l'Europe entière les massacres de l'Ouganda.

Ces récits firent tressaillir l'Église catholique, qui se réjouit d'avoir produit encore une fois des martyrs dignes des premiers siècles. Le cardinal Lavigerie, écrivant à son clergé, trouva, pour célébrer leur courage, des accents de la plus haute éloquence :

« Je le dis à la gloire de Dieu, qui seul, il y a dix-huit siècles comme aujourd'hui, a soutenu et inspiré tous ces courages. Son esprit étant toujours le même, vous ne vous étonnerez pas si sur les lèvres de ces pauvres noirs ignorants se retrouvent, au moment du combat, des paroles non moins sublimes que celles des martyrs de la Carthage romaine ; si les néophytes de l'Ouganda vont chercher, au milieu de la nuit, dans la réception des sacrements, la grâce de constance intrépide que les martyrs de Tertullien trouvaient avant eux dans des réunions semblables ; et si, comme alors, les persécuteurs, ne pouvant expliquer autrement leur courage, l'attribuent au sortilège et à la magie. Vous ne vous étonnerez pas si la générosité des femmes égale celle des hommes, si la vieillesse, si l'âge mûr, si l'enfance se sont montrés également supérieurs à la crainte des supplices ; si l'un des grands de l'Ouganda, les mains, les pieds successivement tranchés par une rage impie, la chair enlevée par lanières et jetée devant lui sur des charbons ardents, a pu agoniser trois jours sans faire entendre une plainte, sinon, à la fin, la plainte du Sauveur sur la croix : « J'ai soif ! *Sitio !* » Si trente et un jeunes hommes, la plupart encore dans l'adolescence, à qui en présence du bûcher on a fait l'offre de la vie s'ils voulaient renoncer « à la prière », ont répondu : « Nous prierons tant que nous vivrons, » et si, brûlés ainsi vivants, à petit feu, ils ont continué jusqu'à la fin à réciter ensemble leurs prières au milieu des flammes et à y braver ainsi leurs bourreaux. »

« Dans notre même Afrique, poursuit le cardinal, sur la colline où Utique s'élevait autrefois, une troupe généreuse de chrétiens a reçu, il y a près de 1600 ans, la couronne du martyre. On la nomme la Masse blanche, dans notre liturgie, *Massa candida,* parce que, selon la parole de saint Augustin, la chaux où ils furent ensevelis recouvrit ces martyrs comme d'un blanc linceul. Si les honneurs des saints leur sont un jour décernés, nous pourrons, comme pour répondre à travers les siècles à cette dénomination touchante, nommer ceux de l'Ouganda la Masse noire, car, les premiers parmi les noirs, ils ont souffert la mort pour Jésus-Christ, et c'est sous les noires décombres de leurs bûchers qu'ils restent ensevelis. »

IX

Les chasseurs d'éléphants. — Maladie du Père Lourdel. — Révolution. — En prison. — La victoire.

La persécution ne ralentit pas le mouvement des conversions dans le peuple des Bagandas. Bien qu'on eût tout lieu de craindre que Mwanga ne fût pris d'un nouvel accès de sauvagerie et de cruauté, les catéchumènes continuaient à se faire instruire et à témoigner leur ardent désir de recevoir le baptême. Quelque temps après les massacres, les missionnaires eurent la joie de voir la religion faire des progrès dans le Kialo des chasseurs d'éléphants. Le chef fut baptisé avec quelques-uns de ses hommes. Il était plein de ferveur et disait après la cérémonie :

« Maintenant je vais reprendre mes chasses dangereuses avec plus de courage, car mon âme à présent est en bonne voie. »

Cependant la santé du Père Lourdel subissait le contre-coup des épreuves poignantes que la Providence lui avait envoyées depuis quelques années. Au commencement de 1887, il tomba gravement malade et on eut les plus vives inquiétudes dans son entourage. Mais Dieu voulait encore se servir de son serviteur pour affermir la religion dans un pays qui allait être profondément ébranlé et troublé. L'heure de la récompense n'avait pas encore sonné pour ce courageux missionnaire. Il se releva donc pour être témoin des merveilles que la grâce opérait dans les âmes de ses chers noirs. Les conversions devenaient de plus en plus nombreuses malgré les menaces de persécution qui planaient dans l'air. Comme toujours, le sang des martyrs avait été une semence de chrétiens.

L'année 1887 se passa au milieu de ces travaux apostoliques. De temps en temps le roi était pris d'accès de fureur. Une nuit, peu s'en fallut que les Pères ne fussent brûlés dans leur résidence qu'on devait auparavant barricader pour les empêcher de fuir. La peur d'encourir une terrible responsabilité fit seule écarter ce projet sanguinaire. Le Père Lourdel avait bien dit : « Deux cordes seules vibrent dans l'âme de Mwanga, celles de l'avarice et de la peur. »

C'est la peur qui devait jeter le cruel prince entre les mains des chrétiens.

En 1888, les musulmans conspirèrent contre Mwanga et mirent à sa place sur le trône son frère Kiwewa : « On représentera peut-être nos néophytes, écrivait Mgr Livinhac, comme les auteurs de la ruine de Mwanga. Rien de plus faux. Ce sont les Bagandas musulmanisés qui ont formé le projet du coup d'État. Ils ont ensuite entraîné dans la révolte plusieurs protestants influents, et quelques-uns de nos chrétiens assez haut placés. Le nombre des catholiques qui ont pris part à l'attaque est insignifiant, et je crois qu'aucun d'eux n'a tiré un coup de fusil. »

Bien que Kiwewa fût l'ami des musulmans, par politique il se montra favorable aux chrétiens. Il nomma premier ministre Honorat, qui était un fervent catholique. Celui-ci présida à la distribution des dignités qui furent presque toutes données aux catholiques, aux protestants et aux musulmans. Cette attitude du roi le rendit bientôt suspect. Les conspirateurs le mirent à mort, lui substituèrent un autre frère, Karéma, et enfermèrent pendant quelque temps les missionnaires catholiques et protestants dans la même prison. Les ministres anglais rendirent hommage à la charité de leurs compagnons de captivité. « Sans leur obligeance, écrit le Révérend Gordon, nous aurions été horriblement mal sous tous les rapports. Arrêtés à l'improviste, nous n'avions rien emporté, tandis que les prêtres français avaient pu se munir de couvertures et des provisions indispensables. Ils les partagèrent généreusement avec nous, et se dépouillèrent même pour nous composer une couchette relativement confortable[1]. »

Un des Pères nous a laissé la description de la prison où ils étaient renfermés :

« C'est une grande hutte ronde, conique, de nombreuses rangées de piliers en bois plus ou moins symétriques la soutiennent ; un prolongement en arceau sur la porte d'entrée protège celle-ci contre la pluie ; tout l'intérieur est noirci par la fumée qui y séjourne longtemps avant de s'échapper à travers l'épaisse couche de roseaux et d'herbes. Le sol est jonché de toutes sortes de débris, feuilles de bananiers, pelures de bananes, restes de patates, qui forment un véritable fumier. Dans un coin se trouvent les lits des propriétaires, derrière une tenture d'écorce d'arbre ; les esclaves ou suivants couchent par terre. Le foyer occupe le milieu de la hutte...

« Nous essayons de fermer l'œil, mais sans y réussir. La hutte est pleine de monde. Chacun raconte ses exploits, donne ses appréciations sur les événements de la journée ; on voit que les musulmans cherchent

1. *Vie du Père Lourdel*, par l'abbé Nicq, p. 528.

à se justifier, veulent paraître victimes et non bourreaux. Le cri de la conscience reste malgré tout au fond : cependant ils exaltent la bra-

TROUPEAU D'ÉLÉPHANTS

voure des chrétiens et avouent qu'ils ont commencé à tirer eux-mêmes, tandis que ceux-ci parlementaient ; n'importe, ce sont les chrétiens qui sont des révoltés ! à ce brouhaha vient s'ajouter la vermine de toute espèce[1]... »

Les Pères sortirent de leur prison après avoir vu piller leur résidence. On les contraignit à s'éloigner, et ils durent, sous bonne escorte, se rendre sur les bords du lac pour s'embarquer avec vingt de leurs orphelins. Tout à coup, pendant la traversée, un hippopotame se jette sur la barque et la fait chavirer. Voilà l'équipage et les provisions à l'eau. Mgr Livinhac, le Père Lourdel, les anglais et les marins gagnent à la nage l'île la plus rapprochée. Le Père Denoit, un frère et le plus grand nombre des enfants se maintiennent sur le côté de la barque renversée. Hélas ! lorsqu'on arriva pour les sauver, cinq enfants manquaient à l'appel et toute la cargaison était au fond du lac.

Vers les premiers jours de septembre, les exilés arrivèrent à Notre-Dame de Kamoga au Boukoumbi. Les santés étaient ébranlées. Le Père Lourdel écrivait alors à son frère :

« Quoique âgé de trente-cinq ans seulement, je me fais vieux ; mes cheveux et ma barbe blanchissent. Ballotté, bousculé à droite et à gauche, témoin impuissant de toutes les épreuves que traversent nos néophytes, affaibli par les maladies et les peines, mon pauvre cœur souffre un véritable martyre[2]. »

Une centaine de néophytes vinrent chercher un refuge auprès des missionnaires. Mwanga lui-même alla les rejoindre, demandant humblement pardon d'avoir persécuté les chrétiens, et reconnaissant que c'était pour le punir de ce crime que Dieu l'avait renversé de son trône.

Cependant une armée chrétienne s'était formée sous la direction d'Honorat. Elle offrit au roi fugitif de prendre place dans ses rangs. Stanley et sa caravane, à la recherche d'Emin Pacha, étaient alors dans le voisinage. La petite troupe lui demanda un secours qu'il refusa. On se passa de lui, et, le 5 octobre, les musulmans étaient chassés par l'armée de Mwanga.

Le Père Lourdel, à son départ de Marseille en 1878, écrivait à l'un de ses amis :

« Dans quelques années vous pourrez apprendre que nous sommes tombés sous les coups des nègres, ou que nous sommes devenus rois du pays. »

La rentrée triomphale que le Père Lourdel nous a lui-même décrite

1. Lettre du Père Denoit.

2. *Vie du Père Lourdel*, par l'abbé Nicq, p. 547.

n'est-elle pas la réalisation frappante de la seconde partie des pronostics du jeune missionnaire ?

« Il est devenu le vrai roi du pays de l'Ouganda, roi par la charité, roi par l'influence, roi par la délivrance du pays que l'on devait à ses encouragements, roi par l'autorité religieuse. Le Blanc par excellence, c'était Mapéra ; la religion catholique était la religion de Mapéra. Mapéra, c'était le nom que le malheureux frappé dans le combat invoquait pour obtenir grâce de la vie ; Mapéra, c'était le sauveur du roi, de son propre persécuteur, c'était le protecteur de la famille royale de Mtéça. Comment le jeune missionnaire, qui n'avait alors que trente-six ans, était-il parvenu à ce degré d'honneur et d'autorité ? Il ne devait ses triomphes qu'à sa charité, à son amour pour les pauvres nègres qu'il était venu sauver, à autorité religieuse que lui donnait sa parole de prêtre et de ministre de Dieu. Il avait été bien inspiré, lorsque le jour de l'Exaltation de la Sainte-Croix, pour paraître au milieu de ses chrétiens, il avait fait arborer la croix rouge sur son drapeau. C'est par la croix qu'il avait triomphé, et par le sang ; par le sang des martyrs et par le sang qu'il avait lui-même offert en donnant sa vie pour ceux qu'il aimait[1]. »

X

Lettre de Mwanga au cardinal Lavigerie. — Le sang des martyrs, semence de chrétiens. — Départ de Mgr Livinhac. — « Mapéra est mort ! » — Conclusion. — Espérance.

Les catholiques victorieux laissèrent le roi libre de faire à sa guise la répartition des places, pourvu qu'elles fussent accordées à des chrétiens. Mais les protestants refusèrent cet arrangement, et, pour le bien de la paix, les catholiques qui avaient fait la guerre et à qui on devait tout se contentèrent des provinces qui leur furent assignées. Le partage était injuste, le Père Lourdel réclama, et le roi accorda à ceux qu'il appelait ses frères quelques autres bohamis.

Mwanga était plein de bonne volonté, mais il était faible et il ne savait pas résister à ses passions. Il observait bien, disait le Père, les cinq premiers commandements de Dieu, mais il n'allait pas au delà. Encore se laissait-il aller à plus d'une infraction contre le premier commandement. Ses dispositions favorables à l'égard des

1. *Vie du Père Lourdel*, par l'abbé Nicq, p. 588.

catholiques se traduisirent par une lettre curieuse, adressée par lui au cardinal Lavigerie. Nous la citons tout entière :

« Mengo (Bouganda), 4 novembre 1889.

« Éminence et mon Père le grand,

« Moi, Mwanga, roi du Bouganda, j'envoie vous voir (pour : j'ai l'honneur de vous offrir mes hommages).

« Je vous écris, pour vous informer de mon retour dans mon royaume.

« Vous avez appris que, lorsque les Arabes m'eurent chassé, je me sauvai dans le Boukoumbi ; Mgr Livinhac et ses missionnaires me traitèrent avec bonté. Après quatre mois, les chrétiens m'envoyèrent chercher. Nous nous sommes battus pendant cinq mois. Dieu nous a bénis et nous avons triomphé des Arabes.

« Maintenant, je vous en supplie, daignez nous envoyer des prêtres pour enseigner la religion de Jésus-Christ dans tout le pays des Bougandas. Je vous demande aussi des enfants ayant appris les remèdes (connaissant la médecine), comme ceux qui sont allés à Oujiji. Quand ils arriveront chez nous, je leur donnerai une belle place.

« J'ai appris que notre Père le pape, le grand chef de la religion, vous a envoyé traiter avec les grands de l'Europe, pour faire disparaître le commerce des hommes dans le pays de l'Afrique. Et moi, si les Blancs veulent bien me donner la force, je puis les aider un peu dans cette œuvre, et empêcher le commerce des hommes (des esclaves) dans tous les pays qui avoisinent le Nyanza.

« Daignez demander pour moi (au ciel) la force de bien faire ; de mon côté, je prie Dieu de vous donner ses bénédictions et de vous aider dans toutes les œuvres que vous faites pour sa gloire.

« Moi, votre enfant,

« *Signé* : MWANGA,
« Roi de l'Ouganda. »

Cependant, malgré les troubles qui désolaient l'Ouganda, l'œuvre des conversions avançait rapidement et comblait de joie le cœur des missionnaires. Au milieu d'alarmes et de craintes perpétuelles, le Père Lourdel faisait ses catéchismes auxquels les catéchumènes se pressaient nombreux.

Le 7 mars 1890, Mgr Livinhac arrivait à Roubaga, et passait quelque temps au milieu des chrétiens pour les encourager et affermir leur foi.

Puis il retournait à Sésé, où il avait la douleur de voir mourir entre ses bras le Père Chantemerle.

C'est là qu'il recevait la nouvelle de sa nomination comme supérieur

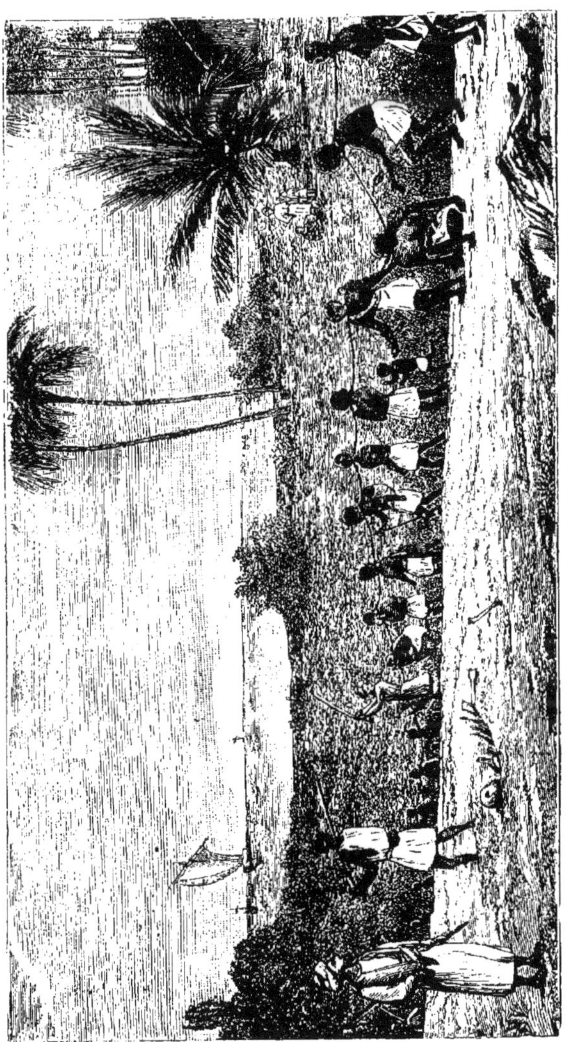

L'ESCLAVAGE DANS LE PAYS DE L'OUGANDA

général de la congrégation des Pères Blancs, et qu'il recevait l'ordre de rentrer en Algérie. Le Père Lourdel eut donc la tristesse de se séparer de celui qui avait été, pendant douze ans, le compagnon bien-aimé de ses travaux et de ses tribulations. Ils se quittèrent « le cœur bien gros de part et d'autre ». Dans les desseins de la Providence, ils ne devaient plus se voir ici-bas. Une mort prématurée allait enlever le Père Lourdel à la mission de l'Ouganda, et lui donner, à trente-sept ans, la récompense de son zèle apostolique.

Quelques jours après le départ de Mgr Livinhac, au moment où le missionnaire se préparait à aller chercher de nouveaux confrères qui s'étaient arrêtés dans l'île de Sésé, la fièvre le saisit avec violence et en peu de temps son état devint désespéré. Citons ici le journal de la mission :

« Lundi 11. — Le mal s'aggrave toujours. Notre cher malade se prépare à la mort pendant la nuit. Le matin nous célébrons le saint sacrifice dans sa hutte, et il fait la sainte communion. Le hoquet commence. Nous parvenons à l'arrêter avec des capsules d'éther ou de chloroforme, mais au moindre effort que fait le malade il reparaît : aussi le Père n'a-t-il plus de forces ; il reste toujours calme. Il a toujours sa connaissance, parle peu, si ce n'est pour demander pardon au bon Dieu. Il ne veut pas guérir, il n'est plus bon à rien ! Le Ciel, Marie, Jésus, tels sont les objets de ses pensées. Il ne regrette qu'une chose, c'est de n'avoir pas mieux servi le bon Dieu, et il pleure comme un enfant, tout en récitant son chapelet. Il veut à tout prix qu'on le mette par terre pour mourir : il n'est pas digne de mourir sur un lit de camp.

« Quelques-uns des principaux chrétiens sont admis dans la hutte : il leur fait ses adieux, leur dit de rester toujours bons chrétiens, de prier pour lui, pour leur pays et pour leur roi ; il leur recommande la patience. Dans la soirée, nous lui administrons sur sa demande, le sacrement de l'extrême-onction. Il répond aux prières du rituel.

« Tous nos chrétiens viennent prendre des nouvelles de notre cher malade ; ils récitent le chapelet autour de sa case, dans le plus profond silence. La consternation règne dans la maison. « Mapéra va mourir ! » est le seul mot qu'on entende, et tous demandent à le voir encore, à lui parler une dernière fois ; mais nous ne pouvons le permettre, vu son état de faiblesse extrême.

« Mardi. — Le pauvre Père a eu toute la nuit le hoquet qui n'a cessé que ce matin. Une sueur froide inonde tout son corps. Dès la pointe du jour il nous dit :

« — Je vais mourir aujourd'hui... »

« Et il fait encore généreusement le sacrifice de sa vie. Il parle très difficilement ; cependant il nous dicte ses dernières volontés, nous recommande de beaucoup prier pour lui, et demande l'indulgence *in articulo mortis.* A partir de dix heures, il ne parle plus ; nous lisons les prières des agonisants. Mwanga nous fait avertir qu'il veut venir voir notre mourant. Nous lui disons de se hâter. Peu à peu le pouls disparaît, le corps se refroidit, les yeux se fixent. Le malade fait un léger mouvement et rend sa belle âme à Dieu à une heure de l'après-midi. Mwanga arrive au moment où il venait d'expirer. Le pauvre roi reste interdit en face du corps, ne pouvant articuler un seul mot.

« Mapéra est mort ! » cette nouvelle a bientôt fait le tour de la capitale.

« Tous nos chrétiens arrivent aussitôt à la mission ; les protestants eux-mêmes, le ministre en tête, arrivent nous rendre visite ; tous, jusqu'aux païens, veulent voir Mapéra. Toute la soirée, il y a foule dans la pauvre cabane où nous avons exposé ses restes. A l'intérieur les chrétiens récitent le chapelet avec un religieux silence. Le roi, les grands, offrent des étoffes, des lobougo, pour ensevelir le mort selon la coutume du pays : nous les refusons ; quelques-uns cependant insistent tant, que nous acceptons ce touchant témoignage de respectueuse sympathie.

« Mercredi 13. — A quatre heures, nos chrétiens baptisés et catéchumènes sont déjà là récitant leur chapelet, soit à la chapelle, soit autour de leur Père bien-aimé. La levée du corps a lieu à six heures. Nous célébrons le service funèbre, et le conduisons à sa dernière demeure, à vingt mètres derrière la grande chapelle que le regretté Père avait fait commencer et qui n'est pas encore achevée. Les chrétiens passent la journée à élever une case de roseaux sur la tombe, selon la coutume du pays. M. Jakson, qui devait partir aujourd'hui, remet son départ à demain. Il vient nous faire sa visite avec M. Gordon et les autres Blancs.

« Le silence se fait peu à peu autour de nous et nous pouvons mieux sentir le malheur dont le bon Dieu vient de nous frapper. Quelle perte pour nous, pour les chrétiens, pour l'Ouganda tout entier ! Que la volonté de notre bon Maître soit faite !

« Comme nous l'avons vu dans les pages précédentes de son journal, ajoutent les missionnaires, le Révérend Père Lourdel était rentré dans le Bouganda en triomphateur, en roi. Il était la terreur des protestants, un frère pour le roi, un père pour les chrétiens qu'il avait presque tous régénérés par le saint baptême, une force pour ses enfants, auxquels il ne cessait de prêcher l'union, la patience et la charité. Il semblait que le bon Dieu l'appelait à conquérir à sa sainte religion tout ce beau pays ; les païens mêmes ne connaissaient notre religion que sous le nom de religion de Mapéra. Et voilà que notre bon Maître le rappelle à lui ! Il n'était donc revenu que pour être enterré dans cet Ouganda qu'il avait tant aimé, au milieu de ses enfants pour lesquels il avait épuisé sa vie ! Au moins il ne paraîtra pas les mains vides devant le souverain Juge. »

L'auteur du journal, après ce bel éloge du Père Lourdel, résume tout son apostolat. Il le fait avec un si vif sentiment d'admiration, que nous nous faisons un devoir de citer ses paroles. Tout ce que nous avons écrit n'est que le commentaire de ce bel éloge si noblement mérité.

« Le R. P. Lourdel a passé, dit son confrère, douze ans dans l'Afrique équatoriale. Il faisait partie de cette caravane qui, la première, est allée planter la Croix au centre de l'Afrique. Il fut le premier missionnaire catholique qui pénétra dans l'Ouganda, et il est le premier Européen qui y soit enterré. Il arriva dans l'Ouganda en février 1879, allant préparer les voies à Mgr Livinhac et à ses confrères. Il se donna tout entier à son œuvre difficile ; à force de patience et de douceur, il gagna l'affection de Mtéça et mérita le surmon de Mwana wa Mbouga, « le fils de la cour. » Sa vie est un exercice continuel de patience. Dieu seul sait les ennuis, les craintes, les souffrances qu'il a eu à supporter. Mais tous ces travaux portent leurs fruits et engendrent de nombreux chrétiens qui versent leur sang pour témoigner de leur foi. Enfin, après avoir ajouté à tous ces mérites ceux de la prison, des coups et des menaces de mort, il tombe, enseveli, pour ainsi dire, dans son triomphe. En voilà, certes, plus qu'il n'en faut pour mériter le nom « d'apôtre de l'Ouganda ».

« Pour nous, qui avons eu le bonheur de partager ses travaux, puissions-nous marcher sur ses traces et imiter son zèle infatigable, sa patience à toute épreuve et son affabilité qui lui gagnait tous les cœurs. »

La France officielle, dans une lettre du consul de Zanzibar, s'associa au deuil de la congrégation des Pères Blancs, en rendant hommage au caractère élevé et à l'abnégation sans bornes du premier apôtre de l'Ouganda.

Hélas ! depuis la mort du Père Lourdel, ce beau pays a été livré en proie à toutes les horreurs de la guerre civile. Les Anglais, mécontents de voir leur action stérile au point de vue religieux, et jaloux de l'influence toujours grandissante des missionnaires, résolurent d'anéantir le parti catholique. Ils livrèrent des fusils avec des munitions aux Bagandas protestants. Le 24 janvier 1892, la lutte commença : elle fut terrible ; le roi Mwanga s'enfuit et se réfugia dans l'île de Boulingougwé. Les missionnaires, ne pouvant quitter leur résidence dans la crainte d'être massacrés par les protestants qui gardaient les issues, furent obligés de rester dans une maison en terre qui servait de magasin, et faillirent être brûlés vifs. Le dévouement de deux enfants les sauva de la mort que leur préparaient les assaillants. Revêtus de la croix, ils allèrent intrépidement, à travers tous les dangers, avertir les Anglais et leur demander de venir débloquer les missionnaires. Les capitaines Williams et Lugar arrivèrent avec leur troupe : les Pères étaient sauvés. Hélas ! ce n'était pas la fin de la guerre. Ayant obtenu l'autorisation d'aller retrouver leurs néophytes, les missionnaires partirent pour l'île où le roi s'était retiré. Ils étaient chargés par les Anglais de déterminer le roi à rentrer dans sa capitale.

Le monarque ne pouvait accepter les dures conditions qu'on lui imposait ; il eût été l'esclave des protestants. Pour les catholiques il n'y avait plus qu'à choisir entre l'apostasie, la mort ou l'exil. Pendant qu'on parlementait, le roi groupait son monde qui affluait de tous les coins du pays, et réunissait les barques qui devaient le transporter au Buddu.

Hélas, l'opération n'allait pas assez vite. Le 30 janvier pourtant, quelques barques de Sésé se montrèrent. Pendant que les missionnaires sur les bords du lac sauvaient leurs effets les plus précieux et les plus indispensables, tout à coup une quinzaine de barques chargées de protestants bagandas firent leur apparition. Les balles se mirent à pleuvoir sur la hutte royale avec un fracas épouvantable. C'était une mitrailleuse Maxim qui combinait son feu avec celui des soldats qui se trouvaient dans la barque.

Le roi saisit Mgr Hirth par la main et l'entraîna. Une foule de femmes et d'enfants les suivaient. Ils eurent bientôt atteint l'autre bord de l'île Bulingugwé ; là ils étaient à l'abri des balles. Mais alors quel spectacle présenta cette multitude affolée ! Il n'y avait que quelques pirogues, et une foule de trois à quatre mille personnes se jetait à l'eau pour s'y accrocher. C'était navrant ! Quels cris ! Quelle fusillade ! Quelle noyade ! Le roi fut poussé dans une barque, l'évêque le suivit sans pouvoir songer aux six confrères qu'il laissait derrière lui.

Après bien des dangers, les missionnaires furent sauvés ; mais quelle douleur poignante n'éprouvèrent-ils pas lorsqu'ils virent mitrailler ainsi sous leurs yeux des femmes et des enfants. D'après un des Pères, le nombre des morts ou blessés s'éleva à quatre cents, sans compter au moins cent cinquante personnes qui se trouvaient dans des barques que le capitaine Williams coula à fond. Détournons les yeux de ces scènes de meurtre et de carnage dont il faut rendre responsable la compagnie anglaise ; nous avons hâte d'indiquer comment, grâce aux réclamations de la France, réparation a été faite, dans une certaine mesure, aux Pères Blancs et aux catholiques de l'Ouganda. Le 7 avril 1893, par une convention passée sous les auspices du commissaire royal envoyé par la reine d'Angleterre, les catholiques recouvrent Sésé, obtiennent la province de Mawokouta et les villages de Live-Koula et de Mwanika. Ils ont le droit d'avoir à leur tête un premier ministre, un général et un amiral nommés avec l'agrément du résident.

Un grand nombre de Bagandas catholiques s'est réfugié dans le Buddu, et se montre animé des meilleures dispositions. Rien n'est plus édifiant que les détails donnés à ce sujet par les missionnaires. Sous l'action de la grâce reçue au baptême, ces natures si emportées, si indociles, deviennent douces et aimables ; elles acquièrent une extrême délicatesse de conscience. Là c'est un pénitent à qui le Père impose deux jeûnes comme satisfaction, pour des fautes qui ne sont pas très graves en elles-mêmes. Le noir proteste :

« Père, dit-il, c'est deux mois de jeûne et non deux jours que je mérite ; augmente donc ma pénitence. »

Un autre, ayant pris avec excès du vin de bananes, ne boit pas même une goutte d'eau, pendant plusieurs jours, malgré la soif qui le dévore.

« Une femme, raconte un missionnaire, s'était condamnée à passer la nuit en dehors de sa case, sur la terre humide, grelottant de froid. Quand je la repris elle me répliqua :

« — Jésus-Christ en a souffert bien davantage pour moi ! »

« Un autre, pour vaincre sa nature, passa plusieurs nuits étendu à côté d'un malade dont le corps tombait en pourriture et exhalait une odeur infecte. Il y en a un qui a poussé encore plus loin l'héroïsme devant une plaie rebutante. Mais je n'ose vous raconter une action dont la pensée seule me soulève le cœur. Quand je lui reprochai son imprudence, il me répondit :

« — Et Notre-Seigneur sur la croix, qu'a-t-il bu pour mon amour ? »

« Quelle leçon pour nous qui sommes si délicats ! »

On le voit, la bonne semence jetée par le Père Lourdel et fécondée par le sang des martyrs a fructifié au centuple, et Notre-Seigneur Jésus-Christ a trouvé dans ces pauvres noirs des héros et des saints qui l'ont consolé de l'indifférence des chrétiens d'Europe, amollis par un bien-être excessif.

Que les protestants cessent donc de combattre leurs frères les catholiques ; qu'ils leur laissent la liberté la plus complète pour la pratique de la religion, dont aucune persécution n'a pu jusqu'ici les détacher, et le peuple des Bagandas deviendra la gloire de l'Afrique civilisée et chrétienne.

Monseigneur PETITJEAN

Monseigneur PETITJEAN[1]

VICAIRE APOSTOLIQUE DU JAPON

(1829-1884.)

I

Indices de vocation. — Les *Annales de la Propagation de la foi*. — Les premiers ministères dans le diocèse d'Autun. — Un émule de saint Paul.

Cette notice sur Mgr Petitjean va nous faire connaître une des contrées les plus intéressantes de l'Extrême-Orient : le Japon. Les progrès immenses que la civilisation a faits dans ce pays, durant la dernière moitié de ce siècle, ont fixé sur lui l'attention du monde entier. En même temps qu'une révolution profonde s'opère dans les habitudes et les mœurs de cette nation, le christianisme prépare pacifiquement une autre révolution qui doit transformer les âmes, les arracher à l'erreur et les donner à Jésus-Christ. Longtemps la permission de prêcher l'Évangile avait été refusée aux missionnaires, et c'est depuis vingt-cinq ans seulement que la vraie foi peut être annoncée librement à ces populations assises dans les ténèbres de l'idolâtrie. Mgr Petitjean a été l'un des heureux témoins de la résurrection providentielle de l'Église du Japon, qu'on croyait ensevelie sous les ruines qu'avait accumulées la persécution épouvantable suscitée par l'enfer au XVe siècle. Il a travaillé courageusement à rendre à cette insigne Église une partie de son antique splendeur, et il a vu ses efforts couronnés de succès.

1. Pour la composition de cette notice biographique, nous avons consulté et mis à profit les ouvrages suivants :
Lettre pastorale de Mgr l'évêque d'Autun sur Mgr Petitjean, 1884. Autun, Dejussieu père et fils.
Nos missionnaires, par Adrien Launay, 1886. Retaux-Bray.
Annales de la Propagation de la foi, année 1868.

C'est cette carrière apostolique si bien remplie que nous allons essayer de retracer rapidement.

Mgr Bernard-Thaddée Petitjean naquit le 14 juin 1829, à Blanzy, petite ville de l'arrondissement et du diocèse d'Autun. Mgr Perraud a raconté avec charme les premières années du futur apôtre.

« Au catéchisme, l'enfant se fit remarquer par son recueillement et sa piété. Le curé de Blanzy, le vénérable M. Béraud, ayant discerné chez lui de sérieuses aptitudes à la vocation ecclésiastique, lui facilita généreusement les moyens de correspondre à l'appel de Dieu, et l'admit dans une école de latin, où il fit faire lui-même à Bernard toutes ses études classiques. Le jeune écolier avait de l'ouverture d'esprit, de l'application, un grand désir de bien faire. Dès cette époque, il lisait, avec une avidité remarquée de son maître et de ses condisciples, le recueil des *Annales de la Propagation de la foi*, et s'enquérait avec un intérêt tout particulier de tout ce qui touchait aux missions chez les peuples infidèles [1]. »

Remarquons ces derniers détails : ils se rencontrent souvent dans la vie de ceux que Dieu prédestine à l'apostolat des contrées lointaines. Ce sont ces modestes *Annales de la Propagation de la foi* qui font éclore les premiers germes de vocation que Dieu a déposés dans des âmes privilégiées. Les récits des missionnaires qui racontent leurs épreuves et leurs tribulations, leurs succès et leurs espérances enflamment d'ardeur les âmes généreuses. Elles brûlent bientôt du désir d'être associées aux travaux de ces vaillants apôtres.

« Après avoir achevé son cours de théologie au grand séminaire d'Autun, M. Petitjean fut placé au petit séminaire comme maître d'étude, puis comme professeur. Il y passa deux ans. De 1854 à 1856, il exerça les fonctions de vicaire à Verdun. On put voir quels souvenirs il laissa dans cette paroisse lorsqu'il y revint, au printemps de 1876, pour y administrer le sacrement de confirmation. Pendant les deux années suivantes, il fut agrégé à la maison des missionnaires diocésains. Au témoignage de son supérieur, il obtint des succès remarquables dans les diverses missions auxquelles il fut employé ; il y gagnait tous les cœurs par sa voix sympathique, sa parole pleine d'onction, sa piété et sa modestie.

« Le 27 décembre 1856, il fut désigné pour être aumônier des Sœurs du Saint-Enfant-Jésus, dont la maison mère et le noviciat sont établis à Chauffailles. Il ne devait y demeurer que six mois. Le 30 juillet 1859,

1. *Lettre pastorale* de Mgr Perraud, évêque d'Autun, p. 3.

âgé de trente ans, voulant obéir à la voix intérieure qui le pressait de consacrer le reste de sa vie à l'évangélisation des nations infidèles, il quittait le diocèse et se rendait au séminaire des Missions étrangères, à Paris. On se souvient encore dans la paroisse que, craignant d'être arrêté dans l'exécution de son projet, le futur émule des labeurs de saint Paul s'échappa pendant la nuit du presbytère de Chauffailles où il logeait ; comme l'apôtre, il descendit par une fenêtre pour s'échapper sans être aperçu.

« Il avait donc travaillé pendant sept ans dans le diocèse de son

MONSEIGNEUR PETITJEAN

baptême et de son sacerdoce, et il y avait exercé les emplois les plus divers ; tour à tour maître et professeur de la jeunesse, vicaire, missionnaire, aumônier d'une importante communauté religieuse : c'est ainsi que la Providence le préparait à cet apostolat des missions étrangères, où le prêtre de Jésus-Christ doit cumuler, dans la multiple unité d'une vie dévorée par le travail, toutes les fonctions du saint ministère [1]. »

1. *Lettre pastorale* de Mgr Perraud.

II

Le Japon. — Étude rétrospective. — Merveilleuse diffusion de la foi catholique. — Atroces persécutions. — Un édit fameux. — Départ du Père Petitjean [1].

Par delà l'extrémité orientale de l'ancien continent, on voit se dessiner un empire insulaire, baptisé par Marco Polo du nom de Japon, composé de quatre grandes îles et de trois mille huit cent cinquante petites. Entre autres qualités, un courage qui a souvent fait ses preuves met le peuple japonais au niveau de toutes les nations européennes, et bien à part de ses voisins asiatiques.

C'est le 15 août 1549 que l'incomparable apôtre saint François Xavier toucha la terre du Japon. En peu de temps, la religion chrétienne y devint si florissante que, dès 1585, le nombre des chrétiens atteignait déjà plusieurs centaines de mille. Trois rois feudataires avaient reçu le baptême, et l'on devait à leur zèle la conversion de leurs sujets. L'empire s'ouvrait donc de plus en plus à l'Évangile, et tout faisait espérer qu'il serait bientôt entièrement chrétien. Mais, hélas ! la persécution ne devait pas tarder à éclater : elle commença à sévir en 1587. Cette persécution durait depuis dix ans déjà, quand les vingt-six martyrs canonisés par Pie IX en 1862 furent arrêtés et condamnés à être crucifiés. Nous allons raconter succinctement leurs héroïques souffrances. C'est une des plus belles pages de l'histoire de l'Église du Japon.

Le Kubo, connu sous le nom de Taïkosama, porta la sentence de mort. Elle frappait six franciscains espagnols ou portugais, quinze Japonais du tiers-ordre de Saint-François et trois religieux japonais de la Compagnie de Jésus. Le nombre des condamnés fut ainsi fixé d'abord à vingt-quatre ; mais deux autres Japonais voulurent ensuite partager la gloire de leur martyre, et ils obtinrent par leurs instances d'être adjoints à la glorieuse phalange.

Les persécuteurs déployèrent un cruel raffinement dans l'exécution de la sentence. Tout d'abord, le 15 janvier 1597, les prisonniers furent traînés sur des chariots à travers les rues de Méako, puis on coupa à chacun d'eux une partie de l'oreille gauche. Au cœur de l'hiver, mal vêtus et mal nourris, ils durent ensuite faire à pied les six cent milles qui séparent l'ancienne capitale de la ville de Nagasaki, où ils devaient être crucifiés.

1. Les détails de ce chapitre sont tirés des *Annales de la Propagation de la foi*, et du *Messager du Cœur de Marie*.

Mais si les souffrances des confesseurs de Jésus-Christ étaient vives, plus vive encore était la joie de leur âme. Le Frère Paul Miki, religieux de la Compagnie de Jésus, disait à ses compagnons, la veille du jour où on devait les promener ignominieusement à travers la ville :

« J'ai trente-trois ans, juste l'âge auquel Jésus-Christ a souffert pour moi. C'est le jour de la Circoncision de Jésus que je suis parti d'Osaka, et c'est à pareil jour que notre divin Sauveur a donné les prémices de son sang. J'ai été enchaîné un jeudi, et c'est aussi un jeudi que Jésus fut livré aux mains de ses ennemis ! »

Et, au milieu de ces effusions, il versait des larmes de joie.

Thomas Hosaki, enfant de quatorze ans, dit au bourreau qui lui coupait, comme aux autres captifs, le bout de l'oreille :

« Coupez-la plus haut, si vous voulez, et rassasiez-vous à loisir du sang chrétien ! »

Et plus tard, avant de mourir avec son père, il disait à sa mère.

« N'ayez aucune peine à notre sujet, nous allons vous attendre au paradis ! »

Louis, âgé seulement de onze ans, était au nombre des martyrs. Un gentilhomme voulait le délivrer, et il lui dit :

« Abjure la foi chrétienne et je te sauverai. »

Mais l'enfant répondit :

« A cette condition, je ne veux point vivre; une courte et misérable vie ne mérite pas qu'on lui sacrifie une vie éternelle ! »

C'était la réponse même que nous admirons dans le grand martyr Thomas Morus, chancelier d'Angleterre. Tant il est vrai que la foi inspire la même sagesse et le même courage dans l'âme d'un homme d'État et dans l'âme d'un enfant !

Antoine avait treize ans. Son père et sa mère, abîmés de douleur, fondaient en larmes en le voyant marcher au supplice :

« Antoine, disaient-ils, laisse-toi sauver. »

Et ils le conjuraient de ne pas se livrer à la mort; mais Antoine leur adresse de tendres reproches et les console, disant :

« Ne me pleurez pas, je vais jouir à jamais de la vue de mon Dieu. »

Et, en dépit des instances les plus vives, les plus affectueuses, il demeure fidèle à la foi de son baptême, au saint amour de Jésus et Marie.

Vingt-six croix avaient été dressées sur une colline. Arrivés à ce nouveau calvaire, les serviteurs de Jésus et de Marie firent éclater une sainte joie. Attachés par des anneaux de fer au cou, aux mains et aux pieds, ils furent élevés de terre à peu près en même temps. Alors encore, une céleste allégresse rayonna sur leurs visages. Mais nul ne la manifesta plus vivement que le petit Louis. Aussi est ce sur lui principalement que se portaient les regards de la foule attendrie jusqu'aux larmes.

Cependant, avant d'exhaler leur dernier soupir, les martyrs voulurent rendre un suprême hommage de leur foi, en adressant la parole à la multitude qui les environnait. Au nom de tous, le Père Paul Miki, se voyant sur la plus glorieuse chaire qu'il eût jamais occupée, dit aux spectateurs d'une voix mâle :

« Arrivé au terme où vous me voyez, je ne pense pas qu'aucun de vous me juge capable de trahir la vérité. Eh bien! je vous le déclare, il n'y a point d'autre salut que la religion chrétienne! »

Jean de Goto, jeune jésuite âgé de dix-neuf ans, voyant venir son père, lui adresse le premier la parole, et s'écrie avec un pieux élan :

« Mon père, le salut éternel doit être préféré à tout; ayez soin de vous l'assurer. »

Et le père répond :

« Merci, mon fils; votre père et votre mère sont prêts à mourir pour Jésus-Christ! »

Le fils félicite son père, lui donne pour souvenir son chapelet qu'il avait si souvent récité en l'honneur de sa mère du ciel; et, à sa mère de la terre, il offre l'étoffe qui entoure sa tête. Cependant le jeune Antoine avait entonné le psaume : *Laudate pueri Dominum* : « Enfants, louez le Seigneur, » et il continuait de le chanter; mais, arrivé au *Gloria Patri*, il fut percé au cœur par une lance et il expira.

Tous les martyrs furent également percés de deux coups de lance, et moururent ainsi pour Jésus-Christ. C'était le 5 février de l'an 1597.

Mais voici que pour glorifier les martyrs, au moment même du sacrifice, apparut soudain au-dessus des crucifiés une colonne lumineuse, qui vers les huit heures du soir se divisa en trois météores resplendissants. L'un de ces météores alla planer sur la maison des Pères de la Compagnie de Jésus, à Nagasaki, et les deux autres sillonnèrent l'horizon avant de disparaître. L'éclat de ces météores merveilleux était si vif que la nuit semblait être redevenue le jour. A la vue de ce prodige, les païens et les bourreaux eux-mêmes s'écriaient :

« En vérité, ces hommes étaient des serviteurs de Dieu! »

Et, dans leur épouvante, ils ajoutaient :

« O Dieu des chrétiens! ayez pitié de nous! »

L'histoire raconte encore que l'on vit apparaître une dame aérienne, et tout environnée de radieuses étoiles. C'était sans nul doute Marie, la reine des martyrs.

La mort de ces héros ne tarda pas à donner des fruits de vie : les conversions se multiplièrent, à ce point qu'il y en eut soixante-dix mille dans la seule année de 1599, dont vingt-cinq mille dans les États

TYPE JAPONAIS

du roi chrétien de Fingo. De nouveaux missionnaires accoururent. C'est l'époque où les dominicains entrèrent au Japon (1601).

Dans plusieurs provinces le sang continuait de couler, mais les conversions devenaient de jour en jour plus nombreuses. A la fin de l'année 1605, on en comptait un million huit cent mille, le culte était devenu public, et l'évêque Louis Serqueyra faisait ostensiblement la visite des chrétientés.

Cependant on était à la veille d'une persécution générale, la plus horrible qui se voit vue jamais. Elle fut provoquée par la haine religieuse de protestants venus de Hollande (1609) et d'Angleterre (1612). Un misérable sentiment de jalousie commerciale contre les Portugais et les Espagnols ne fut pas étranger non plus aux excitations qui déterminèrent Cubo-Saba, successeur de Taïco-Sama, à publier, en 1614, un édit qui bannissait tous les missionnaires, ordonnait la démolition des églises, et enjoignait à tous les chrétiens, sous peine de mort, d'apostasier. Les familles chrétiennes les plus considérables par leur noblesse et leur influence furent exilées dans le nord du Japon ou déportées aux îles Philippines. Car le plan de l'empereur était moins de répandre le sang que d'isoler les chrétiens pour les anéantir en détail. Il fut arrêté par la mort (1615). Mais il eut pour héritier de son trône et de sa haine un fils, Chogun-Sama, qui dès l'année suivante (1616) renouvela l'édit de persécution.

Les missionnaires surtout devinrent l'objet des plus actives recherches. Pierre de l'Ascension, franciscain espagnol, et Jean-Baptiste Maciado de Tavora, jésuite portugais, furent décapités à Amoura, le 22 mai 1617. Le 1er juin suivant, Alphonse Navarette, vicaire provincial des Frères prêcheurs, et Ferdinand de Saint-Joseph, augustin, eurent également la tête tranchée à Tocachima, île du royaume d'Amoura. Après le martyre de ces derniers, on ouvrit les cercueils des Pères Pierre de l'Ascension et Jean-Baptiste Maciado, et les quatre corps furent jetés ensemble à la mer. Ainsi les quatre ordres religieux qui évangélisaient le Japon se trouvèrent réunis dans la mort comme dans la gloire; et deux siècles et demi plus tard, l'Église consacrait cette union suprême en inscrivant les quatre martyrs dans le même décret de béatification.

Plus d'une fois, chose douloureuse à dire, des Hollandais protestants se firent les auxiliaires des persécuteurs. C'est de la sorte qu'en 1620, l'équipage et les passagers d'un petit navire chrétien parti de Manille furent livrés au roi de Firando. On brûla vif, à Nagasaki, le capitaine et deux religieux, Pierre de Zunica, augustin espagnol, et Louis Florez, dominicain allemand; les treize autres prisonniers eurent la tête tranchée (10 août 1622).

Dans l'impossibilité de donner ici la longue liste des missionnaires immolés en haine de la foi, citons du moins, entre les plus illustres: François de Moralez, dominicain espagnol; Pierre d'Avila, franciscain, et Charles Spinola, jésuite génois, qui furent les chefs de cette héroïque phalange dont la mort triomphante est connue dans l'histoire sous le nom de grand martyre. Il y avait là des hommes, des femmes, des enfants, l'élite de la société japonaise, outre dix-huit religieux dominicains, franciscains et jésuites, en tout cinquante-deux victimes : vingt-deux furent consumées par les flammes, trente livrées au glaive du bourreau. L'exécution eut lieu, le 2 septembre 1622, devant soixante mille spectateurs, sur une colline située à cinq cents pas de celle où avaient été crucifiés les vingt-six martyrs du 5 février 1597.

En 1627, la persécution prend un caractère plus général et plus barbare. On frémit au récit des cruautés sataniques exercées sur les confesseurs de la foi; elles dépassent ce que l'imagination peut concevoir. Le feu des bûchers ne suffit plus: on prélude à ce dernier supplice par des tourments jusqu'alors inconnus. Le nombre des martyrs devient incalculable. Et dans cette période de sang et de carnage, les années 1633 et 1637 occupent encore une place à part. Rien ne fut épargné pour détruire le christianisme : « l'eau, le feu, les fosses, les alènes, et mille autres tortures dont Néron et Dioclétien n'eurent pas même la pensée. Chaque jour, chaque moment avait son supplice comme aussi son triomphe. La force de la gloire divine se jouait de la fureur des bourreaux. Souvent ceux-ci reculaient étonnés et frappaient à regret ces héros invincibles de la religion de Jésus. Malgré l'acharnement des persécuteurs, l'œuvre de destruction avançait lentement. On ne peut, d'un seul coup, arracher l'âme déjà chrétienne d'une nation tout entière. Le christianisme avait jeté de profondes racines au Japon. En 1638, les chrétiens étaient encore nombreux. Trente-sept mille, poussés à bout, prirent les armes dans le royaume d'Arrima ; mais l'armée impériale, soutenue par l'artillerie d'un navire hollandais, les mit en déroute et en fit une affreuse boucherie.

« Un dernier épisode vint clore, en 1640, le drame sanglant dont nous avons à peine indiqué quelques traits. Cette année-là, quatre ambassadeurs portugais de Macao arrivèrent à Nagasaki avec une suite de soixante-quatorze personnes. Sur leur refus d'apostasier, eux et leur suite furent arrêtés et mis à mort. Il n'y eut d'excepté que treize matelots, renvoyés à Macao avec cet avertissement : « Tant « que le soleil échauffera la terre, qu'il n'y ait point de chrétien assez « hardi pour venir au Japon, et que tous le sachent ; quand ce serait le « roi d'Espagne en personne ou le Dieu des chrétiens, le grand Schaka, « lui-même, qui violerait cette défense, il le payerait de sa tête.

Ce défi, jeté aux hommes et à Dieu, fut tenu pendant plus de deux siècles : la religion chrétienne demeura rigoureusement proscrite, et l'empire japonais absolument fermé aux missionnaires et à tous les

Européens. De temps en temps, un apôtre se fait déposer sur les côtes japonaises ; héroïque mais vaine tentative : il est immédiatement arrêté et mis à mort. Le XVIIe siècle se passe et le XVIIIe, et encore la première moitié du XIXe, et le Japon reste impénétrable, inaccessible.

« Mais les siècles ne découragent pas l'Eglise. Elle ne pouvait oublier ce coin du monde où son apostolat avait produit, durant soixante-quinze ans, de si beaux fruits, où elle avait engendré au Seigneur tant d'héroïques enfants ; elle persévérait à fixer sur le Japon des regards de désir et d'invincible espérance.

« En 1846, lorsque le Japon était encore fermé, Grégoire XVI, comme par un prophétique pressentiment, érigea cet archipel en vicariat apostolique. Les missionnaires purent enfin fouler le sol japonais ; mais, toujours épiés par la police qui empêche toute communication avec les indigènes, ils sont cinq ans encore sans voir s'accomplir le plus cher de leurs désirs : retrouver les anciens chrétiens dont on soupçonne l'existence [1]. »

Telle était la terre que le Père Petitjean allait évangéliser. Entré au séminaire des Missions étrangères depuis huit mois seulement, il voyait avancer son départ par la mort subite, à Bordeaux, du Père Berthet, désigné pour le Japon. Ses supérieurs l'envoyèrent prendre la place du défunt, et il partit pour la mission où celui-ci devait annoncer la bonne nouvelle.

III

Un commencement de liberté. — Vafa. — Prière et étude. — Vagasaki. — Église des martyrs japonais.

Ce n'est donc pas à Dieu que le gouvernement du Japon permit tout d'abord l'accès de son empire, ce fut au commerce. Mais Dieu y entra avec lui par ses missionnaires. En vertu du traité conclu en 1858 entre la France et le Japon, les sujets français résidant dans ce pays avaient le droit d'exercer librement leur religion, et à cet effet ils pouvaient y élever, dans le terrain destiné à leur résidence, les édifices convenables à leur culte, comme églises, chapelles, cimetières. L'article 4 de ce dernier traité se terminait ainsi :

1. *Apostolat de la jeunesse*, par le R. P. Verschaffel, p. 343.

« Le gouvernement japonais a déjà aboli dans l'empire l'usage des pratiques injurieuses au christianisme. »

Ce n'était pas la liberté absolue, mais un commencement de tolérance. Les missionnaires du Japon en accueillirent la réponse avec joie. Voyant les barrières qui leur avaient si longtemps fermé l'entrée de ce pays enfin brisées par les traités, trois d'entre eux quittaient les îles Liou-Kiou où, pendant plusieurs années, ils avaient mené une vie de reclus, pour fonder un premier établissement à Yokohama. Ils laissèrent M. Furet à Nafa, port le plus fréquenté de l'île Ou-Kigna; M. Petitjean alla le rejoindre.

ÉGLISE DES MARTYRS A YOKOHAMA

La première période de la vie apostolique du Père Petitjean fut donc pour lui un temps de calme et de tranquillité. Ne pouvant travailler pour son cher Japon, il priait et étudiait. Ne regardons pas comme inutile pour la conversion des infidèles ce temps d'apparente stérilité. Nous savons, par la foi, que c'est la grâce de Dieu qui sauve les âmes. Nous savons aussi que la prière humble, pure, fervente fait tomber sur elles cette rosée céleste, et c'est pourquoi ceux qui prient font autant que ceux qui agissent. On a prétendu que sainte Thérèse, du fond de son monastère, avait converti par ses prières autant d'âmes que saint François Xavier avait baptisé d'infidèles. Le Père Petitjean avait foi dans cette efficacité, et c'est pourquoi il attendait patiemment, en priant, l'heure de Dieu. Elle sonna enfin. Se voyant dans l'impossibilité de remplir aucun ministère à Nafa et la fondation d'un poste de missionnaires à Nagasaki ayant été décidée, MM. Furet et Petitjean furent rappelés au Japon par M. Girard, alors supérieur de la mission.

Tandis que M. Furet se rendait à Nagasaki pour y commencer le nouvel établissement, M. Petitjean allait passer quelques mois à Yokohama, d'où il fut envoyé auprès de son ancien compagnon de solitude. C'est là qu'ils entreprirent d'élever une église aux martyrs du Japon que Pie IX venait de canoniser. Ils espéraient que cet acte de foi et de confiance dans la protection des héros que cette terre, autrefois si chrétienne, avait produits attirerait, sur la mission tout entière, les grâces les plus abondantes de conversion et de salut. Ils se mirent donc courageusement à l'œuvre. Elle ne s'acheva point sans difficulté. A certains jours, l'argent, ressource essentielle, manquait. On faisait alors un pressant appel aux fidèles des colonies européennes de Nagasaki, de Yokohama ou de Changhaï ; d'autres fois c'était le gouvernement qui ne voyait pas d'un bon œil l'entreprise des missionnaires ; ou bien les ouvriers eux-mêmes retardaient la marche des travaux et refusaient de continuer.

« Vers les premiers jours du mois de décembre, raconte le Père Petitjean, le constructeur menaçait de suspendre les travaux. Sur ces entrefaites, le gouverneur de la ville m'envoie deux de ses officiers avec prière d'accepter une chaire de professeur de français au collège qu'il vient de fonder pour l'étude des langues étrangères. Je réponds aux envoyés que, malgré tout mon désir d'être agréable à leur noble maître, il m'était impossible de donner une réponse avant d'être délivré des soucis de construction.

« — Mais, quand désirez-vous que votre temple de la prière soit achevé ? » demandèrent-ils.

« J'indique le premier janvier. Ils me quittent sur cette parole, promettant de revenir bientôt. Dès le lendemain, les ouvriers arrivèrent en nombre triple, on travailla le jour et la nuit, si bien que l'église se trouva achevée au temps désigné.

« La reconnaissance m'obligeait à répondre aux propositions du gouverneur. C'est le 6 janvier, fête de l'Épiphanie, que j'ai commencé mon cours de langue française. N'était-ce pas un beau jour ? Qu'il soit véritablement pour mes élèves, et pour ceux qui me les ont confiés, le jour de la manifestation de la foi et du retour à notre sainte religion. J'aime à espérer que ces leçons de langue française auront un beau résultat ; elles feront au moins connaître mieux le prêtre catholique dont le caractère a été si complètement dénaturé aux yeux du gouvernement japonais.

La chapelle fut inaugurée le 19 février 1865.

Tous les navires européens présents sur la rade de Nagasaki voulurent prêter leur concours à la fête. La corvette russe *Variag*, la corvette hollandaise *Amsterdam*, la corvette anglaise *Argus* avaient député une partie de leur équipage pour se joindre au cortège. La France était représentée par son consul, par un détachement de marins du *Kien-Chan*, sous le commandement de M. Poutier, officier en second, et par les commerçants français établis à Nagasaki. Le commandant en chef de la division russe avait mis sa musique militaire à la disposition de M. Trève, lieutenant de vaisseau commandant le *Kien-Chan*. Une salve de vingt et un coups de canon, tirés par la batterie du *Kien-Chan*, annonça la fin de la cérémonie, et jusqu'au coucher du soleil un faisceau de drapeaux de toutes les nations représentées au Japon flotta sur le sommet de l'église.

IV

Invention des chrétiens japonais. — « Soyez béni, mon Dieu ! » — « Ils sont vierges, merci ! »

« Jusqu'à cette époque, les deux sanctuaires érigés dans la ville de Yokohama et de Nagasaki n'avaient servi qu'aux Européens catholiques. Sans doute les indigènes, et même un grand nombre, venaient les visiter, mais ils semblaient n'y être attirés que par une curiosité toute humaine ; et, à leur égard, le zèle et le dévouement des missionnaires paraissaient frappés d'une complète stérilité. Ne restait-il donc plus rien au Japon de l'admirable chrétienté à laquelle avait donné naissance la parole enflammée et les miracles de saint François Xavier ? De cette chrétienté, surabondamment arrosée et fécondée par le sang des martyrs pendant les dernières années du XVIe siècle.

« A quelques indices recueillis avec une pieuse avidité depuis le rétablissement de l'apostolat catholique dans l'Extrême-Orient, particulièrement en 1831 et 1838 par nos missionnaires en Corée, il était permis de supposer que, malgré les terribles et persistantes rigueurs déployées pendant deux siècles et demi contre les adorateurs du vrai Dieu, tout vestige du christianisme n'avait pas disparu du Japon, et qu'un jour peut-être, s'il était possible de pénétrer dans l'intérieur du pays, au delà des ports ouverts aux Européens, on retrouverait, cachées sous la cendre épaisse des superstitions païennes, quelques étincelles de la foi véritable.

« C'est à l'Apôtre envoyé au Japon par le diocèse d'Autun que la Providence réservait l'honneur incomparable et l'ineffable joie d'être l'instrument de cette découverte.

« Ainsi, après les désastres des guerres qui avaient dépeuplé Jérusalem et transporté en masse son peuple captif sur les bords des fleuves assyriens, le pieux Néhémias, guidé par les indications fidèlement transmises de génération en génération par les descendants des exilés, retrouvait dans une vallée, au fond d'un puits ignoré, le feu du temple que les prêtres du vrai Dieu y avaient caché avant de quitter la cité de David [1]. »

Le Père Petitjean fut choisi par Dieu pour être l'instrument de cette découverte.

« Un mois s'était à peine écoulé depuis la bénédiction de l'église de Nagasaki. Le 17 mars 1865, vers midi et demi, une quinzaine de personnes se tenaient à la porte de l'église. Poussé sans doute par mon bon ange, je me rends auprès d'elles et leur ouvre la porte. J'avais à peine eu le temps de réciter un *Pater* que trois femmes de cinquante à soixante ans s'agenouillent près de moi et me disent, la main sur la poitrine et à voix basse :

« — Notre cœur à nous tous qui sommes ici ne diffère point du vôtre.

« — Vraiment ; mais, d'où êtes-vous donc ? »

« — Elles me nomment leur village et ajoutent :

1. Mgr Perraud, *Lettre pastorale*, p. 7.

« — Chez nous, presque tout le monde nous ressemble. »

« Soyez béni, ô mon Dieu! pour tout le bonheur dont mon âme fut alors inondée. Quelle compensation des cinq années d'un ministère stérile! A peine nos chers Japonais se sont-ils ouverts à moi, qu'ils se laissent aller à une confiance qui contraste étrangement avec les allures de leurs frères païens. Il faut répondre à toutes leurs questions, leur parler de *O Deous sama*, *O Yaso sama*, *Santa Maria sama*, noms par lesquels ils désignent Dieu, Notre-Seigneur Jésus-Christ, la sainte Vierge. La vue de la statue de Notre-Dame avec l'Enfant Jésus leur rappelle la fête de Noël qu'ils ont célébrée au onzième mois, m'ont-ils dit. Ils me demandent si nous ne sommes pas au dix-septième jour du temps de tristesse (Carême). Saint Joseph ne leur est pas non plus inconnu; ils l'appellent le père adoptif de Notre-Seigneur, *O Yose samano yo fou*. Au milieu des questions qui se croisaient, un bruit de pas se fait entendre; tous aussitôt de se disperser. Mais, dès que les nouveaux arrivants sont reconnus, tous accourent en riant de leur frayeur.

« — Ce sont des gens de notre village, ils ont le même cœur que nous. »

« Il fallut pourtant se séparer, afin de ne pas éveiller les soupçons des officiers dont je redoutais la visite. »

Le jeudi et le vendredi saints, 13 et 14 avril, quinze cents personnes visitent l'église de Nagasaki; l'habitation des missionnaires est envahie, des chrétiens en profitent pour satisfaire en secret leur dévotion devant les crucifix et les statues de la sainte Vierge.

Les premiers jours de mai, les missionnaires apprennent l'existence de deux mille cinq cents chrétiens disséminés dans le voisinage de Nagasaki. Le 10, les chrétiens arrivent en si grand nombre que, pour les soustraire au danger d'être reconnus par les satellites, on dut fermer l'église une partie de la journée.

« Le 15 mai, écrit M. Petit, arrivent les députés d'une île peu éloignée d'ici. Après un court entretien, nous les congédions, ne gardant auprès de nous que le catéchiste et le chef de la pieuse caravane. Le catéchiste, nommé Pierre, nous donne les plus précieux renseignements. Disons d'abord que sa formule de baptême ne diffère pas de la nôtre et qu'il la prononce très distinctement. Il reste encore, affirme-t-il, beaucoup de chrétiens dans tout le Japon, un peu partout. Il me cite en particulier un point où sont groupées plus de mille familles chrétiennes. Il nous interroge ensuite sur le grand chef du royaume de Rome dont il désire savoir le nom. Lorsque nous lui disons que l'auguste vicaire de Jésus-Christ, le saint pontife Pie IX, sera bien heureux d'apprendre les consolantes nouvelles que lui et ses compatriotes chrétiens viennent de nous donner, Pierre laisse éclater toute sa joie. Et néanmoins, avant de nous quitter il veut s'assurer encore si nous sommes bien les successeurs de leurs anciens missionnaires.

« N'avez-vous point d'enfants? nous demande-t-il d'un air timide.

« – Vous et tous vos frères chrétiens du Japon, voilà les enfants que le bon Dieu nous a donnés. Pour d'autres enfants, nous ne pouvons pas en avoir; le prêtre doit, comme vos premiers apôtres, garder toute la vie le célibat. »

« A cette réponse, Pierre et son compagnon inclinent leur front jusqu'à terre en s'écriant:

« — Ils sont vierges, merci! merci! »

Le lendemain, tout un village chrétien demandait la visite des missionnaires, et deux iours après six cents autres chrétiens envoyaient à Nagasaki une députation de vingt personnes. Au 8 juin, vingt chrétientés étaient connues des missionnaires, et sept baptiseurs s'étaient mis en relation directe avec eux.

« Nos paroissiens des contrées éloignées, écrivait M. Petitjean, nous désespèrent et nous comblent de joie par leur trop grand nombre et par leur abandon filial. Il en est qui font vingt à trente lieues en bateau ou à pied pour visiter l'église, s'entretenir avec nous et nous demander des croix et des médailles. Nous continuons, aussi souvent que possible, nos réunions nocturnes. Notre-Seigneur compte des disciples jusque dans Nagasaki. »

Et, le 11 juin, le journal de la mission porte :

« Visites nocturnes de trois baptiseurs dont la formule sacramentelle est sans altération. Ils nous assurent qu'il y a dans leur bourg et dans un bourg voisin sept à huit mille fidèles. Ces trois visiteurs sont assez instruits. L'un d'eux nous prie de lui donner un chapelet, puis une discipline pour se frapper quand il demande à Dieu pardon de ses péchés[1]. »

Chaque jour, les députations se succédaient. La police prit l'éveil, et défense fut faite aux Japonais de visiter l'église. Les conséquences de l'interdit ne furent cependant pas aussi fâcheuses qu'on pouvait le craindre.

« Comment n'avoir pas le cœur pénétré d'une pieuse reconnais-

1. *Annales de la Propagation de la foi*, année 1868.

sance quand on relit ces détails dans la relation de l'abbé Petitjean ? Ainsi, en l'absence de tout secours extérieur, sans les sacrements, sauf le baptême ; par l'action de Dieu d'abord, puis grâce à la fidèle transmission, dans les familles, des enseignements et des exemples des chrétiens et martyrs japonais des XVIe et XVIIe siècles, le feu sacré de la foi véritable, ou du moins une étincelle encore ardente de ce feu était demeurée dans un pays tyrannisé par le gouvernement le plus despotique et le plus hostile à la religion chrétienne ! Il n'y avait donc qu'à souffler sur cette étincelle et à en ranimer la flamme pour réaliser une fois de plus le vœu exprimé par le Sauveur : « Je suis venu apporter le feu sur la terre et que veux-je, sinon qu'il s'allume [1] ? »

V

Les larmes de Pie IX. — Le père Petitjean, vicaire apostolique du Japon. — La persécution.

Lorsque la nouvelle des événements qui venaient de se passer à Nagasaki parvint à Pie IX, le saint pape pleura de joie. C'était une église qu'on aurait pu croire anéantie qui sortait du tombeau rayonnante de jeunesse et de beauté. Il fallait chanter l'alléluia de la Résurrection. Le souverain Pontife traduisit cette joie de l'Église universelle en désignant pour le gouvernement de la mission du Japon, avec caractère épiscopal, celui qui avait été choisi par la Providence pour être l'heureux témoin de cette découverte. Le 21 octobre 1866, M. Petitjean était sacré à Hong-Kong par Mgr Guillemin, évêque de Cibistra et préfet apostolique de Canton. A partir de cette époque, le vicaire apostolique se dévoua sans réserve à l'œuvre de l'évangélisation de ses chers Japonais.

Le 26 décembre suivant, le nouvel évêque, faisant connaître les consolations que lui réservait la piété de ses chrétiens, écrivait :

« Le nombre de nos aspirants à la sainte communion ne cesse de s'augmenter. Jusqu'ici en effet, pour éprouver nos chrétiens, nous avons différé leur admission à la table sainte. Le zèle de l'apostolat anime de plus en plus nos catéchistes. L'un d'eux va se faire marchand

1. Mgr Perraud, *Lettre pastorale*, p. 9.

colporteur pour aller à la découverte des chrétiens qui ne se sont pas encore fait connaître. Il sera accompagné d'un ami actuellement païen, mais qui demande avec instance le baptême. »

« Les 4 et 6 février, lisons-nous dans une autre lettre de Mgr Petitjean, nous avons pu confirmer pendant la nuit plus de quatre-vingts chrétiens que nous préparions depuis Noël. Ils ont eu en même temps le bonheur de faire leur première communion [1]. »

Hélas ! les épreuves succédèrent bientôt aux consolations. Le démon allait susciter des obstacles au développement de la religion chrétienne, en réveillant terribles les vieilles persécutions. Un des chrétiens étant mort, ses parents demandèrent aux missionnaires si les bonzes pouvaient, suivant l'usage, exercer leur ministère pour les funérailles. Force fut donc de leur expliquer la doctrine catholique. Ils firent connaître alors le décès au magistrat civil, sans se préoccuper des bonzes. Ceux-ci dénoncèrent aussitôt les chrétiens comme infracteurs des lois.

Avant que la persécution n'éclatât, Mgr Petitjean eut la consolation de consacrer ses chrétiens menacés à la très sainte Vierge dans une cérémonie solennelle : l'inauguration d'une statue de la sainte Vierge à Nagasaki. Le ministre de France et l'amiral Roze acceptèrent d'assister à la fête. On avait dressé devant l'église une tente qui devait abriter la statue de Marie et l'autel où le saint sacrifice serait célébré. Au centre d'un parterre s'élevait le piédestal destiné à recevoir Notre-Dame du Japon :

« Que de souvenirs, que d'espérances se rattachent à ce titre de Notre-Dame du Japon, » disait le ministre de France, dont l'esprit élevé comprenait toute la portée de cette manifestation. Les Japonais, en grand nombre, remplissaient le jardin et les alentours de l'église.

Lorsque l'évêque parut revêtu de ses ornements pontificaux et entouré de ses missionnaires ce fut un beau spectacle :

« Notre-Dame du Japon, s'écria le prélat, n'est point un titre nouveau donné à la sainte Vierge. De tout temps, la mission a été sous son patronage, et Marie a bien montré qu'elle veillait sur ce dépôt avec un amour qui ne se démentira jamais. Cette fête est donc une fête d'action de grâces. Elle sera, de plus, un gage de protection pour les peuples qui ont ici de si nobles représentants. Notre-Dame du Japon, c'est à vous que nous confions toutes nos espérances. »

L'illumination de la façade de l'église et des parterres servant

1. *Annales de la Propagation de la foi*, année 1868, p. 125.

« CHEZ NOUS PRESQUE TOUT LE MONDE SE RESSEMBLE. »

d'avenue à l'édifice fut le complément de la fête. Le vice-gouverneur de la ville, accompagné du consul de France, vint jusqu'aux pieds de la statue de Marie et offrit ses félicitations à Mgr Petitjean.

Au moment où le culte public de la mère de Dieu reparaissait au Japon, après un exil de plus de deux siècles, l'Église préparait un triomphe aux ancêtres des nouveaux chrétiens. Le 7 juillet était promulgué à Rome le décret pontifical déclarant bienheureux deux cent cinq des innombrables confesseurs mis à mort au XVIIe siècle. C'était une exhortation pour leurs enfants à subir avec courage la persécution qui allait s'allumer de nouveau sur la terre des martyrs.

Le 18 juillet, Mgr Laucaigne écrivait :

« Un courrier nous apporte la nouvelle que plusieurs des principaux chrétiens, hommes et femmes, de Notre-Dame de l'Épiphanie ont été arrêtés lundi à trois heures du matin. La chapelle a été pillée et saccagée. »

A partir de cette époque, les néophytes furent soumis à des vexations de toutes sortes. Des milliers d'hommes et de femmes furent emprisonnés ou envoyés en exil, plusieurs centaines moururent de misère.

Les enfants se montrèrent aussi vaillants que leurs parents.

L'un d'eux, âgé de onze ans, avait été recueilli par des parents païens, après l'incarcération de son père.

« Si tu veux demeurer ici, lui disait-on, il faut cesser d'être chrétien.

— Je ne cesserai point, » répondit l'enfant.

Sur la demande d'un chrétien qui s'effrayait de ces assauts réitérés, la famille accepta volontiers la proposition qui lui fut faite de confier l'enfant au vicaire apostolique.

Quelques jours après, cet enfant reçut la visite de son oncle et de son frère, et il fut l'objet des mêmes obsessions. Mais il ne varia pas dans sa réponse.

« Non, répéta-t-il, je ne cesserai pas d'être chrétien.

— Eh bien ! tu n'auras plus ni habits ni argent, » lui répliqua-t-on.

L'enfant alla tout en larmes dire aux missionnaires que son oncle avait voulu le faire tomber.

« Et qu'as-tu répondu ?

— Que je ne cesserai pas d'être chrétien. Et alors ils m'ont dit que je n'aurais plus d'habits.

— On t'en donnera.

— Que je serai sans famille.

— Tu auras pour famille monseigneur et les Pères. »

Et l'enfant consolé rejoignit ses camarades. On l'a surnommé Jamen, c'est-à-dire : *Je ne cesse point.*

Au mois d'avril 1868, deux édits impériaux proscrivirent la religion de Jésus-Christ.

Voici le premier :

« Comme l'abominable religion des chrétiens est sévèrement prohibée, chacun sera obligé de dénoncer aux autorités compétentes toutes les personnes qui lui paraîtront suspectes ; une récompense lui sera accordée pour ce fait.

« TAISEICOUAN.

« Quatrième année keit, troisième mois. » (Du 24 mars au 22 avril 1868.)

Voici le second décret :

« Décret du dix-huitième jour du cinquième mois intercalaire (8 juin).

« Quoique la secte des chrétiens ait été, il y a déjà plusieurs siècles, très rigoureusement persécutée par le gouvernement de Bankfon, elle n'a pas été totalement exterminée. C'est pourquoi le nombre des disciples de la doctrine chrétienne, ayant récemment pris un accroissement considérable dans le village d'Ourakami, près de Nagasaki, village dont les habitants y adhèrent secrètement,après mûre réflexion, il a été ordonné par la plus haute autorité que les chrétiens seraient mis en prison.

Nous ne voulons pas entrer dans tous les détails de cette persécution, contentons-nous de dire que, depuis le mois d'octobre 1869 jusqu'en janvier 1870, quatre mille cinq cents chrétiens furent enlevés d'Ourakami et des îles Goto. Beaucoup succombèrent aux mauvais traitements et aux privations de toute sorte qu'ils endurèrent pendant leur captivité.

Venu en Europe pour prendre part au concile du Vatican, Mgr Petitjean reçut de Pie IX l'accueil le plus empresssé et le plus paternel :

« Le voilà donc, dit l'auguste pontife quand il reçut l'évêque en audience, le voilà celui qui a retrouvé là-bas mes enfants qu'on croyait perdus. »

Et il serra tendrement sur son cœur le continuateur des travaux de saint François Xavier.

VI

La paix religieuse. — Œuvre du zèle pastoral. — La mort. — « Que votre règne arrive ! »

En 1873, le calme était revenu dans les chrétientés du Japon, grâce au gouvernement qui se montrait disposé à accorder la tolérance religieuse. Mgr Petitjean comprit que c'était l'heure de la période active de sa vie, et il ne négligea rien pour multiplier les œuvres et institutions dans sa chère mission. Des subsides abondants furent alloués par la Propagation de la foi, et le séminaire des Missions étrangères envoya des prêtres nombreux.

Écrivant à un ami du diocèse d'Autun au mois de février 1882, Mgr Petitjean lui apprenait la fondation, à Yeddo, d'un collège fréquenté par deux cents élèves qui, sous la direction des missionnaires, se livraient à l'étude des langues européennes [1]. Il établit aussi à Nagasaki et à Osaka des écoles cléricales pour l'étude du latin et de la théologie.

Il composa même (ou réédita), à l'usage des enfants admis dans ces écoles, un dictionnaire latin japonais. Plus d'une fois, s'inspirant des souvenirs de son séjour au petit séminaire d'Autun, il se fit lui-même le professeur de ces jeunes gens, à l'aide desquels il entrevoyait la possibilité de recruter les éléments d'un clergé indigène. Ses espérances n'ont pas été trompées. Des aumônes recueillies chaque année dans son ancien diocèse, grâce au dévouement de ses amis, lui procuraient des ressources dont il faisait une application spéciale aux recrues du sanctuaire. A diverses reprises, dans le cours des dernières années, des lettres rédigées en langue latine sont venues exprimer aux généreux bienfaiteurs la reconnaissance de leurs protégés.

Au mois de janvier 1883, il écrivait :

« Nous avons eu hier notre grande fête, l'ordination de nos trois jeunes prêtres japonais. Quelle joie pour nous ! mon évêque auxiliaire (Mgr Laucaigne), le plus grand nombre de nos missionnaires du Japon méridional et près de trois mille chrétiens Japonais assistaient à cette ordination. Michel et Paul recevront les ordres mineurs le 7 juillet prochain ; mais ils ne pourront pas être prêtres avant la fin de 1885. »

1. *Annales de la Propagation de la foi*, juillet 1872, p. 306.

Quelques mois plus tard, il présidait une véritable retraite ecclésiastique à laquelle vingt missionnaires prenaient part sous sa direction, et dans l'église des Saints-Martyrs de Nagasaki il conférait la consécration épiscopale à Mgr Blanc, nommé coadjuteur de la Corée. Mgr Petitjean reprit pour la dernière fois, en 1876, le chemin de l'Europe pour traiter avec Rome l'importante question de la division du Japon en deux vicariats apostoliques. L'érection d'un nouveau vicariat correspondait d'abord aux progrès accomplis depuis dix ans au sein de ce vaste empire ; en outre, c'était le moyen de procurer de nouvelles

UN ÉTABLISSEMENT DIRIGÉ PAR LES SŒURS DE SAINT-MAUR

conquêtes à l'Évangile. La Propagande sanctionna de sa haute approbation les vœux exprimés par l'évêque de Myriophyte ; le Japon fut partagé en deux missions distinctes : celle du sud, dont Mgr Petitjean garda la direction, et celle du nord, qui fut confiée à Mgr Osouf, préconisé par Pie IX évêque d'Arsinee dans le consistoire du 18 décembre 1876. Une autre œuvre importante, également couronnée d'un plein succès, put encore être accomplie par Mgr Petitjean. Il possédait déjà au Japon un établissement dirigé par les sœurs de Saint-Maur. Pendant son séjour en Europe, il négocia une nouvelle fondation.

Ancien aumônier des sœurs du saint Enfant-Jésus de Chauffailles, il avait jeté les yeux sur cette communauté pour établir au Japon des crèches, des salles d'asile et des écoles de filles. Il savait combien, surtout vis-à-vis des païens, les merveilles de la charité pouvaient seconder efficacement la prédication de la parole et devenir la plus persuasive démonstration de la divinité du christianisme. Au printemps de 1877, plusieurs sœurs de cette congrégation, qui s'étaient spontanément offertes à leur supérieure générale pour être employées à cette œuvre de dévouement, s'embarquèrent à Marseille. Après une longue navigation, elles arrivèrent heureusement à Nagasaki, puis à Kobé, où fut fondée la première crèche [1]. Ces fondations ont reçu la bénédiction de Dieu, car les religieuses ont conquis la confiance de la chrétienté japonaise et Mgr Petitjean a eu la consolation d'ouvrir un noviciat pour les jeunes filles de ce pays qui veulent se consacrer à Dieu et partager la vie des sœurs de l'Enfant-Jésus de Chauffailles.

L'heure de la récompense approchait pour Mgr Petitjean. Cependant le vaillant évêque, n'écoutant que son zèle, continuait ses travaux.

Il avait rêvé de revoir avant de mourir les îles de Lieou-Kieou et d'y fonder un poste de missionnaires. Traversant à pied une partie de la grande île Kiou-Chiou, il était arrivé à Gazochima, où il devait s'embarquer, lorsque tout à coup il tomba gravement malade. Ramené à Nagasaki, il reçut les derniers sacrements; pourtant il se releva contre toute attente; mais dès lors sa vie ne fut plus qu'une longue suite de souffrances, au milieu desquelles sa patience et sa résignation ne se démentirent jamais.

Le 21 août 1884, il eut une crise terrible; il y survécut, mais il demeura paralysé. A partir de ce jour, tout espoir était perdu, missionnaires et chrétiens attendirent dans la douleur et la prière le terrible moment qui devait leur ravir un père bien-aimé.

« Mardi 7 octobre, écrivait Mgr Laucaigne, qui pendant plus de quarante jours ne quitta pas le malade, Mgr Petitjean a rendu le dernier soupir. Il était entré en agonie dès le 5 au soir, fête du saint Rosaire; la nuit précédente, il avait peu reposé, mais en revanche il avait été toute la nuit occupé du bon Dieu, tantôt invoquant le Sacré-Cœur, tantôt recourant à Marie, tantôt parlant de sa fin prochaine, comme s'il avait connu que le dernier jour n'était pas éloigné.

« Le dimanche matin, on lui rappela l'objet de la solennité.

1. *Lettre pastorale* de Mgr l'évêque d'Autun, p. 11.

« — Oh ! oui, dit-il, je vais m'unir à tous les chrétiens qui prient la bonne Mère aujourd'hui. »

Pendant toute la journée, il fut très fatigué. Il se rendait compte de la gravité de son état:

« — Je sais, dit-il, qu'on fait neuvaines sur neuvaines pour obtenir de Dieu une guérison ; je m'unis volontiers à ceux qui prient dans cette intention. Je ne doute ni de la puissance ni de la bonté de Notre-Seigneur et de Notre-Dame, mais je ne pense pas que ceux qui demandent ma guérison soient exaucés ; il faut que je disparaisse pour que le bien se fasse ; une fois que je serai près du bon Dieu, je ne vous oublierai point. »

Le 7 octobre, il expira doucement. Les travaux, les luttes, les souffrances étaient finis, le bonheur éternel commençait [1].

VII

Le Japon religieux à l'heure actuelle

Il ne sera pas sans intérêt pour nos lecteurs de connaître l'état actuel du catholicisme au Japon. Les journaux religieux publiaient, l'an dernier, la statistique suivante qui proclame éloquemment les progrès que la foi de Jésus-Christ a faits dans cet empire depuis vingt-cinq ans.

L'Église a divisé ce pays en quatre diocèses, qui forment la province métropolitaine de Tokio. L'archevêque de cette ville est Mgr Osouf, de la société des Missions étrangères de Paris, né dans le diocèse de Coutances en 1829. Tokio est la capitale de tout l'empire et de l'île de Nippon et la résidence de l'empereur. Elle compte actuellement 1.205.048 habitants. Le siège de Nagasaki, ville maritime, jadis la seule ville où fussent admis les étrangers, est occupée par Mgr Cousin, de la société des Missions étrangères de Paris, né en 1842, au diocèse de Luçon. Nagasaki, situé à plus de mille kilomètres de la capitale, ne compte que 58.142 habitants. Le troisième siège, celui d'Osoka, est occupé par Mgr Vasselon, de la société des Missions étrangères de Paris, né au Puy en 1854. Osaka est la seconde ville de l'empire, située dans l'île de Nippon, et compte 472.551 habitants. Le quatrième et dernier siège, celui de Hakodate, a également pour pasteur un prêtre

1. *Nos missionnaires*, par A. Launay, p. 132.

de la société des Missions étrangères de Paris, Mgr Berlioz. Sa ville épiscopale est située à l'extrémité de l'île Yeso et compte 55.677 habitants. Les quatre diocèses comptent trente-quatre missionnaires européens, vingt prêtres indigènes, seize clercs, trois cent sept catéchistes, vingt-deux religieux européens, quatre-vingt-cinq religieuses européennes, neuf religieux japonais et dix-neuf novices. On compte soixante-quinze districts chrétiens, deux cent quarante-deux communautés, deux cent six églises et oratoires, un séminaire épiscopal avec quarante-quatre élèves, deux collèges catholiques avec cent cinquante-quatre élèves, trois maisons d'éducation dirigées par des religieuses et comptant cent vingt-cinq élèves, quarante-trois écoles primaires avec deux mille huit cent vingt-cinq élèves, dix-sept orphelinats avec quatre cent cinquante-neuf garçons et mille cent quarante-trois filles, dix-huit dispensaires avec trois cent trois employés, treize pharmacies, trois hospices et une léproserie, desservie par des chrétiens catholiques. De plus, il y a trente-cinq infirmiers catholiques dans les hospices publics. Mais si consolants que soient ces chiffres, il n'en reste pas moins beaucoup à faire pour la conversion de ce pays. Que Dieu suscite donc de nombreux ouvriers pour annoncer la divine parole, de ferventes prières pour l'extension de l'apostolat catholique et de riches aumônes pour que les missionnaires puissent mener à bonne fin les entreprises de leur zèle. C'est le vœu que nous formons ; fasse le ciel qu'il devienne une réalité et qu'ainsi soit de plus en plus connu, aimé et glorifié Notre-Seigneur Jésus-Christ.

Monseigneur RIDEL

Monseigneur RIDEL

VICAIRE APOSTOLIQUE DE CORÉE

I

Le germe béni de la Vocation. — Le petit Séminaire. — Une nature exubérante. — St-Sulpice. — Les Missions étrangères. — « Des missionnaires de Corée... Sans pension du gouvernement » — L'arrivée à Séoul. — Le palais d'un évêque missionnaire.

Il y a bien longtemps : c'était en 1837 ou 1838, dans une petite maison située sur le bord d'un grand fleuve habitait une famille composée du père, de la mère et de plusieurs enfants... Le plus jeune, surnommé sang-bouillant, paraissait avoir inventé le mouvement perpétuel.

« Un jour, assis près de sa mère, il attendait sans doute l'un de ses jolis contes qui le faisaient rester sage, quand tout à coup il aperçut sur la table un livre bleu :

— Mère, dit-il, est-ce qu'il y a des histoires dans ce livre ?

— Oui, mon fils, c'est un livre qui raconte des histoires, des histoires de missionnaires.

— Qu'est-ce que les missionnaires ?

— Ce sont des prêtres qui s'en vont bien loin, chez les peuples qui ne connaissent pas le bon Dieu.

— Comment ? il y a des hommes qui ne connaissent pas le bon Dieu ! Mais ils ne pourront donc pas aller en paradis ? Et les petits enfants et leurs mères ne verront pas le bon Dieu ?

— C'est pour cela que les missionnaires quittent leurs familles, endurent toutes sortes de souffrances et qu'ils s'en vont bien loin chez les peuples sauvages pour leur prêcher les vérités de la sainte religion.

— Y en a-t-il beaucoup qui partent ainsi ?

— Il y en a beaucoup, mais pas assez. Ils demandent qu'on vienne à leur aide !... »

Ces paroles revinrent mille fois à la pensée du jeune enfant ; elles avaient fait une impression profonde sur son âme. Un travail s'opéra peu à peu en lui. Des peuples qui ne connaissent pas le bon Dieu!... qui ne peuvent aller au ciel parce qu'ils n'ont personne pour leur en montrer le chemin!...

— Mais tout le monde sait, et on doit aller le leur dire, que s'ils pèchent ils iront en enfer; et qu'au contraire, s'ils ne commettent pas le péché ils iront en paradis. Oh! il faut aller le leur dire.

Puis il ajouta avec tout l'élan de son cœur:

« Mère, mère, moi j'irai, moi aussi je veux être missionnaire. »

Pour toute réponse une larme coula sur les joues de la mère et tomba sur le front de l'enfant qu'elle tenait pressé sur son cœur, en disant: « Pauvre petit chéri! »

Ce baiser et cette larme furent la rosée du ciel sur le germe d'où sortit cette vocation. Elle ne fit depuis que se développer et grandir [1].

C'était Félix Ridel qui venait de trouver sa voie. Né à Chantenay, diocèse de Nantes, le 7 juillet 1830, le futur missionnaire entra au collège des Couëts. Il eut le bonheur de rencontrer des hommes qui le comprirent, qui virent tout ce que sa nature exubérante renfermait de qualités sérieuses. L'un deux, surtout, sut acquérir un extraordinaire ascendant sur cet enfant, et le dompter sans le briser.

Il y eut bien un moment difficile: certains professeurs s'alarmèrent de ces allures décidées, et des ardentes amitiés que Félix s'était conciliées parmi ses camarades. On consulta M. de Courson, supérieur de St-Sulpice: « La physionomie de cet enfant m'a frappé, dit-il, il fera un bon prêtre; n'ayez aucune crainte à cet égard. » Du reste sa conduite était bonne, et on remarquait en lui un éloignement très prononcé pour le mal.

Après de sérieuses études classiques, Félix entra au séminaire de Philosophie, puis de là, au grand séminaire. Dans cette maison sa vocation s'affermit de plus en plus, il n'avait qu'une pensée: se dévouer corps et âme au service de Dieu et de l'Église. Rien ne lui paraissait au-dessus de ses forces. Il était prêt à tout quitter: une famille de chrétiens dont il était l'âme, des amis très chers, desquels, jusqu'à sa dernière heure, il ne perdit jamais le souvenir. Sous des dehors énergiques, il avait une âme très aimante, et le sacrifice de ses affections ne fut pas le moindre mérite de son apostolat. Depuis longtemps, la carrière des missions lui souriait; mais en même temps la solide piété, les vertus modestes, la vie cachée en Dieu du prêtre de

1. Cfr. l'abbé Arthur Piacentini, *Mgr Ridel*, p. 2.

St-Sulpice avaient fait sur lui une profonde impression. L'exemple d'un de ses cousins, M. Bonnissant, sulpicien et missionnaire au Canada, le détermina à entrer au séminaire de St-Sulpice, pour y étudier les voies de Dieu à son égard. C'était au mois d'octobre 1856.[1] »

Le supérieur des célèbres catéchismes de St-Sulpice était alors M. Icard. Il chargea l'abbé Ridel de la seconde division des jeunes filles qui se préparaient à la première communion. Elle était composée presque exclusivement d'enfants d'ouvriers, d'artisans, de gens du petit commerce.

MONSEIGNEUR RIDEL

Un gentilhomme brésilien, Mr de Macédo-Costa, partageait ses labeurs et ses joies, au milieu de cette intéressante jeunesse. Les deux séminaristes devaient un jour être honorés de la plénitude du sacerdoce, et se livrer aux labeurs de l'apostolat, l'un en évangélisant au prix de fatigues inouïes, les sauvages des bords de l'Amazone, et l'autre en affrontant sur la terre coréenne, les terribles lois portées contre le christianisme.

1. *Espérance du peuple.*

Après de sérieuses réflexions l'abbé Ridel crut entendre distinctement l'appel du Maître ; il fit donc part de ses désirs à l'autorité diocésaine. Mgr Jacquemet, sans s'opposer à cette vocation, crut prudent de l'éprouver et il envoya le nouveau prêtre en qualité de vicaire à la Renaudière. Celui-ci obéit docilement, voyant dans ces délais imposés à la réalisation de ses projets, la volonté de Dieu qui voulait le préparer plus longuement à la vie apostolique.

L'épreuve dura peu : son évêque lui accorda bientôt l'autorisation demandée et au mois d'août 1859 l'abbé Ridel franchissait le seuil du Séminaire des Missions Étrangères pour y faire l'apprentissage des vertus qui font les apôtres, et commencer dans l'obéissance une vie qui doit se continuer par le renoncement et se terminer peut-être par le martyre. Cependant, notons ce détail : en disant adieu aux siens, le futur missionnaire avait ressenti vivement la peine qu'il leur causait et le sacrifice qu'il accomplissait. La grâce ne supprime pas la nature, il n'est que plus méritoire de se donner tout à Dieu, quand le cœur est bouleversé à la pensée de la séparation : « Que je pense à toi, écrivait-il à son père. Tous les matins à la sainte messe, ton nom vient le premier sur mes lèvres, parce qu'il est le premier dans mon cœur. Ah ! mon bien cher père, nous sommes séparés, et sans doute pour toujours. Cette pensée est bien pénible pour moi et fait à mon cœur la blessure la plus profonde, mais l'espoir qu'au ciel nous nous retrouverons pour aimer Dieu et vivre heureux ensemble, voilà ce qui me soutient, ce qui me donne force et courage pour accomplir les desseins de Dieu sur moi et répondre à son appel. »

L'année suivante, l'abbé Ridel était désigné pour la mission de Corée, une des plus périlleuses de l'Extrême-Orient. Ce pays avait été fermé jusque-là aux Européens. Les missionnaires qui s'étaient hasardés à y pénétrer pour y planter la croix avaient presque tous payé de la vie leur courageuse témérité. Le jeune missionnaire le savait et ne s'en effrayait pas. Une lettre très laconique avertissait ses parents de son départ : « Dieu vient de m'appeler d'une façon plus spéciale pour travailler à sa gloire et au salut des âmes. J'apprends ma destination. Je vais en Corée, au nord de la Chine. Je partirai par la mer Rouge, avant la fin de ce mois. »

A la fin de Juillet M. Ridel s'embarquait à Marseille sur *la Valetta*. Nous ne raconterons pas les détails du voyage long et fatigant. Il dura presque un an. Le 30 août de l'année suivante les missionnaires arrivaient à Hong-Kong. Il leur fallut attendre deux mois qui leur parurent bien longs avant de songer à entrer dans leur mission. Ils eurent la joie de rencontrer à Hong-Kong le vicaire apostolique de la Cochinchine septentrionale, Mgr Pellerin. Le prélat les ayant emmenés avec lui pour visiter *le Japon*, grand navire de transport, les présenta au commandant en disant avec son accent breton qu'il n'avait pas perdu en Indo-Chine : « Ce sont des missionnaires *de Corée*. — Oui, commandant, répondit M. Ridel, *décorés*, mais sans pension du gouvernement. »

Les missionnaires prirent la route de Schang-haï ; un de leurs confrères M. Joanno accompagné d'un élève coréen vint les rejoindre dans cette ville. De là ils partirent pour Tchéou-fou où on devait les prendre pour les transporter sur les côtes de la Corée. Tandis qu'ils faisaient cette traversée une jonque chinoise poussée par le vent et le courant aborda leur vaisseau en travers, en un instant elle fut submergée et détruite par l'hélice du vaisseau, six seulement des naufragés purent être sauvés. Après trois jours de navigation au milieu d'une mer démontée, du vent et de la neige, les missionnaires arrivèrent à Tchéou-fou. Ils furent heureux de trouver là un confrère, M. Sandre qui devait aussi faire partie de leur expédition apostolique.

Le 11 mars la barque qui portait les apôtres de Jésus-Christ s'éloignait de Théou-fou. C'était une nacelle de 8 mètres de long sur 2 de large, le pont sans rebord permettait à la moindre vague de venir le caresser. Les cabines étaient à l'arrière, on y avait accès par une ouverture semblable à une cheminée, affaire de gymnastique et voilà tout. Les passagers pour communiquer entre eux devaient ramper, car il leur était impossible de se tenir à genoux.

Enfin le 25 mars la barque coréenne qui devait venir les prendre arrivait à l'île de Merin-to, lieu du rendez-vous. Les missionnaires s'embarquèrent et le samedi de Pâques à minuit ils abordaient sur la terre de leur apostolat. Bientôt ils étaient à Séoul dans les bras de Mgr Berneux et de Mgr Daveluy.

Le palais épiscopal du vicaire apostolique de Corée était des plus modestes. « Une chambre de quinze pieds de long sur huit de large et sept de haut, une chambre qui devient, selon la nécessité, chapelle, salle d'étude et de récréation, dortoir et réfectoire : c'est là tout le palais épiscopal de Mgr de Capse.

Il est facile de se faire une idée de l'ameublement de cette demeure. Point de chaises ni de fauteuils. On s'assied sur le plancher, les jambes croisées comme les tailleurs en Bretagne. Cette position est très pénible au début, et l'on a hâte de voir le repas terminé.

« Pour faire du réfectoire un dortoir, rien de plus simple. Chacun des missionnaires s'enroule dans une couverture, met un petit morceau de bois sous sa tête en guise d'oreiller, et s'endort comme un bienheureux qui le lendemain se réveille dans la maison du bon Dieu [1]. »

II

La Corée. — Les Coréens. — État du christianisme dans ce pays. — L'Auvergne en Corée. — Le costume du missionnaire. — Les premières gerbes. — « Vive Dieu ! je vais batailler. »

LA Corée est une presqu'île vassale et voisine de la Chine. Elle est bornée au nord par la Mandchourie et le territoire Russe, à l'est par la mer Jaune, à l'ouest par le Japon dont elle est séparée par une mer semée d'îles. Elle a la moitié de la superficie de la France, et elle est peuplée environ par 12 millions d'habitants. Le pays est presque entièrement couvert de montagnes, tantôt nues et arides, tantôt couronnées de végétation : des pins sauvages, des broussailles et des forêts. Un district fait exception, c'est celui de Naï-hpo. Là les montagnes sont moins pressées, un grand nombre de canaux sillonnent la contrée qui est très fertile et qu'on appelle à cause de cela le grenier de la capitale.

Au physique, le Coréen appartient au type mongol. Il se rapproche plus du Japonais que du Chinois ; il a le teint cuivré, le nez court, un peu épaté, les pommettes saillantes, les yeux noirs. Le vêtement n'est ni riche, ni élégant : un chapeau en forme de pain de sucre avec des rebords de soixante centimètres de largeur, une veste courte en grosse toile, et par-dessus un habit à larges manches, fendu sur le côté et tombant jusqu'aux genoux : un pantalon large comme un pantalon de zouave ; au lieu de bas en laine ou en coton, deux morceaux de toile, et pour souliers, des sandales en paille qui coûtent jusqu'à deux sous la paire [2].

Au point de vue intellectuel, les Coréens ne manquent pas d'une certaine culture littéraire. Ils entourent de respect et d'honneur les savants et les philosophes et ils se laissent volontiers guider par eux.

Ce qui a retardé jusqu'ici l'expansion du catholicisme parmi ce peuple, c'est l'intolérance du gouvernement, relativement au séjour

1. Cfr. l'abbé Piacentini, *Mgr Ridel*, p. 36.
2. Cfr. A. Launay, *Nos missionnaires*, p. 84.

des étrangers dans le pays. Sur ce point il n'a jamais transigé. La Corée est un pays fermé, cependant la vérité qui ne recule pas devant les obstacles, en apparence les plus insurmontables, sut se

SÉOUL

frayer une route et pénétrer dans cette contrée qui voulait s'isoler systématiquement du reste du monde. A la fin du XVIe siècle et au commencement du dix-huitième des tentatives d'évangélisation eurent lieu sans grand résultat. En 1801 un prêtre, Jacques Tsiou, sorti du séminaire épiscopal de Pékin, après avoir exercé un fructueux apostolat dans ce pays, remporta la palme du martyre. L'Église coréenne grandit sans prêtres, cultivée par le seul glaive du bourreau. Le pape Pie VI, prisonnier apprit qu'elle existait et ne put que la confier à l'évêque isolé de Pékin ; mais l'évêque de Pékin mourut, et son siège tomba dans le désastre de cette époque où l'Église catholique parut crouler partout. En 1811, l'Église de Corée s'adressa à Pie VII. Il était captif à Fontainebleau. On lui remit une pièce de soie sur laquelle était une pétition des chrétiens de Corée, qui lui demandaient des prêtres. Pour se faire reconnaître, ils lui disaient qu'ils avaient composé un recueil des actes de leurs martyrs, contenant plusieurs volumes, mais qu'ils ne pouvaient l'envoyer à cause du péril, et qu'ils écrivaient cette lettre sur la soie, afin que le porteur la pût cacher plus commodément.

« Pie VII, dans sa prison, entendit cette prière des catacombes. Il ne put l'exaucer aussitôt, mais Rome ne l'oublia point. Grégoire XVI créa le vicariat apostolique de la Corée, et y nomma ce saint et dévoué Bruguières, qui s'offrit lui-même aux périls de cette mission inconnue. Il venait d'être sacré coadjuteur de Siam, et le vieil évêque de cette contrée, dont il était le seul prêtre, le donna sans murmurer, quoique toutes ses espérances reposassent sur lui. Tout est grand et héroïque dans la fondation de l'Église de Corée ; elle repose sur tous les genres de martyre. Bruguières fraya la route et resta couché sur le seuil, Maubant, Chastan, Imbert franchirent ce seuil sacré, et le sang des prêtres commença à se mêler à celui des fidèles qui coula avec plus d'abondance [1]. »

Au moment où le P. Ridel arrivait en Corée les temps étaient plus calmes. Le succès des armées anglo-françaises à Pékin avait porté l'effroi dans les conseils du gouvernement, il se demandait si les Occidentaux n'allaient pas tenter une expédition en Corée pour venger le sang de leurs compatriotes. Aussi, tout en maintenant les anciens édits de proscription, il fermait les yeux et laissait en paix les missionnaires qui profitaient de cette accalmie pour redoubler de zèle.

Tout le Sud de la Corée avait été confié à Mgr Daveluy et au P. Ridel. Ce dernier s'occupait particulièrement du Kyeng-Syang. Ce pays a été appelé par Mgr Daveluy l'Auvergne de la Corée et les habitants ont la simplicité charmante de nos Auvergnats. Montagnes, rochers, neige, rien ne manque. Figurez-vous une route entre deux

1. Louis Veuillot.

chaînes de montagnes ; tout est escarpé, la neige recouvre quelques buissons semés çà et là. Un rocher sévère fait le fond du tableau. La route n'est qu'une série de rochers et de pierres que l'on parcourt à grand'peine et non sans avoir le cœur gros. Tout est glace et vous remplit d'effroi. Mais, d'autre part, la vue est bien réjouie par mille tableaux d'une charmante aspérité. Ici, c'est un ruisseau qui roule légèrement sous la glace son petit filet d'eau ; plus loin, il a grossi et se forme en un torrent dont les eaux bouillonnantes font retentir les échos des rochers. Au milieu de ces eaux sont des roches de toutes grandeurs qui forment autant d'îles, étonnent le voyageur et multiplient les cascades à l'infini. Tout cela se parcourt au milieu du silence le plus complet. On n'entend que quelques cris d'admiration, ou bien les cris redoublés des serviteurs portant ou relevant une pauvre bête qui n'en peut plus. Oui, c'est une belle horreur, une sauvage beauté, et là, au milieu des rochers, des montagnes, des cascades et des glaces, se trouve tout ce que la nature, au jour de sa plus horrible fécondité, a pu semer sur la terre [1].

Et maintenant représentons-nous le missionnaire dans le nouveau costume qu'il a été obligé de prendre pour échapper aux dangers qui le menacent à tout instant. Sur la tête un très large chapeau de paille qu'au besoin il pourrait utiliser comme parapluie. A la main, un éventail en toile grise, qui lui servira à dissimuler son visage lorsqu'il rencontrera quelqu'un. Sur le corps, un vêtement de toile jaune, que ses larges proportions permettent d'ajouter au costume ordinaire. Telle est l'étiquette coréenne pour les gens qui portent le deuil, et pour les missionnaires. Ainsi déguisés il leur est plus facile d'échapper aux regards curieux et aux questions indiscrètes. En effet, une personne qui porte le deuil doit s'isoler de toute société. Elle doit à peine parler même lorsqu'on l'interroge, et fuir tout commerce avec les humains.

M. Ridel se mit donc courageusement à l'œuvre. Certes il fallait avoir une âme vigoureusement trempée pour supporter une telle vie. « Le missionnaire coréen n'est soutenu par aucun prestige ; obligé de bégayer, dans une langue difficile, les sublimes révélations de la foi ; parcourant des villages sous un vêtement d'emprunt ; fuyant les regards ennemis ; tour à tour exposé aux bêtes féroces, au froid, à la famine et aux satellites ; glanant les âmes une à une et, après des labeurs sans trêve et des courses sans repos, n'ayant d'autre asile qu'une étroite et sombre cabane, sans un cœur ami pour épancher

1. Mgr Daveluy.

son cœur; telle est la sublime existence de l'apôtre dans ces contrées lointaines [1]. »

Après avoir appris les premiers éléments de la langue coréenne qu'il devait posséder si parfaitement plus tard, M. Ridel prit le bâton de voyageur. Il se mettait en route la nuit dans l'accoutrement que nous avons décrit plus haut. Il faisait cinq, huit ou dix lieues. A peine arrivé auprès de ses chrétiens, il prêchait, confessait, communiait, baptisait et repartait pour recommencer la même œuvre ailleurs. A la fin de la 1e année il avait visité en cinq mois 61 chrétientés, mais deux cruels événements étaient venus l'attrister, et augmenter ses labeurs. MM. Joanno et Landre étaient morts, et leurs districts avaient été confiés à M. Ridel. Cependant jamais la Corée n'avait eu tant besoin d'ouvriers évangéliques; les chrétiens devenaient de plus en plus nombreux, le christianisme affirmait publiquement son existence. Dans le Sud en particulier, les chrétiens donnaient à leurs cérémonies funèbres tout l'éclat possible, arborant la croix en tête du cortège et récitant des psaumes un cierge à la main. Chargé de la plupart des chrétientés de ses confrères défunts, M. Ridel se livra avec ardeur à cette écrasante besogne, il avait un courage à la hauteur de sa tâche: « Vive Dieu! s'écriait-il, je vais batailler pendant l'hiver à 10 lieues de ma résidence, et à 40 lieues de tout confrère. La campagne sera longue, elle sera difficile, tant mieux! n'est-ce pas au plus fort de la mêlée que le brave soldat aime à se trouver? Je vais prendre mes armes, ma plus épaisse cuirasse, et mon casque d'airain. Vienne après cela le démon!... Mon cœur jubile et ne se sent pas de joie. S'ils savaient tous les charmes, toutes les délices que l'on trouve dans cette lutte contre l'enfer, dans cette pêche des âmes, que de prêtres se consacreraient à l'œuvre des missions [2]! »

III

Voyage à Séoul. — Une première communion en Corée. — Courses apostoliques. — La maladie. — La persécution. — Martyre de 9 missionnaires. — M. Ridel fugitif. — Enfants admirables. — Rencontre avec M. Féron. — Départ pour la Chine.

Dans le cours de l'année 1864, M. Ridel fit le voyage de la capitale pour se retremper dans la société de ses confrères, et prendre les ordres de Mgr Berneux. Il n'y resta que peu de temps, nous le

1. Mgr Mermillod.
2. Cfr. l'abbé A. Piacentini, *Mgr Ridel*, p. 63.

retrouvons bientôt à Tsin-Pat préparant quelques enfants à la 1re communion. Ils étaient au nombre de 14. Le missionnaire leur fit faire une retraite et déploya pour le grand jour toute la solennité possible. La chambre qui servait de chapelle était tapissée de papier blanc, orné de gravures.

Sur l'autel on remarquait surtout le crucifix, les quatre chandeliers, et deux grandes images placées près du tabernacle. Les premiers communiants avaient leurs plus beaux habits, mais leur vraie parure, c'était la ferveur et l'innocence de leur âme Les parents étaient profondément émus : jamais on n'avait donné tant d'éclat à une cérémonie chrétienne en Corée.

Le complément obligé de la fête fut un petit festin. Sept poulets en firent les frais. Pendant le repas M. Ridel allant visiter ses invités remarqua deux petites filles qui, après avoir mangé leur riz, mettaient de côté leur part de poulet. « Comment, leur dit-il, vous avez pris votre riz sec ? pourquoi n'avez-vous pas mangé votre poulet ? est-ce qu'il n'est pas bon ?

— Oh ! répondirent-elles, il est excellent, mais nous le gardons pour notre mère qui n'a jamais goûté chose si bonne. » N'est-ce pas charmant de délicatesse et de cœur ?

La fin de 1864 et les premiers mois de 1865 se passèrent dans une longue et fatigante administration des chrétientés. La santé du missionnaire n'y put résister. Il fut obligé de s'aliter le lundi des Rameaux ; il était gravement atteint : « Crois-tu que je sois sur le point de mourir, dit-il à son catéchiste. — Je ne crois pas qu'il y ait du péril, répondit-il, mais le Père est gravement malade et fera bien de se préparer à tout événement. »

Un confrère, M. Féron, averti à temps arriva le jour de Pâques, et administra au malade quelques remèdes qui le tirèrent de danger.

C'est au milieu de ces travaux pénibles mais consolants, qu'éclata tout-à-coup la persécution qui allait anéantir les belles espérances que faisait concevoir la mission de Corée.

Au commencement de l'année 1866, les Russes demandèrent au gouvernement Coréen la liberté du commerce. L'émotion fut grande à Séoul. On craignait en refusant de s'attirer la guerre avec les Européens. D'un autre côté, on aurait bien voulu rester fidèle aux traditions qui excluaient les étrangers du royaume, on essaya d'un moyen terme, cher aux Orientaux : gagner du temps : « La Corée, répondit le gouvernement, est tributaire de la Chine, elle ne peut faire aucun traité sans l'assentiment de la cour de Pékin. »

A ce moment quelques chrétiens présentèrent au régent un long mémoire dans lequel ils exposaient que la meilleure manière de se débarrasser des Russes était de demander l'appui de la France et de l'Angleterre, en traitant avec ces puissances par l'intermédiaire des évêques catholiques. Le régent accueillit favorablement, extérieurement du moins, cette idée et fit prier les évêques de venir conférer avec lui sur ce sujet. Mgr Berneux et Mgr Davely se rendirent à Séoul.

Le cœur des chrétiens s'ouvrait à l'espérance d'un meilleur avenir pour la religion en Corée. Tout à coup le ciel s'assombrit et l'orage éclata.

Les Russes étaient retournés dans leur patrie. Le danger disparu, les vieilles haines se réveillèrent terribles, on cria : « A mort ! tous les barbares d'Occident, à mort tous les chrétiens ! »

Le 8 mars 1866 Mgr Berneux, les Pères de Bretennières, Dorée et Beaulieu remportèrent la palme du martyre. Le 11 du même mois les Pères Pourthié et Petitnicolas furent aussi décapités, le 30 Mgr Daveluy et les Pères Huin et Aumaître les rejoignaient au ciel. Trois missionnaires seulement restaient en Corée.

Lorsqu'il apprit le martyre de Mgr Berneux, le P. Ridel se dirigea vers Tsin-pat avec quelques chrétiens. Au moment de traverser une rivière un courrier du gouvernement entra avec eux dans la barque.

La conversation s'engage :

— Moi, dit un païen au courrier, je reviens de Tiei-theu pour l'affaire de ces coquins d'Européens que l'on a pris à la capitale. Y en a-t-il aussi à Tiei theu ?

— Oui, reprend le courrier, il y en a deux, j'ai porté l'ordre de les prendre, et ils ont été arrêtés.

— A-t-on arrêté aussi leurs femmes ?

— Ils n'en ont pas.

— Et comment font-ils leur ménage ?

— Ah ! je n'en sais rien, allez leur demander.

Cette réflexion arriva fort à propos pour faire sourire les chrétiens dont la tristesse commençait à être trop visible.

— Que va-t-on faire de ces Européens ?

— Je l'ignore, on les a conduits à la capitale pour les réunir à ceux que l'on a pris déjà.

— Comment sont-ils faits ?

— Comme nous, ils ont des bras et des jambes.

— Parlent-ils coréen ?

— Oui, ils peuvent facilement se faire comprendre.

— Oh! les gueux, comment l'ont-ils appris?

Après avoir exercé son ministère à Tsin-Pat le P. Ridel repartit pour un autre refuge. Embarrassé et ne sachant où porter ses pas, il changea plusieurs fois de retraite. Il finit par se fixer dans un endroit qui offrait des garanties sérieuses de sécurité.

C'était un petit hameau au milieu des montagnes. C'est là que le mardi de Pâques il apprit le martyre de Mgr Daveluy.

Des enfants causaient entre eux de cette triste nouvelle. Une petite fille de 12 ans, disait à ses jeunes frères: « Les Satellites, parcourent toutes les campagnes et cherchent le Père qui est caché ici. Ils cherchent aussi tous les chrétiens: ainsi dernièrement ils ont pris tout un village; ils ont attaché toutes les femmes, les unes à la file des autres; ils les ont conduites à la ville, où on les a battues pour leur faire dire qu'elles n'étaient pas chrétiennes.

« Bientôt ils vont venir prendre le Père avec papa et maman; on nous emmènera aussi, on nous dira: Renonce à la religion, ou bien je vais te couper en morceaux. Que ferons-nous?

— Moi, dit le plus grand, je dirai: faites comme vous voudrez, je suivrai l'exemple de papa, je ne renoncerai pas au bon Dieu.

— Mais on te coupera la tête!

— Eh bien! j'irai chez le bon Dieu, répétait ce charmant enfant.

— Et toi, Augustin?

— Moi, répondit Augustin, je dirai au mandarin: « Je veux aller au ciel; si vous étiez chrétien, vous iriez aussi au ciel. Mais pourquoi tuez-vous les chrétiens? Ils ne font pas de mal à personne. Si vous les faites mourir, vous irez en enfer. »

Alors Anna serrant ses deux frères dans ses bras, leur dit:

« Bien, très bien, il ne faut pas renoncer au bon Dieu; nous mourrons tous, et nous irons au ciel avec papa et maman et le Père. Mais pour cela il faut bien prier le bon Dieu, car on nous fera bien mal. On nous arrachera les cheveux, les dents, les mains: on nous frappera avec un gros bâton, et le Père dit que si l'on n'a pas bien prié, on ne pourra pas y tenir. Disons donc notre chapelet. »

Mgr Ridel passa un mois et demi dans cette retraite. Le 8 mai il recevait des nouvelles de Mgr Féron qui était caché à quelques lieues de lui. Le 15, après un pénible voyage au milieu d'alarmes continuelles, il rejoignait son confrère et tous deux pouvaient se consoler ensemble, et parler de leur chère mission si éprouvée et des martyrs qu'elle venait d'envoyer au ciel.

Vers le 15 juin les deux proscrits eurent des nouvelles de Mgr Calais.

Celui-ci leur écrivait pour leur apprendre le lieu de sa résidence. D'après les règlements de la société des Missions Étrangères, Mgr Féron étant le plus ancien des trois devenait supérieur de la chrétienté. Il se réserva donc l'honneur de rester au milieu de ses fidèles et, d'accord avec ses deux autres confrères, il décida que Mgr Ridel prendrait le chemin de la Chine pour faire connaître la situation lamentable de l'Église de Corée, et travailler selon son pouvoir à son relèvement. Le cœur bien gros, le missionnaire obéit. Il lui en coûtait de quitter ce sol qu'il avait arrosé de ses sueurs, et qu'il aurait voulu féconder de son sang.

IV

L'amiral Roze tente une expédition en Corée. — Prise de Kang-hoa. — La déroute. — Atroce persécution. — « La Bretagne, la Corée ou le Ciel! » — La grammaire coréenne — N.-D. des Neiges. — Vicaire apostolique. — « On s'est trompé, j'en suis indigne! »

Le jour de la St-Pierre, Mgr Ridel quittait son cher confrère. Avec beaucoup de peines les missionnaires avaient pu faire préparer une barque. Elle était montée par onze chrétiens résolus. Pendant 3 jours les craintes furent vives dans l'équipage. Enfin lorsqu'ils furent au large, les fugitifs commencèrent à respirer, mais tout danger était loin d'être conjuré avec un esquif aussi frêle que celui qui les portait : « Figurez-vous, raconte Mgr Ridel, une petite barque tout en sapin, les clous en bois, pas un seul morceau de fer dans sa construction, des voiles en herbes tressées, des cordes en paille. Mais je l'avais appelé le St-Joseph; j'avais mis la Ste Vierge à la barre et Ste Anne en vigie.

« Le lendemain, point de terre; le troisième jour nous rencontrâmes des barques chinoises; le courage revenait au cœur de mon équipage, mais le calme nous surprit. A la nuit, nous eûmes encore un coup de vent qui dut nous pousser fort loin dans la bonne direction; le vent soufflait par soubresauts de droite à gauche; la mer se gonflait et frappait les flancs de la barque; on ne pouvait voir à deux pas dans l'obscurité, et il tombait une pluie torrentielle. J'admirai le courage de mon pilote; il resta toute la nuit au poste, ne voulant pas céder sa place avant que l'orage fût passé, et tenant fidèlement la direction que je lui avais donnée.

« Enfin, le vent cesse, les nuages se dissipent; il ne reste plus que le roulis; bientôt l'orient en feu nous fait présager une belle journée.

Où étions-nous, où avions-nous été jetés par la tempête? Telle était la question que nous nous posions, lorsqu'un matelot fait remarquer un point noir qui peu à peu grossit; c'est une terre dans la direction que nous avions prise; plus de doute, c'est la Chine. Nous étions sauvés!

« Puis on signale un navire; bientôt à ses voiles, on reconnaît un vaisseau européen; il vient vers nous. J'ordonne de passer tout à côté,

L'ÉGLISE DU GÉSU

et je fais hisser un petit drapeau tricolore que j'avais eu soin de préparer avant de quitter la Corée. C'était un beau trois-mâts; j'ai appris depuis qu'il était de St-Malo et venait de Tché-fou. En passant, je lui fais un grand salut. Le capitaine, qui nous regardait avec attention, très étonné de voir flotter un drapeau français sur une si singulière embarcation, qui n'était même pas chinoise, me répond de la manière la plus gracieuse ; puis, sur son ordre, on met le drapeau. J'attendais avec auxiété; c'était le drapeau de la France ; trois fois il s'élève et s'abaisse pour nous saluer. Impossible de vous dire ce qui se passa dans mon cœur. Pauvre missionnaire, depuis six ans, je n'avais pas vu de compatriotes ! Et, en ce moment, perdu au milieu des mers, sans connaître la route, j'aurais voulu rejoindre ce bâtiment, mais ses voiles enflées par un vent favorable l'avaient déjà emporté à une grande distance.

« Bientôt, je reconnus la côte ; c'était le port de Wei-haï-wei, d'où j'étais parti six ans auparavant. Nous étions sur les côtes du Chantong, dans la direction de Thé-fou, où je voulais aller. Nous arrivions par conséquent en droite ligne, aussi bien que l'eût pu faire le meilleur navire avec tous ses instruments nautiques. Que la Sainte Vierge est un bon pilote ! Il ne nous restait que quelques lieues, mais le vent contraire ne nous permit pas d'aborder ce jour-là.

« Le 7 juillet, au matin, nous vîmes le port, et à midi, nous jetions l'ancre au milieu des navires européens. Aussitôt nous fûmes environnés de Chinois curieux de voir les Coréens qu'ils reconnurent de suite ; je descendis et fus immédiatement entouré d'une foule qui me faisait cortège et regardait avec curiosité mon étrange costume. Les nouvelles que j'apportais firent sensation parmi les membres de la colonie européenne. Je me rendis sans retard à Tien-tsin, où je rencontrai le contre-amiral Roze, qui commandait la croisière française sur les côtes de Chine. Il me fit un accueil bienveillant et me promit son assistance [1]. »

Le 10 septembre, la corvette le Primauguet, l'aviso le Déroulède et la canonnière le Tardif se dirigeaient vers les côtes de la Corée pour en faire une première reconnaissance. Mgr Ridel et trois Coréens faisaient partie de l'expédition. Le 13 septembre le missionnaire eut la consolation de célébrer solennellement la messe sur le Déroulède. Une escorte d'honneur entourait l'autel ; à la tête de leurs marins se tenaient l'amiral et les officiers de l'escadre. Au moment solennel de l'élévation le canon tonna, les clairons sonnèrent. Le Saint Sacrifice était offert pour la première fois librement dans le royaume de Corée. Hélas ! ce n'était pas la fin de la persécution.

Après avoir reconnu la route, la petite flotte revint sur les côtes de Chine, d'ou elle repartait le 11 octobre avec du renfort.

Les Français s'emparèrent d'abord de Kang-hoa. Il serait plus juste

1. *Nos missionnaires*, par A. Launay, p. 94.

de dire qu'ils entrèrent dans la ville, car tandis qu'ils s'apprêtaient à escalader les murailles, le capitaine de Chabanne l'épée dans le fourreau et les deux mains dans les poches leur cria du haut du rempart : « Vous pouvez bien venir, il n'y a personne. » Et cependant on lisait dans le *Moniteur* du 27 décembre 1866 : « Le contre-amiral Roze, à la tête de toutes ses forces, se présentait devant Kang-hoa, ville entourée d'une muraille crénelée de quatre mètres de hauteur. Parvenues à une centaine de mètres de la porte principale, nos troupes furent reçues par une fusillade assez vive ; mais la muraille fut escaladée au cri de : vive l'empereur ! et l'ennemi nous laissa maîtres de la place. »

Voilà comment s'écrit l'histoire... Ce succès facile donna probablement à quelques officiers l'idée de marcher sur Séoul. M. Ridel partageait leur avis ainsi que les Coréens qui étaient avec lui. Mais l'amiral Roze ne crut pas devoir suivre cette ligne de conduite ; il se contenta d'écrire au gouvernement coréen une lettre dans laquelle il demandait réparation pour les neuf Français martyrisés. Il exigeait qu'on lui remît les trois ministres qui avaient le plus contribué à leur condamnation, et qu'on envoyât un plénipotentiaire pour poser les bases d'un traité, sinon le gouvernement Coréen serait rendu responsable de tous les malheurs qu'entraînerait la guerre. Le régent ne daigna pas répondre à cette lettre.

Pendant ce temps les Coréens occupaient le voisinage de Kang-hoa. Un jour des chrétiens prévinrent M. Ridel que 300 soldats s'étaient réunis dans la pagode de Trienn-tong-sa et qu'ils seraient rejoints le lendemain par 500 autres. L'amiral averti immédiatement décida d'envoyer une troupe pour les déloger. La colonne échoua malheureusement et revint avec 33 blessés. Les Coréens du haut de leurs remparts assistèrent à la retraite en poussant des cris de joie.

Quelque temps après, l'amiral Roze prenait le parti d'abandonner la Corée. L'escadre regagnait la route de Chine laissant les chrétiens dans la plus terrible position. En effet, à peine les Français avaient-ils disparu, que la persécution recommençait avec une violence extrême. Sans aucune forme de procès on s'emparait de tous ceux qui faisaient profession de christianisme, et on les mettait à mort. Il en fut ainsi jusqu'à la fin de l'année 1868. Le nombre des victimes s'éleva de sept à huit mille.

Tandis que le sang de ses chers Coréens coulait à flots, M. Ridel, obligé de les abandonner à leur sort cruel, se fixait à Chang-haï pour y attendre des temps plus tranquilles. Ce fut là pour lui une dure épreuve : « Jugez si je dois souffrir, écrivait-il, je ne suis pas en Bretagne et je ne suis pas en Corée. La Bretagne et la Corée ont toutes mes affections. Quitter la Bretagne pour la Corée et la Corée pour le ciel!... Maintenant je suis exilé de cette terre pour laquelle j'ai tout abandonné. Cette terre me repousse et me rejette, néanmoins c'est toujours vers elle que se tournent mon regard et mon cœur. S'il faut encore attendre longtemps, malgré les ennuis, les dégoûts, les difficultés d'une pareille situation, j'attendrai avec patience, car là se trouve le poste que le ciel m'a confié, là se trouvent les enfants que Dieu m'a donnés, enfants que je porte toujours dans mon cœur, et je ne peux ni les consoler, ni les revoir. Cependant, ces enfants malheureux, oh! je les aime! Volontiers je donnerais tout mon sang pour me retrouver au milieu d'eux, pour alléger leur misère et leur montrer le chemin du paradis [1]. » M. Ridel profita des loisirs que les circonstances lui créaient pour composer une grammaire et un dictionnaire coréens. Personne jusque-là n'avait entrepris cette œuvre si nécessaire. Le désir de faciliter aux nouveaux missionnaires l'étude de la langue qu'ils devaient parler aussi bien que possible, pour remplir leur ministère, excita si vivement son zèle, qu'en peu de temps et malgré les difficultés d'un tel travail, il composa la grammaire coréenne. Cette œuvre était loin d'être complètement terminée, mais elle pouvait rendre de grands services.

Après un voyage au Japon, M. Ridel vint se fixer à proximité de la Corée dans un petit village de la Mandchourie, auquel les missionnaires ont donné le nom de N.-D. des Neiges. Ils attendaient avec impatience le moment propice pour rentrer dans leur mission. C'est là que l'humble prêtre qui, depuis dix ans, avait montré dans l'accomplissement de son devoir un zèle et une intrépidité à toute épreuve, reçut la nouvelle de sa nomination à la charge de vicaire apostolique de Corée avec le titre d'évêque de Philippopolis. Trouvant le poids trop lourd, il écrivit par deux fois aux directeurs des Missions-Étrangères pour les supplier de faire nommer un autre évêque à sa place. « Quand je songe à mon élévation à l'épiscopat, disait-il, je ne puis que me frapper la poitrine en pleurant, et me répéter : « J'en suis indigne. Ainsi persuadé qu'on s'est trompé en me désignant pour l'épiscopat, je vous supplie de vous unir à moi pour obtenir du St-Siège une autre nomination. Il faut un sujet capable de tenir ce poste et digne d'être élevé à ce rang. »

La volonté de ses supérieurs demeurant inflexible, M. Ridel se soumit et partit au commencement de l'année 1870 pour se faire sacrer et assister au concile du Vatican.

1. Cfr. *Mgr Ridel*, par l'abbé A. Piacentini, p. 126.

V

Le Sacre. — En France. — Retour en Chine. — Une visite intéressante. — Séjour à N.-D. des Neiges. — Une invasion de brigands. — Les canons d'un nouveau genre!

SANS se donner la joie d'aller auparavant embrasser sa famille, Mgr Ridel se rendit directement dans la ville éternelle. Le pape lui ayant de nouveau affirmé sa volonté de le voir accepter la charge épiscopale, le nouvel évêque fixa la cérémonie de ce sacre au 5 juin. Elle fut superbe. Le consécrateur était le cardinal de Bonnechose. Lorsque Mgr Ridel lui avait demandé de lui imposer les mains, le prélat avait répondu : « Je veux bien vous sacrer, mais la cérémonie laissera peut-être à désirer, car je n'ai encore sacré personne.

— Que votre Éminence ne craigne rien, avait répondu l'évêque de Philippopolis, c'est aussi la première fois que je serai sacré. »

Un grand nombre d'évêques, de prêtres, l'ambassadeur de France, les plus hauts personnages de la noblesse romaine entouraient le cardinal de Rouen. Louis Veuillot, qui fut témoin de cette incomparable cérémonie, l'a décrite dans un style superbe et avec une grande élévation de pensée : « Hier, dans l'église du Gésu, le cardinal de Bonnechose a consacré le nouvel évêque de la Corée, Mgr Ridel, des Missions-Étrangères. On connaît la cérémonie, ses rites profonds, ses prières éloquentes. Là se fait l'évêque, rien au monde n'est plus grand. Rome y mettait son surcroît. Le nom de Rome ajoute un resplendissement à la majesté, comme son soleil à la couleur. Il y avait de plus ce moment solennel du Concile, et ce jour très saint de la Pentecôte, fête de l'Esprit de Dieu triomphant. *Spiritus Domini replevit orbem terrarum.* Un grand nombre de Vicaires apostoliques venus de toutes les parties du monde, entouraient leur jeune frère, *et apparuerunt dispertitæ linguæ tanquam signi.*

« Mais ce qui mettait le comble à l'émotion, jusqu'à la rendre par instants poignante, c'était la destination de l'élu, cette sanglante Corée. Voici l'homme qui s'offre pour mourir, voici le grand et sublime combat. *Ecce agon sublimis et magnus.* O Rome, qui nous donnes un tel spectacle! Ici les choses permanentes et les choses passagères enflent les veines de la vie et les entretiennent dans leur glorieuse plénitude, et le cœur de l'homme connaît ce qu'il peut porter d'admiration, de douleur, d'amour.

« Ce jeune évêque, malgré ses larmes, a accepté la dignité terrible pour retourner plus vite, et parce que la main de l'évêque est munie de grâces et de force dont sa mission a besoin. Il retournera rejoindre cette poignée de jeunes prêtres qui l'attendent. Il ira s'asseoir sur son siège au-dessus duquel plane toujours l'épée qui tue deux fois. Il réconciliera les apostats repentants, il baptisera les infidèles, il ordonnera les prêtres. Il sera le guide et l'exemple de tous dans la voie du martyre. Il appellera de l'Europe les âmes généreuses qui aspirent à des palmes que l'Europe ne donne plus.

« J'ai donc vu ce sacre, ces témoins, toute cette scène si grande par delà les spectacles ordinaires de la vie. Quelle gravité dans l'acte, dans le lieu, dans les hommes ! C'était au maître-autel, consacré au nom de Jésus, entre la chapelle de St-Ignace et la chapelle de St-François-Xavier ; c'était à Rome ; c'était proche du Vatican et de St-Pierre ; c'était le jour de la Pentecôte. Toute parole qui se disait et tout rite qui s'accomplissait soulevaient des visions éternelles, visions de la grandeur de Dieu et de la grandeur de l'homme dans la main de Dieu. Le nouvel évêque était à genoux, le poids de l'Évangile sur les épaules. Il était prosterné comme mort pendant que l'on chante les grandes litanies, afin que, par le secours de l'Église triomphante, l'homme en effet mourût et ne laissât plus rien en lui que le pasteur envoyé de Dieu. Il se relève, la tête bandée, les mains liées, se dirigeant vers l'autel, pâle et tranquille, comme une victime déjà frappée qui va recevoir le dernier coup.

Quel souvenir en ce moment ! Mgr Daveluy, son prédécesseur, entra dans la capitale de la Corée portant la cangue, et saluant d'un calme sourire la multitude qui le regardait.

« Après le sacre, le nouvel évêque s'assied sur le trône, la mitre sur la tête, la crosse à la main, et ensuite, il donne au clergé et au peuple sa première bénédiction. L'évêque de la pauvre Corée accomplit ce rite royal ; revêtu d'or, portant le sceptre paternel, il parcourut cette magnifique église, et bénit la foule agenouillée ; mais que son regard s'enfonçait loin de ces murs splendides et de ce peuple qu'il bénissait, et comme l'on voyait bien, à sa pâleur plus grande et plus auguste, que sa première bénédiction allait à l'épouse crucifiée qui l'attend !

Et nous, les yeux obscurcis de larmes, par delà cette pompe rapide nous apercevions la tête sereine de Mgr Daveluy élevée sur trois piquets fixés en terre au pied desquels gisait un corps exposé à la dent des bêtes.

Cependant l'évêque revint au chœur, et l'on chanta le *Te Deum : Te Deum laudamus. Te martyrum canditatus laudat exercitus !* »

« Avant de procéder au sacre, on a lu la bulle d'élection datée du tombeau de S. Pierre. En vertu de cette bulle, l'élu est prince dans l'Église universelle, pasteur légitime du troupeau à qui le Souverain Pontife l'a donné, et toute puissance humaine contraire ne peut lui ôter que la vie. Mais que servira de le tuer ? Que peut la puissance qui donne la mort contre la puissance qui enfante la vie, et que peut le temps contre celui à qui Dieu donne le temps ?

« Il y a un homme en Corée qu'on appelle roi, qui porte une couronne, qui a des ministres, des grands, des savants, des soldats, des bourreaux et qui ne veut pas de chrétiens chez lui. Il peut les tuer, il les tue, mais il ne peut n'en avoir pas toujours à tuer. Il vient d'en tuer, en quelques années dix mille, peut-être davantage. Il n'en connaît plus, mais il sait qu'il y en a encore, et Dieu le sait aussi et lui envoie un évêque et si cet évêque encore est tué, Dieu lui en enverra un autre, et encore un autre, après, et toujours, et l'empereur et l'empire seront chrétiens et Dieu lui donnera des évêques [1]. »

Lorsque la clôture du concile eut dispersé les évêques, Mgr Ridel prit le chemin de la France pour embrasser les siens et satisfaire la sympathique curiosité de ses amis; on était si fier de le voir revenir au pays avec l'auréole de l'épiscopat, des travaux et des souffrances courageusement endurés pour la gloire de Dieu. Partout on lui fit fête. Mais son cœur, tout en goûtant délicieusement la joie de ces affectueuses manifestations, était au milieu de ses Coréens. L'Évêque songeait à toutes les ruines qu'il lui faudrait relever, et il se préoccupait des œuvres qu'il aurait à recommencer.

En mai 1871 il se hâta donc de reprendre le chemin de la Chine. Le 6 juillet il était à Chang-haï. Le lendemain neuf Coréens vinrent le trouver. Leur état lamentable inspirait la compassion. Grande fut leur joie en voyant Mgr Ridel.

« D'où venez-vous, mes pauvres amis, leur dit le prélat, comment êtes-vous venus ici ? »

Tous voulaient parler à la fois et il était impossible de saisir ce qu'ils disaient. Ils demandèrent s'ils avaient un évêque.

— Oui, vous avez un évêque.

— Où est-il ? Peut-être au Léao-Tang.

— Non, il est ici.

1. *Rome pendant le concile*, par Louis Veuillot.

— Est-ce le Père qui est devenu évêque ?

— Mais oui, dit l'un d'eux, ne vois-tu pas qu'il porte un anneau au doigt, c'est l'évêque.

— « Oui mes chers amis, le souverain Pontife m'a nommé votre évêque ; je suis désormais plus spécialement votre père, vous êtes tous mes enfants. Vous êtes dans la douleur, nous souffrirons ensemble ; vous êtes fugitifs, entrez dans la maison de votre évêque, de votre père. Reposez-vous, mangez le riz. Lorsque vous serez un peu remis nous causerons plus longtemps. »

— Et notre pape Pio-Nono, sa santé est-elle bonne ?

« L'Évêque a-t-il vu Pio-Nono ? »

Mgr Ridel leur raconta alors l'accueil bienveillant qu'il avait reçu de Pie IX et sa sollicitude pour ses malheureux enfants de Corée.

« Il y en a ici, dirent-ils, qui n'ont pas vu Pio-Nono, nous voulons le voir. »

Pour satisfaire leur pieuse curiosité on les fit entrer dans un appartement où se trouvait le portrait du Pape : « Voilà Pio-Nono ! »

« Aussitôt, raconte Mgr Ridel, ils joignent les mains, font un grand signe de croix. Après avoir longtemps considéré, ils se détournent, et me disent en souriant : « Comme c'est beau ! » Je m'étais assis à ma table, et je laissais mes Coréens circuler un peu. Pauvres gens ! ils ne connaissaient rien. Ils vont tâter les vitres des croisées, font tourner les clés dans les serrures comme des enfants. Ils reviennent me voir écrire, touchent ma plume, mon canif. J'ouvris un petit album rouge qui excitait surtout leur curiosité : « Voici le portrait de mon frère, de ma sœur, etc... » Ils poussèrent un cri d'admiration et l'un deux me dit en se frottant le côté gauche de la poitrine : « Comme c'est doux de pouvoir contempler ainsi l'image de ses parents et de ses amis ! Mais cet évêque, quel est-il ?

— C'est l'évêque du pays qu'habitent mes parents.

— Comment s'appelle-t-il ?

— Il se nomme Jean-Marie.

— Tiens, comme moi, dit Tchoi, je m'appelle aussi Jean. »

« Lorsque leur curiosité fut un peu satisfaite, je leur demandai à mon tour des nouvelles de la mission. Hélas ! que de ruines ! Des villages entiers ont disparu ; de mon pauvre Tsin-Pat il ne reste plus que quelques débris épars. Je n'ose plus les interroger sur les chrétiens que j'ai connus ; presque toujours ils me répondent : mort martyr. Ils ont écrit quelques pages de leurs annales. Je les ai mis à l'ouvrage pour qu'ils écrivent encore tout ce qu'ils savent d'une manière certaine

YOKOHAMA

sur la persécution, sur l'arrestation, l'interrogatoire, les tourments et la mort des martyrs. Que de reliques à recueillir [1] ! »

Mgr Ridel ne pouvait songer à rentrer dans sa mission. La persécution y sévissait toujours avec violence. Il se résigna à attendre et à occuper autant qu'il le pourrait ses loisirs pour le bien de son troupeau. Il resta donc à Chang-haï, puis à N.-D. des Neiges, les yeux et le cœur tournés sans cesse vers sa mission, épiant anxieusement le moment où il pourrait y rentrer. Il travaillait toujours à la composition de la grammaire et du dictionnaire coréen-français. Après avoir traduit le catéchisme et plusieurs ouvrages de piété, il avait commencé à faire graver sur bois des caractères coréens afin d'imprimer les ouvrages nécessaires à la mission. Lorsque cet ouvrage fut terminé il se rendit à N.-D. des Neiges. La vie de l'évêque dans sa station d'exil était une vie de bénédictin : le travail et la prière se partageaient ses instants.

Cependant cette tranquillité fut troublée. Des brigands sortis des forêts qui forment la limite de la Chine et de la Corée menaçaient de saccager le paisible village de N.-D. des Neiges.

La maison des Pères servit de refuge aux malheureux habitants. Tous s'armèrent de leur mieux et attendirent les événements. Un jour la sentinelle annonça qu'une troupe de brigands se dirigeait vers le village. Chacun se mit aussitôt à son poste. Le moment était critique, car les ennemis étaient nombreux et munis d'armes.

Redoutant un malheur Mgr Ridel se décida résolument à aller au devant du danger, pour essayer de le conjurer. Il quitta donc la place et rejoignit les assaillants. Arrivé à peu de distance du chef de la troupe il cria : « Arrêtez, on ne passe pas. » La bande s'arrêta un instant, mais bientôt les plus ardents s'écrièrent : « Allons de l'avant. » Alors l'évêque prit sa plus grosse voix et fit entendre en français quelques paroles éclatantes qui produisirent de merveilleux effets. En même temps il montrait du geste et du regard le clocher de l'église qui ce jour-là avait un aspect menaçant. Les ouvertures devenues des meurtrières étaient garnies de canons d'un nouveau genre dont la gueule béante semblait prête à vomir la mitraille.

Ce qui augmenta encore la frayeur des brigands ce fut un bruit strident dont ils ne pouvaient définir la nature et qui s'élevait dans la direction du village. Ne sachant trop au juste ce que machinaient contre eux les Européens, ils s'éloignèrent. Nos lecteurs seront peut-

1. Cf. *Mgr Ridel*, par l'abbé A. Piacentini, p. 171.

être curieux de savoir quels étaient les engins de guerre à qui les habitants de Notre-Dame des Neiges devaient d'avoir été préservés de l'invasion. Les canons étaient de vulgaires tuyaux de poêle. Le bruit qui avait jeté la terreur dans le camp ennemi et provoqué la retraite, était causé simplement par des tuyaux en bambou avec lesquels un missionnaire s'amusait à composer des orgues. Ajoutons que les yeux flamboyants, la voix terrible et la barbe de Mgr Ridel n'avaient pas peu contribué à obtenir ce brillant succès.

VI

Tentative de retour en Corée. — Arrivée de l'Évêque à Séoul. — Son arrestation. — Son interrogatoire. — Aux ceps. — « Dans quelques instants je vais probablement mourir, vive Jésus ! » — Déception. — La prédication de l'exemple.

On comprendra sans peine les saintes impatiences de Mgr Ridel en se voyant loin des 20.000 chrétiens dont la Providence l'avait constitué le gardien et le père. Aussi en 1875 il n'y tint plus ; après avoir consulté les Directeurs du séminaire des Missions Étrangères, et obtenu la bénédiction du Pape pour le projet qu'il méditait, il prit la résolution de tenter le retour en Corée. C'était là de l'héroïsme tout pur, mais le missionnaire, lorsqu'il s'agit de sauver les âmes, ne s'en tient pas au devoir strict ; dans certaines vocations et spécialement dans les vocations apostoliques les actes héroïques peuvent devenir et deviennent souvent un devoir.

Parti le 20 septembre avec Mgr Blanc, le courageux évêque faillit, avec son compagnon, être victime d'une tempête épouvantable. Les bateliers s'étaient trompés de direction et se trouvaient à 30 lieues au nord du rendez-vous. On ne tarda pas à s'apercevoir de la présence de la jonque, on se mit à sa poursuite, et bientôt elle se trouva en mauvaise posture. Elle ne pouvait chercher de refuge sur la côte, d'autre part si elle se dirigeait vers le large elle se trouvait en pleine tempête et courait le risque de faire naufrage. Cependant les missionnaires se déterminèrent à ce dernier parti. La violence de la tempête faillit emporter la barque, mais les passagers firent un vœu à N.-D. de Lourdes et Marie exauça leur prière. Subitement le vent tomba, la mer devint tranquille et la jonque put regagner le port d'où elle était sortie quinze jours auparavant. Nous nous souvenons avoir vu naguère dans la basilique de Lourdes une plaque de marbre, placée là comme ex-voto de la reconnaissance des missionnaires. Sans se décourager Mgr Ridel renouvela plusieurs fois ses tentatives. En 1876 deux de ses missionnaires purent enfin pénétrer en Corée. A la fin de cette même année l'évêque les rejoignait.

C'était une bien grande joie pour le troupeau de posséder enfin son pasteur. Mais dans quelle situation lamentable l'évêque retrouvait sa mission. Des milliers de fidèles avaient disparu victimes de la persécution. Les uns étaient morts dans les tourments, les autres avaient péri de faim, de froid, et de misère. Ceux qui restaient étaient dans le plus misérable état pour le corps et pour l'âme. Ils étaient obligés de se cacher et n'avaient plus rien pour vivre. A noter ce touchant épisode : Une jeune fille de douze ans voit les satellites entrer dans sa maison, prendre ses parents, les lier et les emmener pour les faire mourir. Effrayée, elle s'enfuit avec son frère âgé de 8 ans. Tous deux, bientôt fatigués de la marche, souffrant de la faim et du froid, s'arrêtent sous un arbre. Quelques jours après on les retrouvait ; la petite fille tenait son jeune frère dans ses bras comme pour le réchauffer et le défendre de la dent du tigre ; tous deux étaient morts gelés.

Mgr Ridel se mit donc courageusement au travail pour relever tant de ruines. La confiance était revenue au cœur des néophytes avec le retour de l'évêque ; à la faveur des ténèbres ils se rendaient dans sa maison pour recevoir avec ses conseils la grâce des sacrements.

Hélas ! il ne s'était pas écoulé 3 mois, lorsque le 28 janvier vers 10 heures du matin le vieux Jean-Thoï, chrétien fidèle, entre dans la chambre de l'évêque. Sa figure était empreinte d'une vive tristesse.

— Qu'y a-t-il ? lui dit Mgr Ridel. Sont ce encore de mauvaises nouvelles ?

— « Les courriers ont été arrêtés à la frontière, répondit-il, on les a appliqués à une horrible torture, et ils ont été forcés de tout déclarer. La nouvelle en est arrivée hier ; aussitôt le roi a fait venir les satellites, et a donné lui-même l'ordre d'arrêter l'évêque et tous les Pères. Les traîtres de 1868, Paul Hpi et Tehoi, ont été requis pour rechercher les chrétiens. Les satellites doivent venir ici aujourd'hui, et c'est l'un d'eux qui a tout raconté à une chrétienne, sa parente; celle-ci s'est empressée d'envoyer son fils en donner avis.

— Eh bien, voici le moment d'être vraiment chrétien ; tout cela arrive par la volonté de Dieu, il n'y a nullement de notre faute. Nous allons être pris. Comptons sur le secours de Dieu, qui ne nous fera pas défaut, et disposons-nous à mourir pour sa gloire, c'est le chemin le plus direct pour aller au Ciel. — Oh ! je n'ai pas peur de mourir, moi qui suis si vieux, mais l'évêque qui ne fait que d'arriver, mais les chrétiens qui n'ont pas encore pu recevoir les sacrements !... Quel coup ! c'est la fin de la religion en Corée [1] ». Mgr Ridel écrivit alors une lettre commune à MM. Blanc et Deguette, puis il se prépara à fuir pendant la nuit. Il n'en eut pas le temps. Vers quatre heures on vint le prévenir que la rue était gardée. Peu après la maison était envahie et l'évêque fait prisonnier. L'un des chefs lui dit :

— « On sait qu'il y a quatre autres européens et j'espère bien que vous allez leur écrire pour leur donner l'ordre de venir se présenter d'eux-mêmes.

— Que savez-vous s'il y a des Pères ?

— Oh ! nous le savons bien.

Puis il ajouta :

— « Je sais que vous vous servez d'un livre pour réciter des prières; confiez-le-moi, je vais m'en charger, et vous le remettrai lorsque nous serons arrivés.

En l'entendant parler avec tant de précision des choses de la religion chrétienne, Mgr Ridel lui demanda comment il avait appris cela.

— Oh ! dit-il, c'est moi qui ai arrêté Mgr Berneux et Mgr Daveluy ; jeles ai bien connus et les autres Pères aussi.

Il lui demanda ensuite s'il avait des montres.

— Oui, j'en ai trois.

— Vous avez aussi du vin de raisin. Oh ! c'est bien bon le vin de raisin, ce sera pour nous.

L'Évêque lui montra ses caisses.

— C'est bien, dit-il, on va prendre soin de tout cela.

Après avoir tout bouleversé dans la maison les satellites sortirent avec leurs prisonniers qu'ils conduisirent au tribunal devant le grand juge ou préfet de police. L'interrogatoire commença. Sachant que les Coréens sont très méticuleux pour ce qui regarde l'étiquette, l'évêque résolut d'employer toujours dans ses réponses, la forme polie du langage entre égaux.

— « Mon intention, dit-il, en s'adressant à son juge, est de vous parler selon les règles du langage ; mais comme je suis peu expert en la langue coréenne, il m'échappera quelques expressions incorrectes, je vous prie de n'y pas faire attention. »

Alors le juge lui demanda :

« — Comment t'appelles-tu ?

1. Cfr. *Annales de la Prop. de la Foi*, juillet 1879, p. 237.

« — Je m'appelle Ni.

« — Ton prénom?

— Pok-Myeng-y (ce qui veut dire Félix — Clair.)

« — Depuis quand es-tu venu?

« — Je suis venu à la 7e lune.

« — Par quelle route?

« — Par Thang-Sang (cap le plus à l'ouest de la côte de la Corée).

« — Pourquoi es-tu venu?

« — Pour prêcher la religion catholique, et enseigner aux hommes à se bien conduire.

« — En as-tu instruit beaucoup?

« — Arrivé depuis si peu de temps, je n'ai pas eu le loisir d'instruire beaucoup de personnes.

« — Quels sont ceux qui t'ont amené?

« — Comme la réponse à cette question pourrait causer du dommage à plusieurs personnes c'est pour moi un devoir de n'y pas répondre.

« — Où sont ceux que tu as instruits?

« — Je connais peu le pays, j'ignore où habitent ceux que j'ai pu voir; de plus par le même motif que j'exposais tout à l'heure, vous comprenez que je ne puis donner le nom d'aucun des Coréens qui ont eu des rapports avec moi.

« — Es-tu Père?

« — Oui, et de plus je suis évêque.

« — Ah! c'est sans doute le Père Ni d'autrefois, qui, s'étant échappé, est devenu l'évêque Ni?

« — Vous avez dit vrai.

« — Eh bien! ajouta-t-il, qu'on l'emmène et qu'on le traite bien.

Après avoir quitté le tribunal Mgr Ridel fut mis aux ceps. » Ces entraves, raconte l'évêque, se composent de deux pièces de bois superposées, longues d'environ 4 mètres et larges de 0 m. 15. A la pièce inférieure se trouvent des échancrures, dans lesquelles on place les pieds à la hauteur de la cheville; on abaisse ensuite la partie supérieure qui se meut au moyen d'une charnière, placée à l'une des extrémités, tandis que, à l'autre, elle se ferme au moyen d'un cadenas. Cet instrument s'appelle tehohho. On se contenta de me prendre un seul pied. Lorsqu'on me présenta l'instrument, on fut obligé de me donner une leçon. Les deux satellites avaient presque honte de me mettre dans cette position. Pour adoucir un peu la chose, ils me dirent: « — C'est une coutume ici, quand, pour la première fois, on reçoit un hôte, on lui fait passer le pied dans cet instrument. » Je pus me coucher sur le dos, et, avec un peu d'adresse, me mettre sur le côté. Fatigué que j'étais de cette nouvelle vie, je dormis quelques heures. Ce qui me gênait le plus, c'étaient deux individus couverts de haillons, qui, couchés peu loin de moi, se remuaient dans la paille, poussaient des soupirs, et cherchaient à se débarrasser de la vermine qui les dévorait. J'appris plus tard que c'étaient des mendiants, employés dans la police secrète.

« J'ignorais ce qui pouvait arriver ; en tous cas, je n'avais pas d'illusions à me faire, le sort de mes prédécesseurs me disait assez celui qui m'était réservé. Le 31 janvier, j'entendis quelques mots d'une conversation secrète : on parlait d'exécution pour le lendemain. Le jour, il m'était difficile de me recueillir, mais, la nuit, étant plus tranquille, je la passai à me préparer, persuadé que ma dernière heure avait sonné. Voici une note que je trouve sur mon Ordo, au 1er février: « Récité l'office jusqu'à none; dans quelques instants, je vais probablement mourir, je suis tout à Dieu. Vive Jésus, dans quelques instants je vais être au ciel ! » Il me semble que j'étais bien préparé, et tout disposé à mourir. Pour employer le temps qui me restait, je chantai le *Laudate*... et l'*Ave maris Stella*, et j'attendis, Les soldats firent ce jour-là, dans la cour, un exercice extraordinaire en poussant des cris féroces... Tout me confirmait dans l'idée que j'avais... Y a-t-il eu de fait une exécution? Je ne l'ai jamais su.

« Le lendemain, c'était le premier jour de l'an chinois. On me conduisit dans une chambre haute, et je fis, comme tout le monde, échange de politesses. La nuit, on ne me mit pas aux ceps ; peut-être n'était-ce là qu'une infraction que les satellites s'étaient permise, car, deux jours après, l'ordre vint de me mettre de nouveau aux entraves. Les deux satellites qui me gardaient étaient sans doute de mes amis ; j'en entendis un en effet, qui disait : « — Est-il possible qu'on le traite ainsi ! C'est un homme honnête, juste, comme on n'en trouve pas en Corée ; c'est un vrai Fô qui est venu de nouveau sur la terre. » Le lendemain, les satellites présentèrent des observations au grand juge. « — C'est pitié, lui dirent-ils, de mettre cet homme-là aux entraves. » Le juge répondit : « — Je pense comme vous, je le prends moi aussi en pitié, mais l'ordre est donné, je ne puis le révoquer. »

« Sur ces entrefaites, voilà que je suis pris d'un gros rhume ; la nuit, en effet, je souffrais du froid. On courut chez le juge qui dit : « — Oh ! c'est grave, s'il est malade, ne le mettez plus aux ceps ; je me charge de lui, soignez-le bien. » Puis il m'envoie un grand paravent pour m'abriter ; on me donna aussi deux tasses de tisane. J'étais touché de toutes ces prévenances, et je ne savais qu'en penser. Le chef des satellites me donna même douze sapèques, à peu près trois sous, pour acheter un peu de bois, afin de chauffer la chambre ; lorsque je voulus les rendre, les satellites s'y refusèrent et payèrent eux-mêmes le chauffage. L'un me donna cinq sapèques pour acheter du tabac ; un autre un petit peigne. Déjà j'étais devenu l'ami de tous ; ils ne tarissaient pas quand ils faisaient mon éloge : « — Comme il est doux, simple, poli, affable, juste ! » — Et les autres disaient : « — l'Évêque Berneux, Daveluy et les autres Pères, que nous avons vus, étaient tous ainsi, ces Européens sont vraiment vertueux ; ce n'est pas comme nous Coréens. Au lieu de le mettre à mort, on ferait bien mieux de le renvoyer dans son pays [1]. »

VII

Les satellites. — Les récréations de la prison. — Trop gourmand ! — « On prie bien en prison. » — L'interrogatoire. — Prison plus dure. — Consolations. — « Sommes-nous à Rome ou à Séoul ? — La liberté.

CEPENDANT on discutait au conseil des ministres pour savoir ce que l'on ferait de l'Européen. Les uns voulaient le renvoyer en Chine, les autres le condamner au supplice. Le gouvernement n'avait pas connu autrefois ces hésitations au sujet des missionnaires catholiques.

Au commencement de février un prétorien dit à Mgr Ridel : « On a envoyé un courrier en Chine pour consulter le fils du ciel à ton sujet, on fera ce qu'il ordonnera. »

En attendant, Mgr Ridel avait à subir toutes les horreurs de la prison. Rien de plus cruel que les satellites qui sont chargés de la garde des prisonniers. Ils emploient la torture sans règle, ni mesure. Leur autorité est très grande : personne n'oserait leur résister, excepté les nobles qui les méprisent et quelquefois les font maltraiter ; mais alors même ils trouvent toujours moyen de se venger sur le peuple et malheur à ceux qui en de telles circonstances tombent entre leurs mains.

« Quand les chrétiens sont entre les mains de ces barbares, l'on peut s'imaginer à quels supplices ils sont réservés. Dans cette persécution, le préfet de police ne les avait pas tout à fait abandonnés à la discré-

1. Cfr. *Annales de la Prop. de la Foi*, année 1879, page 244.

CORÉENS CHRÉTIENS

tion des satellites ; il avait lui-même, paraît-il, indiqué les supplices qu'on pourrait leur appliquer, pour les forcer à faire des révélations et à apostasier ; c'étaient la torsion des jambes et des bras, et la suspension.

« J'ai pu entendre quelquefois les soupirs et les cris de ces pauvres torturés, qui souffraient pour Notre-Seigneur Jésus-Christ. Hélas ! je partageais bien leurs souffrances ; mais, ce qui me faisait mal, c'était d'entendre les ricanements, les éclats de rire des satellites et des bourreaux assistant à ce spectacle.

« Je ne voudrais cependant pas dire que tous fussent méchants et barbares ; j'aime même à croire qu'il y a des exceptions assez nombreuses, et, pour ce qui me regarde, les satellites de droite ne m'ont généralement pas maltraité : quelques-uns même prenaient ma défense et me protégeaient contre ceux qui m'injuriaient. Ils aimaient à causer et me faisaient une foule de questions ; il m'a fallu plus de cent fois leur parler des royaumes d'Europe, de la France, leur dire son étendue, sa distance, etc., expliquer les quatre saisons, les phases de la lune, les éclipses de soleil, de lune..., les bateaux à vapeur, les chemins de fer. J'ai pu même leur exposer la doctrine chrétienne. Ils ne croient pas à l'existence de Dieu, mais ils admirent les dix commandements, et bien souvent j'ai entendu de la bouche de ces hommes l'éloge des chrétiens. « — Ce sont des gens doux, paisibles, disaient-ils ; ils ne volent pas, « ils ne disent pas de mensonges, ne parlent pas mal du prochain, ne « frappent personne, etc. » Quelle différence avec eux, qui volent quand ils peuvent, mentent presque toujours, à tel point qu'on ne sait que croire de leurs paroles ; j'ai été si souvent trompé, que, à la fin, je n'ajoutais plus aucune foi à ce qu'ils me disaient. Le mensonge est une spécialité du satellite [1]. »

Les satellites ne quittaient pas le prisonnier, et l'accablaient d'incessantes questions. Ils fouillaient dans ses caisses et s'appropriaient ce qu'ils trouvaient à leur convenance.

Un jour l'un d'eux lui montra le croisillon de sa croix pectorale. Il l'avait brisé et le prélat ne revit plus sa croix. Un autre jour, ils lui présentèrent du savon en lui demandant ce que c'était. L'évêque résolut de s'amuser de leur ignorance en les amusant eux-mêmes. Il leur apprit donc à faire des bulles de savon et voilà tout le personnel, y compris les mandarins, qui se livre à ce jeu d'enfant. On vint même du dehors pour contempler cette merveille.

1. *Annales de la Propagation de la foi.*

Un des satellites dit un jour à Mgr Ridel : — « Est-ce bon à manger le savon ?

— Non, cela ne se mange pas et rendrait malade.

— Tiens, dit-il, mon petit garçon qui a dix ans et à qui j'en avais donné un morceau, sentant l'odeur qui s'en exhalait, crut que c'était un gâteau et il en a mangé, de fait il a été malade.

Ils avaient su, en particulier, trouver le vin de la mission et ils avaient bu toute la provision.

— Oh ! disaient-ils, le vin de raisin, que c'est bon, nous le connaissons bien.

— Comme c'est fort, disait l'un d'eux, j'en ai bu quelques verres, et je me suis enivré, tellement que je ne me suis réveillé que le lendemain.

Pour supporter courageusement la triste situation où il se trouvait réduit, Mgr Ridel avait constamment recours à Dieu par la prière.

« On prie bien en prison, dit Mgr Ridel, Dieu semble plus présent, et l'on connaît mieux son propre néant.

« Pour employer mes loisirs, je m'étais fait un règlement : je disais la messe en esprit ou j'y assistais de la même manière. Quand je n'eus plus de bréviaire, j'y suppléai par le rosaire, ayant bien soin de cacher mon chapelet, que l'on m'aurait enlevé. J'aimais à me transporter dans quelque église pour y faire ma visite au très saint Sacrement. Dans le cours de la journée, je faisais facilement plusieurs méditations : mon temps était réglé comme pour une retraite de huit jours ; elle s'est prolongée bien au delà.

« Un autre exercice que l'on fait bien en prison et qui apporte beaucoup de consolations, c'est le chemin de la Croix. Que de grâces le Seigneur me prodiguait dans ces jours de recueillement ! Je n'avais aucune inquiétude, et je m'étais remis tout entier entre les mains de Dieu pour faire en tout sa sainte volonté, persuadé qu'il ne m'arriverait que ce que Dieu voudrait bien permettre. »

Le 16 mars on amena devant la porte de l'évêque une chaise à porteur.

« Evêque, commanda le chef des satellites, monte là-dedans.

— Pour aller où ?

— Tu le sauras bientôt, monte vite. »

C'est au tribunal qu'on conduisait le prisonnier. Les deux juges s'y trouvaient en grand costume : bonnets ou mitres en crin avec des volants pendants de chaque côté, grands habits de soie bleue retenus par une ceinture richement ornée d'écailles de tortue ou de pierres précieuses.

L'évêque arrivé devant eux, resta debout. Les satellites lui crièrent alors : — Mets-toi à genoux.

Mgr Ridel ne bougea pas.

— Mets-toi à genoux, à genoux, à genoux... Immobilité complète de la part du prisonnier.

— Assieds-toi à ton aise, dit le juge.

Alors satellites et bourreaux de dire au prélat le sourire aux lèvres : « Assieds-toi, assieds-toi...

— Quel est ton nom? dit le juge.

— Je m'appelle Ni-Pok-myeng-i. »

Ni ou ri était la première syllabe du nom de famille de Mgr Ridel. Pok-myeng-i était la traduction de ses deux prénoms : Félix-Clair.

— Quel âge as-tu ?

— J'ai quarante-neuf ans.

— De quelle année es-tu ?

— De l'année kying-in (1830). »

Ils se mirent à compter et dirent :

— Oui. c'est bien cela, quarante-neuf ans. Quand es-tu venu en Corée ?

— Je suis venu à la 7e lune.

— Quels sont les autres missionnaires qui sont en Corée ?

— Il y en a quatre... »

On les connaissait bien et souvent on avait parlé d'eux au prélat.

— Où sont-ils ?

— Depuis deux mois que je suis en prison, sans nouvelles d'eux puis-je savoir où ils se trouvent ?

— Avec qui es-tu venu ?

— Si je vous donnais ces indications, plusieurs personnes pourraient en souffrir. Je ne puis donc dire ni comment, ni avec qui je suis venu.

— Quel est ton pays ?

— Poul-lan-sya.

— Écris cela. »

On fit passer du papier et un pinceau au prisonnier et il écrivit Poul-lan-sya en coréen. Le juge regarda et dit :

— Écris-le aussi en ta langue.

J'écrivis France, dit Mgr Ridel. Alors je sentis comme un nuage me passer sur le cœur ; pauvre pays ! pauvre France ! et cependant j'éprouvai un sentiment de fierté.

— As-tu une dignité dans ton pays ?

— Je n'ai pas de dignité, je n'exerce aucune fonction.

— Lorsque tu retourneras dans ton pays, ton gouvernement te donnera-t-il de grands emplois, une haute dignité ?

— Lorsque je suis venu en Corée, c'était pour y vivre et y mourir ; j'avais l'intention d'y rester jusqu'à la mort. Quand bien même je rentrerais dans mon pays, je n'aurais aucun emploi.

— On m'a fait voir ton passe-port. De qui l'as-tu obtenu ?

— Je l'ai obtenu de la cour de Péking, qui en donnne à tous les missionnaires, afin qu'ils puissent circuler sans être arrêtés ni inquiétés.

— Quel est le cachet qui est dessus ?

— Je pense que c'est le cachet du gouverneur chinois.

— Est-ce le cachet du tribunal des Rites ou d'un autre ?

— Je ne puis répondre, ne le connaissant pas.

— Est-ce toi qui l'as demandé au gouvernement chinois ?

— Non, c'est le ministre de France résidant à Péking qui l'a demandé pour moi.

— Comment s'appelle-t-il, ce ministre ?

— Il s'appelle Louis de Geofroy.

— Comment dis-tu ?

— Louis de Geofroy.

Alors tous les assistants, prêtant l'oreille, essayèrent de répéter; les plus habiles disaient, en pinçant les lèvres, avec forces grimaces : « Nui-te-So-poa. »

Le juge reprit :

— Pourquoi, étant sorti une première fois, es-tu revenu ?

— Le batelier voguant sur la mer et surpris par une tempête, va se mettre à l'abri dans quelque port, puis, la tourmente passée, il se remet en mer ; ainsi j'ai fait...

Le juge se mit à sourire en disant à demi-voix :

— Oh ! ce n'est pas la même chose. Qu'es-tu venu faire ?

— Prêcher une belle doctrine.

— Quelle doctrine ?

— La religion catholique qui enseigne à honorer le maître du Ciel, Dieu.

— Qu'est-ce que Dieu ?

« — C'est le créateur du ciel et de la terre, c'est lui qui a créé le premier homme d'où nous sommes tous descendus ; tout homme doit honorer ses parents, à plus forte raison doit-on honorer Dieu, le père de tous les hommes ; c'est encore lui qui gouverne l'univers et qui est le maître de tout.

— Qui a jamais vu Dieu ?

— Dieu a parlé aux hommes ; c'est Dieu lui-même qui a donné les dix commandements que tous les hommes doivent observer. En outre, les preuves de l'existence de Dieu sont partout, et nos livres chrétiens que vous avez pu voir en donnent beaucoup.

— Qu'est-ce qu'a de bon cette doctrine ?

— Elle apprend à aimer Dieu par-dessus tout, et tous les hommes, comme soi même ; elle apprend à faire le bien, à éviter le mal, à régler ses mœurs, à supporter patiemment les maux de cette vie, avec l'espérance d'un bonheur éternel après la mort.

— Lorsque tu mourras, où iras-tu ?

— Chaque homme, après la mort, va devant Dieu et subit un jugement sur le bien ou le mal qu'il a fait pendant sa vie ; les bons vont au ciel, les méchants vont en enfer.

— Mais toi, où iras-tu ?

— Personne ne peut répondre de soi.

— Mais enfin, où espères-tu aller ?

— J'espère, avec la miséricorde de Dieu, obtenir le ciel.

— Ne crains-tu pas de mourir ?

— Tout homme craint la mort.

— Mais, actuellement, si l'on te mettait à mort, n'aurais-tu pas peur ?

— Je n'ai peur que d'une chose, c'est du péché. Si, actuellement, ici vous me mettez à mort pour la cause de Dieu, je n'ai nullement peur.

— Et alors, où iras-tu ?

— Au ciel, en présence de Dieu.

— Combien de temps ?

— Toute l'éternité.

— Mais les corps vont en terre ?

— Oui, les corps vont en terre où ils pourrissent, mais l'âme ne meurt pas, et de plus, un jour les corps ressusciteront tous, et iront, unis à l'âme, dans le lieu où celle-ci était avant la résurrection et cela pour toujours.

— C'est assez, dit le juge avec mépris ; qu'on l'emmène.

Trois jours après cet interrogatoire Mgr Ridel était jeté dans un cabanon où se trouvaient des chrétiens et un païen. C'etait un affreux réduit n'ayant que la porte pour toute ouverture, pour lit de la paille pourrie jetée sur le sol. Les prisonniers devaient se contenter d'une nourriture grossière et insuffisante, des vêtements sales et déchirés leur couvraient le corps, on ne leur permettait qu'une sortie de quelques minutes chaque jour. Au milieu des souffrances du corps et des

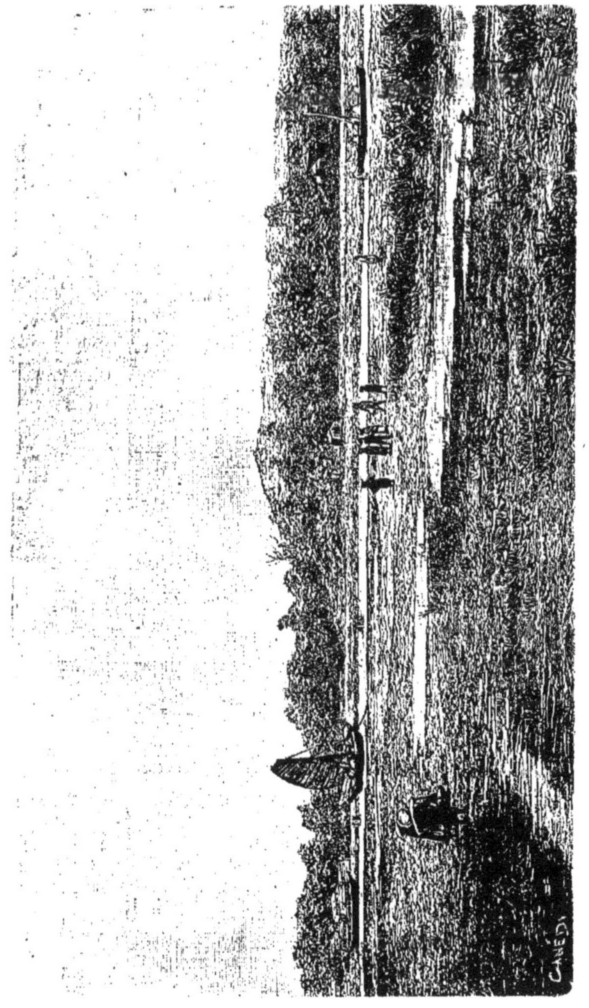

JE PUS VOIR LES MONTAGNES DANS LE LOINTAIN

tortures de l'esprit que la captivité dans de telles conditions devait amener nécessairement avec elle, Mgr Ridel trouvait encore le moyen de faire un peu de bien à ceux qui l'entouraient.

Trois femmes chrétiennes habitaient le même cachot que lui. L'une d'elles s'était mariée avec un païen qu'elle avait converti. Mais hélas! elle avait eu le malheur d'apostasier, et elle regrettait vivement sa faiblesse. Un jour où la surveillance était moins étroite, elle fit le signe de la croix, en regardant l'évêque. Évidemment elle désirait retrouver la paix de la conscience en recevant le pardon de sa faute. Comme il lui était impossible de la confesser, Mgr Ridel la fit prévenir qu'il lui donnerait l'absolution. En effet le matin l'évêque prononça la formule sainte de sa place, et lui rendit avec la grâce de son Dieu la force de supporter avec courage toutes les souffrances inhérentes à sa triste situation : « En vérité, sommes-nous bien à Séoul dans la petite capitale d'un royaume inconnu ou à Rome la souveraine du monde? Est-ce un évêque français du XIXe siècle qui console et absout d'humbles enfants de la Corée, ou Paul qui bénit des matrones et des chevaliers romains ses compagnons de captivité [1]. »

Les chrétiens enfermés avec Mgr Ridel étaient pour lui un sujet de grande édification. Serviables, doux et patients, ils forçaient l'admiration des païens.

Cependant l'heure de la délivrance approchait.

« Le 5 juin, raconte l'Évêque, je célébrai l'anniversaire de mon sacre. J'en avais averti les chrétiens. Nous étions encore en fête, en fête dans un cachot. Tout à coup le prétorien, chef du poste, en grand costume, se présente devant notre porte : « Prenez votre grand habit, me dit-il, et suivez-moi. »

« Que pouvait-il y avoir de nouveau? Je donnai une poignee de main au vieux, je bénis tous les chrétiens et sortis à la suite de mon guide, qui me conduisit dans la chambre des satellites, en dehors de la prison. On me fit entrer dans une autre prison qui était vide ; on me donna de l'eau pour me laver ; j'en avais bien besoin. Faut-il dire que j'éprouvai une véritable jouissance à me laver les mains, la figure et même les pieds?

« Le soleil paraissait, je caressai quelques brins d'herbe qui poussaient là ; il y avait si longtemps que je n'en avais vu ! Je contemplai le ciel, je pus même voir des montagnes dans le lointain ; tout me paraissait nouveau, tout me paraissait beau. Je pouvais me promener, ce qui me fit beaucoup de bien ; mais comme je me sentais faible !

« Bientôt la nouvelle se répandit en ville que j'étais sorti de prison et qu'on me gardait dans les appartements du tribunal où l'on pouvait me voir. Dès lors, le tribunal fut envahi par une foule de curieux qui

1. Cfr. *Nos missionnaires*, par A. Launay, p. 107.

venaient comme en procession ; c'étaient des employés du gouvernement, des bourgeois, des nobles, etc., etc. Il fallait trois ou quatre gardiens pour maintenir la foule, et bientôt on fut obligé de me renfermer dans une cour dont les murailles furent escaladées bien vite. Des satellites m'amenaient leurs parents, leurs amis ; il me fallait recevoir tout ce monde, répondre à tous et à toutes les questions. Ce peuple de la capitale est vraiment bon ; tous me parlaient poliment et avec affabilité ; même les nobles, qui se présentèrent quelquefois au nombre d'une trentaine. Le mandarin, gouverneur de la prison, qui avait ses appartements dans le tribunal, m'appelait aussi, et, renfermés chez lui avec quelques-uns de ses amis, nous causions tout à l'aise. Ils y prenaient un grand plaisir ; je pus leur parler de la doctrine que j'étais venu prêcher. Je me souviens d'être resté deux fois assez avant dans la nuit pour répondre à leurs questions. Il admirait l'explication de la création du monde et disait que la doctrine des dix commandements était bien belle. Par son entremise, j'eus l'occasion de voir aussi plusieurs employés de la cour qui s'adressaient à lui pour se faire présenter; ces messieurs ne voulant pas se présenter comme de simples mortels ; alors nous faisions des échanges de politesse, à la coréenne. Je dus bien souvent me tromper pour l'étiquette, mais on savait bien que je ne sortais pas du palais du roi.

« Cependant la pensée de mes pauvres chrétiens prisonniers ne m'abandonnait pas. Un jour, j'en parlai au juge-chef et lui dis :

« Oh ! si je pouvais voir le vieux Tchoi Jean !

— Vous désirez le voir ? C'est bien facile, vous allez les voir, je vais « les faire venir tous. »

« Aussitôt il donne l'ordre d'appeler tous les chrétiens, qui vinrent les uns après les autres ; leur vue me consola ; je m'efforçais de les encourager à la patience, à la confiance en Dieu. Hélas ! j'étais mis en liberté, et eux restaient prisonniers ; qui comprendra bien la grandeur de cette épreuve ? Ma présence devait être pour eux un soulagement, et voilà que je les quitte. Le vieux Jean demeura plus longtemps. En sa présence, je demandai à ce chef ce qu'allaient devenir ces chrétiens prisonniers. Il répondit aussitôt : « Mais on va les renvoyer tous ; à quoi bon les retenir, puisqu'on renvoie leur chef? » C'était à ne pas y croire, et je vis bien que le vieux Jean n'y ajoutait pas foi.

Le vieux nous quitta, il était bien triste.

« Ah ! dit-il, je ne reverrai donc plus la figure de l'Évêque ! »

— Courage, lui dis-je, nous nous retrouverons certainement au ciel.» Là-dessus, il partit, retourna en prison, et je ne l'ai plus revu depuis.

VIII

Libre, grâce à la France ! — Le départ pour la Chine. — Le voyage. — « C'est là leur religion, mais elle est vraiment belle ! » — Une réception tapageuse. — Une âme de bonne volonté. — Arrivée à N-D. des Neiges.

Mgr Ridel était libre, grâce à la France. Notre ministre à Pékin avait obtenu que la Chine demandât au gouvernement coréen la délivrance du missionnaire. C'était donc la liberté ; mais la liberté loin de la Corée, en exil. Quelle nouvelle épreuve pour une âme d'apôtre !

Le 11 Juin le vénérable évêque sortait de la capitale pour prendre le chemin de la Chine.

Avant son départ il avait eu la douleur de voir jeter au feu par ordre du préfet de police les livres chinois et coréens que contenaient ses caisses. Tous ses manuscrits et ses travaux sur la langue y passèrent. Par bonheur Mgr Ridel avait laissé en Chine un exemplaire des livres les plus importants. — « Tu vas retourner dans ton pays, lui disaient les satellites ; par conséquent tu n'as plus besoin de livres coréens, ni de livres chinois que personne ne comprend chez toi. »

La caravane qui escortait le prélat se composait d'un petit mandarin à cheval et de deux satellites. Mollement bercé dans sa chaise à porteur, Mgr Ridel pouvait admirer librement les environs de Séoul qui sont d'un aspect charmant. Des collines légèrement ondulées ; dans le fond de hautes montagnes ; partout des champs, de la verdure, puis des bois, des forêts, de grands arbres. La poitrine du prisonnier se dilatait en respirant cet air salubre dont il avait été privé pendant de longs mois. Il notait dans sa mémoire les événements du voyage et ses impressions que nous résumons ici [1].

Partout le prélat était bien traité. Les coréens avertis de son passage accouraient de toutes parts pour le voir. Il n'y avait chez ces gens aucune hostilité, mais de la curiosité et quelquefois de la sympathie.

Un jour c'est un mandarin qui vient entretenir avec lui une longue et sérieuse conversation. L'évêque était sur le point de se coucher lorsqu'il revint: « J'ai eu tant de plaisir, lui dit-il, que je désirerais encore vous entendre. »

1. *Annales de la Propagation de la Foi*, septembre 1879.

Le missionnaire profita de l'occasion pour lui exposer les principes, les preuves, la morale de la Religion chrétienne.

« Comment, c'est là leur religion, mais elle est vraiment belle disaient les assistants, c'est un homme juste, tous les Européens et les chrétiens leurs disciples le sont aussi. »

Plus loin l'accueil est moins sympathique.

C'est dans la ville de Hpyeng-yang où les habitants sont tapageurs et audacieux.

Dès que la présence du prélat est connue, la foule devient menaçante: « Il faut le voir ! il faut le voir ! Découvrez la chaise, crie-t-on de tous côtés. Bientôt les rideaux sont enlevés, le mandarin a beau crier, et les porteurs frapper à droite et à gauche avec leurs bâtons, le tumulte ne cesse pas, on s'étonne que le gouvernement n'ait pas mis à mort l'européen. — Comment, mais c'est l'ordre du Fils du ciel de le renvoyer, il a même ordonné de le bien traiter; c'est un homme qui a du renom dans son pays, et, en Chine, c'est un grand personnage.

« C'est l'ordre de l'empereur de Chine !

— Oui, certainement, il a envoyé un courrier exprès pour le réclamer. »

A ces paroles, l'émeute se calma un peu. Le lendemain le missionnaire put repartir.

Un autre jour en allant examiner les statues d'une pagode située sur une colline, l'évêque voit sortir d'une maison où ses porteurs sont entrés pour se rafraîchir, un bon vieillard à cheveux blancs. — « Comment, il est ici, s'écriait-il, mais c'est un saint ! Moi qui depuis si longtemps désire voir un de ces hommes. »

Puis il court vers le prélat et lui prenant les mains :

« — Oh ! dit-il, j'ai entendu parler de vous. Comme je désirais voir « votre visage ! Un grand bonheur m'était réservé sur mes vieux jours; « je puis mourir maintenant, j'ai vu la figure d'un de ces hommes « vénérables qui ont tout quitté, qui s'imposent mille peines, mille « fatigues pour venir nous enseigner une belle doctrine. Ce sont des « saints ; j'ai vu la figure d'un saint. » Se tournant vers les porteurs, il ajouta : « C'est un homme comme il n'y en a pas chez nous ; il n'est « pas venu ici, comme le prétendent quelques-uns, pour s'emparer de « notre pays ; lui et ses disciples n'ont d'autre but que de nous instruire. « Et nous autres, Coréens, nous les maltraitons. A la capitale, on les a « pris, on les a mis à mort. Quel malheur pour notre pays que de tuer « ainsi des hommes qui ne veulent que notre bien ! Quelle fureur, quelle « injustice ! Jamais ils n'ont fait de mal à personne ; ils sont ornés de

« toutes les vertus. Oh ! que notre gouvernement est cruel et aveugle[1] ! »

Mgr Ridel exhorta ensuite cette âme de bonne volonté à se faire instruire de la religion, et la quitta le cœur consolé.

A Eitjgone, dernière station, Mgr Ridel se sépara du mandarin qui l'avait accompagné jusqu'à la capitale : « Le mandarin de la ville vint aussitôt me demander, dit Mgr Ridel, si j'avais bien dormi pendant la nuit et me souhaiter un bon voyage. Je lui souhaitai la paix et la prospérité, lui promettant de conserver un excellent souvenir de mon passage dans sa ville et de ne jamais oublier la Corée.

« Nous nous mettons en marche. On attendait notre sortie, et, comme la veille, la foule était compacte. Les satellites, armés de bâtons, se mettent en devoir d'écarter tout le monde. Je m'empressai de dire au mandarin : « Tous ces gens désirent me voir ; empêchez les satellites « de les frapper. — Ne frappez pas, ne frappez pas, dit aussitôt le « mandarin ; l'Européen ne veut pas qu'on frappe le peuple. » Nous avançons ainsi au milieu de la foule qui nous accompagne ; nous traversons la plage et nous montons dans de grandes barques plates. C'était un spectacle curieux que tout ce peuple échelonné sur la grève. Les enfants se mettent à l'eau, pour me voir de plus près ; ils entourent notre bateau et, souriant amicalement, nous montrent deux belles rangées de dents blanches. D'autres se sont élancés dans des pirogues formées d'un seul tronc d'arbre ; ils les manœuvrent avec grâce et agilité. Tout ce peuple, c'est mon peuple, ce sont mes enfants. Notre-Seigneur, par l'entremise du vénéré pontife Pie IX, me les a confiés, me les a donnés, et je les abandonne !

« Nous faisons tranquillement cette traversée et nous abordons à la première île ; de grandes barques coréennes montent et descendent la rivière ; de l'autre côté de l'île, dans l'autre bras du fleuve, on aperçoit des jonques chinoises très-nombreuses. Descendu à terre, je me retourne pour contempler encore une fois ce beau pays, ma chère mission. Quel magnifique coup d'œil ! quel panorama ! C'est comme un sourire de la Corée. Embrassant tout le pays du fond de mon cœur, je lui envoyai ma plus tendre bénédiction en disant : Au revoir ! Dieu veuille que ce soit bientôt !

Enfin le 12 juillet Mgr Ridel était de retour à N.-D. des Neiges. Prévenus de son arrivée les missionnaires avaient organisé une réception triomphale digne du courageux confesseur de la foi. A deux

1. Cfr. *Annales de la Propagation de la Foi*, septembre 1879.

kilomètres du village, le prélat rencontra le cortège des chariots chargés d'enfants tenant des étendards à la main, des cavaliers avec fusils en bandoulière. Un petit chariot était préparé pour le recevoir, l'évêque y monta, et la procession se déroula au son de la musique au milieu de la foule des païens. A l'entrée du village, il revêtit le rocher et la mosette et se dirigea vers l'église sous un dais porté par quatre chrétiens.

Dès qu'il eut pénétré dans le lieu saint les missionnaires le saluèrent de cette belle antienne de la liturgie : « O prêtre, ô Pontife, orné de toutes les vertus, pasteur dévoué à vos brebis, intercédez pour nous auprès de Dieu. » Le prélat monta alors à l'autel, prit dans ses mains l'hostie sainte et bénit l'assistance pieusement prosternée.

Ainsi se terminait le voyage. L'évêque quittait sa chère mission le cœur navré d'abandonner les chrétiens et les missionnaires dont il était le père, mais emportant en même temps au fond de son âme le désir de leur être utile de loin et la ferme résolution de venir les retrouver quand les circonstances le permettraient. Voilà bien le missionnaire catholique. Rien ne peut abattre son courage. Comment les persécuteurs pourraient-ils venir à bout d'un homme qui ne craint ni la prison, ni les supplices et qui ambitionne le martyre comme suprême récompense de son zèle ?

IX

Les dernières années. — Vains efforts de l'Évêque pour rentrer dans sa mission. — Professeur de huitième. — Importantes publications. — La maladie. — Retour en France. — Fiat voluntas tua ! — La mort des apôtres !

La vie de Mgr Ridel avait été jusque-là une vie de luttes et d'oppositions. Elle devait jusqu'à la fin conserver ce caractère. Ses dernières années en effet furent attristées par l'inutilité de ses efforts pour rentrer dans sa mission. Quoique éloigné d'elle, il multipliait ses démarches soit à Pékin, soit à Tokio, essayant d'intéresser les gouvernements chinois et japonais en faveur de ses fidèles en détresse. Il se tenait en rapport fréquent avec ses missionnaires et il les encourageait dans leurs travaux et leurs difficultés. Il leur demandait de rechercher parmi leurs catéchistes ceux qui paraissaient avoir le plus de dispositions pour le sacerdoce, afin que, si la persécution redevenait violente, des prêtres indigènes pussent plus facilement échapper aux investigations des satellites, et conserver la foi au milieu des chrétiens. C'est ainsi que fut fondé en Chine le collège des vieux.

Le prélat lui-même se chargea de l'éducation des élèves coréens et devint professeur de huitième.

En même temps il terminait le travail si important qu'il avait commencé naguère de la rédaction d'une grammaire et d'un dictionnaire coréens. Au moment où les regards de l'Europe se portaient plus que jamais vers la Corée, cette publication était opportune : « La composition d'un pareil ouvrage n'a pas duré moins de dix ans, durant lesquels aux résultats de la veille venaient patiemment s'ajouter ceux du lendemain. C'est le fruit non d'un travail isolé, mais d'une active et minutieuse collaboration, où les découvertes particulières ne furent enregistrées qu'après avoir subi l'épreuve du contrôle commun et passé au crible d'une critique sévère [1]. »

Remarquons en passant que cette publication prouve hautement que le prêtre de Jésus Christ est l'ami du progrès scientifique sous toutes ses formes. A ceux qui lui reprochent d'être en arrière, nous sommes fiers de montrer un missionnaire qui, en pleine persécution et au milieu des labeurs incessants de son ministère sait se réserver des loisirs pour doter la science de trésors ignorés. L'importance d'un tel travail fut unanimement reconnue par ceux qui s'intéressaient à la question coréenne. Les Anglais offrirent à Mgr Ridel de traduire son ouvrage dans leur langue en se chargeant de tous les frais d'impression et en lui offrant comme compensation une forte somme d'argent. Les Allemands furent encore plus généreux. Le prélat refusa :

« Non, jamais, répondit-il, je ne consentirai à vendre aux autres le travail de quinze années de ma vie. Je suis français et je veux que les Coréens apprennent la langue de la France, et non pas celle des nations étrangères. »

Cependant le pasteur souffrait toujours d'être séparé de son troupeau. Si la voix du zèle avait seule parlé en lui, il serait parti pour la Corée, bravant tout comme autrefois, pour diriger son clergé et soutenir les chrétiens fidèles. Mais la voix de la prudence se faisait entendre aussi, et elle donnait à craindre que la présence de l'évêque, trop connu pour échapper aux regards, ne fût cause d'une nouvelle persécution. Ne sachant que faire, le prélat consulta le Saint-Siège qui lui conseilla d'attendre des temps meilleurs. Dans les desseins de la Providence, c'était l'heure du repos pour le vaillant confesseur de

1. *Écho du Japon*, 18 décembre 1880.

la foi, mais il lui fallait auparavant passer par une nouvelle épreuve : la souffrance.

Mgr Ridel s'était rendu au Japon pour visiter Mgr Petitjean et se concerter avec lui au sujet de la translation au Japon du poste de N.-D. des Neiges. En voyant ses cheveux blanchis, ses traits amaigris, l'évêque de Myriophite fut douloureusement ému. Hélas ! la maladie allait encore accentuer cet état déjà si grave. Le 5 octobre vers deux heures de l'après-midi, on trouvait le vicaire apostolique de la Corée étendu dans son fauteuil presque sans vie. Grâce aux bons soins qui lui furent prodigués le danger fut écarté, mais le bras et la jambe droits demeurèrent paralysés.

Il fallut songer au départ. Le 23 novembre Mgr Ridel reprenait le chemin de la Chine, puis de la France.

On devine avec quel serrement de cœur, l'apôtre avait accepté de retourner dans sa patrie pour lui demander de lui rendre les forces perdues. Avant de partir, il avait pourvu à l'administration de son vicariat en se nommant un coadjuteur, selon la faculté qu'il en avait reçue du Saint-Siège.

Nous ne suivrons pas le vénéré malade dans toutes les stations où les médecins l'envoyèrent. La science des hommes de l'art, et les sollicitudes de l'amitié et du dévouement parurent produire un bon résultat, et l'on pouvait concevoir pour l'avenir de sérieuses espérances. Malheureusement, les membres demeuraient paralysés : « Que je guérisse ou que je ne guérisse pas, disait gaîment le prélat, j'ai tout à gagner des deux côtés et rien à perdre.

« Si je guéris je ferai la volonté de Dieu en retournant dans ma mission ; si je ne guéris pas, je vivrai en rentier, encore par la volonté de Dieu. Donc je ne puis qu'être content, puisque je n'ai pas cherché mon mal et que d'une façon comme d'une autre je ferai toujours la volonté de Dieu. »

Le 23 mai 1884, il écrivait : « Ici, vous le savez, on prie, on espère, on aime, on est heureux : voilà ce que je suis, voilà ce que je fais. Je demeure chez les pères missionnaires de Lourdes ; le matin, je puis assister à deux ou trois messes, descendre deux ou trois fois à la grotte. Tous les jours je vais à la piscine. Hier, j'ai donné, aux vêpres, une bénédiction solennelle après une instruction du mois de Marie, où le prédicateur... »

Voici ce que Monseigneur voulait dire : le père jésuite qui prêchait le mois de Marie, avait raconté l'histoire d'un missionnaire formé par la très sainte Vierge. Il était de Nantes. — Tiens ! il s'agit d'un compatriote, se dit Monseigneur, et il prête l'oreille. — Après ses années de séminaire, il exerça quelques mois le ministère paroissial. — Tout comme moi, murmura Sa Grandeur. — Le zèle en fit bientôt un missionnaire. — Comme moi encore. — Ses supérieurs le destinèrent à la Corée.

A ces mots, il devina. « J'étais très mal à l'aise, dit-il plus tard, mais la foule ne comprit qu'à la fin, en apprenant que ce missionnaire, devenu évêque et presque martyr, allait donner sa bénédiction. »

Quand il sortit, on se pressa autour de lui : chacun tenait à baiser son anneau, sa soutane ; il fallut exercer une active surveillance : on parlait de couper des morceaux de sa soutane et de sa ceinture. Mais il entra dans la piscine, et tous à genoux récitèrent le chapelet avec plus de ferveur que jamais.

Dieu, qui lui avait refusé la palme du martyre, avait décidé de lui accorder bientôt la couronne des élus, et le miracle demandé par tous ne fut pas obtenu. Le saint évêque ne s'en effraya point, malgré son vif désir d'être guéri pour retourner en Corée [1].

Dans la nuit du 19 au 20 juin, la situation du vénéré malade devint subitement très alarmante. Les souffrances étaient grandes, mais il les dominait par la résignation chrétienne et par la prière fervente : « Mon Dieu ! que je souffre, disait-il, mon Dieu, que votre volonté soit faite ! Marie Immaculée, priez pour moi. » Ce furent ses dernières paroles. Vers 6 heures du matin, son âme quittait doucement la terre et s'en allait vers Dieu qu'elle avait généreusement servi, recevoir la récompense réservée aux apôtres et aux confesseurs de la foi chrétienne.

Aujourd'hui les missionnaires peuvent évangéliser plus librement cette terre autrefois si inhospitalière et qui a bu le sang de tant de martyrs. Le nombre des chrétiens s'accroît de plus en plus.

Mgr Ridel, du haut du ciel, protège sa chère mission ! Il demande à Dieu pour elle des missionnaires zélés qui lui apporteront la sève vivante de leur foi et de leur enthousiasme, des apôtres qui soient les glorieux moissonneurs de ce champ qu'il a arrosé de ses sueurs, et fécondé par ses souffrances héroïquement supportées pour Jésus-Christ.

1. *Mgr Ridel*, par l'abbé Piacentini, page 396.

Monseigneur DOUARRE

Vie de Monseigneur DOUARRE

I

Les alarmes de l'amour filial. — Une double préservation. — Le jeune maître d'étude. — Un singulier départ et une rencontre providentielle. — Au grand séminaire d'Orléans. — Les débuts dans l'apostolat. — Anecdotes édifiantes. — L'abbé Douarre, modèle des pasteurs.

Guillaume Douarre est né le 16 décembre 1810, au village de La Forie, commune de Job, dans le département du Puy-de-Dôme. De précieux indices manifestèrent de bonne heure ce qu'il deviendrait un jour. Alors qu'il était encore au bras de sa mère, il se mit un matin à verser d'abondantes larmes. Tristesse d'enfant sans doute, qu'un rien provoque ou console La mère n'eut rien de plus pressé que de caresser son fils en lui demandant la cause de son chagrin. « Ah ! répondit-il enfin, c'est que mon père n'ira pas au ciel, puisqu'il travaille le dimanche. » On calma les alarmes de son amour filial en lui disant que M. Douarre étant boulanger se trouvait dans des conditions spéciales qui légitimaient sa conduite.

En grandissant, Guillaume se montra simple et bon, plein de délicatesse et d'une parfaite ouverture de cœur. Il avait horreur du mal. Il racontait lui-même à ses confrères que, dans son enfance, il avait eu le malheur de rencontrer un camarade corrompu et corrupteur qui aurait voulu l'entraîner dans le péché. Mais la Providence, qui veillait sur cette âme d'élite, la garda fidèle à la vertu.

A l'âge de neuf ou dix ans, Guillaume faillit être victime d'un terrible accident. Étant tombé dans un engrenage de papeteries où son père travaillait alors, il fut préservé de tout mal. Sa piété lui fit voir en cette circonstance la main paternelle de Dieu qui l'avait protégé miraculeusement, et en reconnaissance d'un si grand bienfait, il promit de se dévouer aux missions.

A quatorze ans, nous le trouvons à Ambert, suivant les classes du collège communal. Là, il donne « tant de preuves d'intelligence, d'aptitude studieuse et de gravité précoce, que le principal du collège l'appelle aux délicates fonctions de maître d'étude. Il est difficile de régenter ses condisciples, même en se faisant reconnaître supérieur à eux par la double autorité du savoir et du sérieux de l'esprit ; il est plus difficile encore de savoir se faire aimer. Le jeune Douarre fut obéi, respecté et aimé. C'était le cœur et la raison qui parlaient chez lui ; jamais l'impatience ou l'amour-propre [1]. »

Mais bientôt sa famille, qui était très pauvre, ne put continuer à subvenir aux frais de son éducation. Écoutons Mgr Douarre nous racontant lui-même les ennuis de cette période critique de sa vie. « Après le cours de philosophie que je suivis à Montferrand, près Clermont, en Auvergne, chez les vénérables Sulpiciens, mon père me dit : « Mon fils, il est impossible, absolument impossible que tu continues tes études. » Je n'avais cependant plus que quelques années à franchir pour arriver à l'état ecclésiastique, vers lequel je me sentais fortement attiré. Mais mon père fut inébranlable.

« Accablé de ce contretemps, ne sachant plus de quel côté me tourner, je me rends chez le maire de ma commune. « Donnez-moi, je vous « prie, un passeport. — Pour quel pays ? — Pour quelque pays que ce « soit, pourvu que vous m'en donniez un. » Il me le donne : je pars. Je n'avais avec moi pour tout bagage que deux ou trois chemises et quelques hardes. J'achète un sac militaire afin de porter le tout commodément et de cheminer à mon aise et me voilà parti. C'était à la mi-novembre 1830. Déjà j'étais dans les environs de Clermont, je marchais péniblement, j'étais haletant de fatigue, lorsque tout à coup je vois devant moi M. Billaudèle, directeur du Séminaire de philosophie, et à sa suite tous mes anciens condisciples qui allaient à la promenade. « C'est lui ! C'est bien lui ! disait-on de tous côtés. C'est le petit Douarre ! » On avait l'habitude de me nommer ainsi. Je ne rougis pas de l'état dans lequel je me trouvais (il n'y a point de honte à être pauvre) et j'allai droit à eux. M. Billaudèle, qui était si bon, si aimant, si aimé, s'approcha de moi et me demanda où j'allais, ce que je faisais... Je lui répondis en versant un torrent de larmes, que je ne le savais pas, que mon père ne pouvait plus suffire à mon éducation cléricale, que j'étais obligé d'y renoncer. Son cœur s'attendrit ; il me consola et me dit : « Mon enfant, allez à Montferrand, je penserai à vous. » Il me confia alors à l'un de mes plus chers amis, mon compatriote, maître de conférences de philosophie. Celui-ci me conduisit au Séminaire,

1. *Notice biographique*, par M. Camille Vimal.

me donnant avec la plus tendre charité tous les soins que réclamait mon état de lassitude. Bientôt M. Billaudèle rentra, et il m'admit dans sa maison où je fis tant bien que mal mon cours de physique. Le vénérable M. Royer se chargea de payer ma pension.

Après un court séjour au grand Séminaire de Clermont, Guillaume Douarre entra au grand Séminaire d'Orléans ; on voulait sans doute l'attacher dans un diocèse qui se trouvait alors très pauvre de vocations sacerdotales. C'est dans cette maison, sous la direction d'un digne et austère Sulpicien, M. Bénech, dont la mémoire est restée en vénération, qu'il acheva le cours de ses études ecclésiastiques et qu'il se prépara au sacerdoce.

Ordonné prêtre en 1834, il fut d'abord vicaire, et dans les deux postes qu'il occupa successivement, il remplit avec un zèle et une charité admirables les fonctions du saint ministère. A Issac-la-Tourette, près de Riom, la paroisse avait pour le jeune prêtre de telles sympathies qu'à la mort du curé elle demanda à l'évêque de lui laisser comme pasteur celui dont elle avait appris à connaître le mérite. Mgr Féron ne voulut pas enfreindre les règles qu'il avait établies lui-même, et il envoya l'abbé Douarre dans un nouveau vicariat. Il fallait dans ce poste un homme de vertu, car le curé, fort bon prêtre d'ailleurs, avait une humeur difficile. L'abbé fut d'une patience à toute épreuve : on l'en estima davantage. Cependant après être resté assez longtemps dans cette paroisse, il crut, sur l'avis d'une personne autorisée, devoir solliciter son changement. Ses supérieurs cédèrent alors aux instances des habitants d'Issac-la-Tourette, et leur donnèrent comme curé le vicaire qu'ils avaient tant aimé.

Issac la-Tourette, qui venait d'être confiée au zèle de l'abbé Douarre, était loin de ressembler à beaucoup de nos paroisses de France à l'heure actuelle. La piété y était tellement en honneur que, même pendant la semaine, l'église était remplie de personnes chrétiennes qui trouvaient le temps de venir assister au saint Sacrifice de la Messe. Tous les hommes, à quelques exceptions près, s'approchaient de la sainte Table au moment des Pâques. On comprend la joie du nouveau curé lorsqu'il se vit chargé d'une population si intéressante par la vivacité de sa foi. L'abbé Douarre mit tout en œuvre pour conserver ces excellentes traditions, et accroître le bien qui existait déjà. Le succès vint couronner ses efforts.

L'abbé Douarre fut vraiment l'idéal du bon curé. « On le regardait comme un saint, a dit de lui une femme de la Tourette. Un jeune homme avait mal aux yeux : « Mon ami, lui dit notre curé, ce ne sera rien. » Il pria sainte Philomène et, deux jours après, la guérison fut complète. Les personnes de la maison criaient « au miracle. » On racontait plusieurs autres faits semblables ; sans les attribuer à la sainteté de M. Douarre, on peut en conjecturer du moins quelle haute estime on avait de sa vertu.

M. Douarre jouissait pleinement des consolations que le ministère des âmes lui procurait dans cette excellente paroisse de la Tourette. Ses confrères enviaient son bonheur et beaucoup d'entre eux eussent volontiers quitté des situations honorables pour prendre la direction d'un poste dont l'évêque de Clermont disait : « Si je pouvais me débarrasser du fardeau de l'épiscopat, mon bonheur serait d'être curé de ce village. » Mais il n'était pas dans les desseins de la Providence que le saint curé de la Tourette restât plus longtemps occupé à ces doux labeurs du ministère des âmes dans un bourg ignoré de l'Auvergne ; elle voulait en faire un apôtre des missions lointaines, qui s'en irait porter aux peuplades sauvages de la Nouvelle Calédonie les lumières de la foi et les ardeurs de sa charité.

II

Je serai prêtre et je serai missionnaire. — Une dette sacrée. — La Société de Marie. — Les opposants : l'évêque et la mère. — Une guérison inespérée. — Le noviciat. — L'épiscopat. — Sainte horreur du luxe. — Ah ! quand cela finira-t-il donc ? — Admirable conversion. — Le compliment de M. Bataillon. — L'évêque des marins. — Le départ.

Dès son enfance, M. Douarre avait eu la pensée de se faire missionnaire. Alors qu'il n'était encore qu'écolier, il disait quelquefois : « Je serai prêtre et je serai missionnaire. » Les consolations qu'il goûtait depuis sa nomination à la cure de la Tourette ne parvinrent pas à étouffer le précieux germe que Dieu avait déposé dans son âme. Ayant entendu parler de la Société de Marie, il comprit qu'il pourrait réaliser là les chers désirs de son cœur, et il résolut de tout quitter pour devenir apôtre.

Mais avant d'atteindre ce but tant souhaité, il avait deux obstacles à vaincre ; le premier venait de son évêque, désireux de garder au diocèse de Clermont un prêtre qui opérait tant de bien ; le second venait de sa mère qui l'aimait tendrement et qui ne pouvait se résoudre à une séparation définitive. Nous allons voir comment la Providence vint en aide au pieux curé dans ces circonstances délicates.

L'abbé Douarre alla donc d'abord trouver son évêque et lui

exposa l'objet de sa démarche. Mgr Féron lui répondit par un refus : « Monseigneur, dit alors le ferme curé que d'anciens souvenirs suivaient partout, je devrais être en enfer ; j'ai eu le malheur dans ma jeunesse de tomber entre les mains d'un scélérat — c'était le mot dont il se servait, — d'un scélérat qui devait me perdre, me damner. Mais la Sainte Vierge m'a sauvé par une faveur insigne ; je lui dois des actions de grâces particulières, un dévouement spécial. Il y a longtemps que je pense à m'acquitter envers elle ; c'est un devoir pour moi, je vous en supplie, laissez-moi payer ma dette. » Puis l'abbé Douarre raconta à l'évêque le fait que nous avons cité plus haut.

Mgr Féron fut profondément touché en entendant ces confidences ; cependant il persista dans son refus. Huit mois se passèrent après ce premier entretien, et comme M. Douarre faisait de nouvelles instances auprès de lui pour obtenir la permission de suivre ce qu'il croyait être l'appel de Dieu, le prélat finit par se rendre : « J'y consens, lui dit-il, mais à une condition, c'est que vous irez faire une retraite chez les Jésuites dans la ville du Puy, et vous vous en rapporterez à leur décision. — Monseigneur, très volontiers ; bien plus, je ferai cette retraite auprès des directeurs mêmes de votre grand séminaire, et s'ils me renvoient dans ma paroisse, j'y retournerai sans délai, et ne vous demanderai plus jamais aucune permission. » Le prelat fut touché. « Non, allez au Puy, chez les Jésuites. — Monseigneur, il m'est impossible d'aller au Puy, je n'ai pas la bourse assez fournie ; car si ces Pères sont d'avis que j'entre dans la Société de Marie, il ne me restera plus assez d'argent pour faire le voyage de Lyon, où se trouve le noviciat de cette Société. Mais il y a aussi des Jésuites à Lyon ; permettez que j'aille directement dans cette ville auprès d'eux ; puisque vous le désirez, je ferai ma retraite dans leur maison, et si Dieu m'appelle dans la Société de Marie, j'y serai tout rendu. »

Les larmes aux yeux, l'évêque lui accorda ce qu'il demandait. Il restait à l'abbé Douarre à remplir une dernière obligation, bien pénible à son cœur : faire accepter à sa mère la décision qu'il venait de prendre. Ce ne fut pas sans peine qu'il y parvint. Grâce aux générosités de personnes amies, il avait pourvu à la subsistance de cette bonne mère ; mais lorsque le moment de quitter le presbytère fut arrivé, Mme Douarre refusa de s'en aller. « Je ne partirai pas, disait-elle. — Il le faut pourtant, chère mère, dit-il, votre place est retenue. » La mère céda, mais elle en fit une maladie, qui troubla son intelligence. M. Douarre était dans une peine profonde; sans que sa confiance fût diminuée, il se tourna vers Marie. Il fut exaucé, sa mère retrouva la santé. Un an plus tard, elle eut la joie de le voir devenir évêque. La Providence lui avait envoyé une large compensation à sa douleur.

M. Douarre partit donc pour Lyon, et, docile aux conseils de son évêque, il alla faire une retraite chez les Pères Jésuites. Lorsqu'elle fut finie, fort de la décision suprême qui venait de sanctionner définitivement sa vocation, il entra au noviciat de la Compagnie de Marie.

Ce fut le 8 novembre 1842 que le P. Douarre prononça les trois vœux de religion, qui l'attachaient désormais à cette Société. Il avait à peine accompli cet acte solennel, et il s'abandonnait saintement à la joie d'un si beau jour; tout à coup, le Père général qui revenait de Rome lui fait une communication à laquelle l'humble religieux était loin de s'attendre. Le P. Colin lui déclare qu'il a obtenu du Saint-Siège son élévation à l'Épiscopat et sa nomination comme coadjuteur du P. Bataillon, vicaire apostolique de l'Océanie centrale, à qui il ira conférer la plénitude du sacerdoce après l'avoir reçue lui-même.

On devine la stupéfaction du P. Douarre. « Nous fûmes tous singulièrement édifiés, dit un prêtre Mariste, de l'anéantissement, de la confusion, de la douleur où le jeta cette nomination. Il n'osait plus paraître au dehors. « Ah! s'écriait-il, on a bien trouvé le moyen de m'empêcher de sortir ». Il se rendit au sanctuaire vénéré de Fourvière pour obtenir de Marie *la force de prendre son parti*, suivant son expression, et aussi la grâce *de devenir un saint.* « Ah! disait-il encore, c'est bien l'histoire du cordonnier de La Fontaine qui a perdu sa joie en recevant l'argent du financier! Je suis à charge à moi-même; une seule chose me consolerait, ce serait d'apprendre que je serai martyr. A ce prix j'accepterais volontiers l'épiscopat; alors, du moins, je serais sûr d'être sauvé. Hélas, je suis si mauvais! »

Le P. Poupinel, procureur des missions étrangères de la Société de Marie, s'occupait des emplettes du nouvel évêque; Mgr Douarre lui disait souvent : « Que ce soit simple, simple, bien simple. » Il fit agencer son chapeau, de manière à pouvoir en ôter les galons, afin de n'être pas connu. Le P. Poupinel lui faisant faire un ornement avec galons en or, il alla chez le marchand pour les demander en soie. Le même Père lui avait acheté pour ses soutanes un drap plus fin qu'aux autres Pères qui devaient l'accompagner; Mgr Douarre l'apprend et de suite court le contremander. « Je ne veux pas avoir d'autre vêtement que celui de mes frères, disait-il; conservons notre argent pour nos missionnaires, pour nos bons sauvages. » On lui avait fait faire une mitre riche; il n'en voulut

LE CARDINAL DE BONALD

point: « Gardons-la, dit-il, pour Mgr Bataillon, à qui nous la porterons; l'autre me va bien, elle me va mieux. Portons, portons tout cela, répétait-il, aux bons missionnaires que nous trouverons en Océanie et qui ont tant souffert. Nous, nous aurons toujours assez et Dieu aura soin de nous. »

Le P. Douarre fut sacré à Lyon le 18 octobre 1842, des mains du cardinal de Bonald, assisté de Mgr Devie, évêque de Belley, et de Mgr Mioland, évêque d'Amiens. Pendant la cérémonie, le nouveau prélat édifia profondément l'assistance par son recueillement et les larmes que l'émotion faisait couler de ses yeux ; lorsque tout fut fini, l'évêque d'Amata, c'était son titre épiscopal, se retrouvant au milieu de ses confrères de la Société de Marie, leur dit aimablement : « Je suis ce que j'étais avant ! Ce qu'il y a de plus en moi, c'est la Société qui l'y a ajouté. »

Avant de partir pour l'Océanie, Mgr Douarre alla à Paris, et reçut un accueil très gracieux du roi et de la reine ; il accepta plusieurs fois de prêcher, et sa parole simple, convaincue et pleine d'onction produisit des fruits de conversion et de salut. « Un jour, raconte son biographe, après le sermon de l'évêque d'Amata, une dame, baignée de larmes, s'approche de lui : « Monseigneur, confessez-moi ! » Mgr d'Amata, qui n'avait pas de pouvoirs, lui dit : « Madame, ne pourriez-vous pas vous adresser aux prêtres de ce pays ? Je ne suis là qu'en passant ; mais si vous y tenez, je ne puis vous refuser mon ministère. — Monseigneur, ce que j'ai à dire, je ne puis le dire qu'à vous. » Cette dame avait été poussée à son sermon contre sa volonté, touchée, saisie par la grâce. Il lui fixe une heure, va demander des pouvoirs à Mgr Affre, archevêque de Paris, et revient la confesser. Le bonheur de cette pauvre âme ressuscitée à la grâce fut à son comble. Aussitôt les affaires de Mgr d'Amata qui ne marchaient que lentement s'arrangèrent, et il comprit que c'était pour le salut de cette brebis égarée que le Dieu de bonté l'avait retenu à Paris. Cette conversion provoqua celle d'un homme distingué, qui vint à son tour trouver Mgr Douarre, lui fit, les larmes aux yeux, l'histoire de sa vie, et fut tellement touché de ses discours, que non content de se donner à Dieu, il voulait même renoncer au monde. Il a persévéré. « Oh ! disait-il, que la vue et la parole d'un prêtre-apôtre qui quitte tout pour aller secourir les âmes au péril de sa vie, a de puissance sur les cœurs ! »

En quittant la capitale, Mgr Douarre se rendit à Amiens pour faire visite à l'évêque qui l'avait assisté à son sacre. De là, il revint en Auvergne, et visita Mgr l'évêque de Clermont, ainsi que la paroisse dont il avait été pendant quatre ans le pasteur. Partout il fut reçu avec la plus vive sympathie ; ses paroissiens et ses confrères s'empressaient autour de lui pour lui faire honneur.

Lorsqu'il rentra à Lyon, son humilité, effrayée des marques de respect qu'on lui avait prodiguées durant son voyage, laissa échapper ce cri : « Ah ! quand cela finira-t-il donc ? Quand serai-je à mon poste ? Oh ! alors je saurai bien mettre la soutane violette de côté, et avec mon petit habit noir, lorsqu'il faudra bâtir pour le bon Dieu, je ferai le maçon et je vous réponds bien que je ne serai pas le dernier à l'ouvrage. » Il a tenu parole ; nous le verrons, dans les lettres du P. Rougeyron, servant de manœuvre au Frère qui lui avait servi de domestique.

Cependant le Supérieur général se préoccupait du prochain départ de ses missionnaires. Il voulait les diviser en deux groupes pour ne pas les exposer tous aux grands dangers qu'ils auraient à courir en abordant sur ces plages inhospitalières.

Dans sa pensée, Mgr Douarre devait faire partie du second convoi : « Mon très Révérend Père, dit avec intrépidité Mgr d'Amata, vous avez voulu me faire évêque malgré moi ; j'ai obéi ; mais maintenant vous ne pouvez m'imposer un tel ordre ; je suis évêque, et comme évêque je dois marcher le premier, être le premier sur la brèche. Eh bien, si je suis frappé, je serai martyr et vous mettrez à ma place un autre qui fera mieux que moi. »

Parmi les visites que le prélat crut devoir rendre encore, une des plus touchantes et qui donna lieu à un piquant incident, fut celle qu'il fit au père de Mgr Bataillon, bon cultivateur de Saint-Byr-les-Vignes, qui était maire de sa commune.

Ce brave homme, tout heureux et tout fier d'une telle visite, avait invité une nombreuse société d'ecclésiastiques et de laïques pour recevoir dignement l'évêque d'Amata, et comme il n'y a pas de réception solennelle sans compliment, il s'était muni de cette pièce indispensable ; au moment de lire, n'ayant pas la vue très claire, il mit ses lunettes : « Monseigneur, dit-il, je ne vois pas bien, permettez. » Hélas ! même avec les lunettes, le bon vieillard n'y voyait rien. L'aventure allait devenir embarrassante et tourner au comique, lorsque l'évêque lui dit avec beaucoup d'à-propos : « Donnez-le-moi, votre compliment, je le ferai, ce sera la même chose. — Vous me rendez service, » répondit en toute simplicité M. Bataillon. Alors l'évêque se lut à lui-même le compliment. « Maintenant, je vais faire la réponse. » Et il charma toutes les personnes présentes par sa grâce aimable, son tact et sa délicatesse.

Après avoir fait de touchants adieux au Supérieur général et à ses confrères, Mgr Douarre partit avec ses missionnaires pour Toulon.

C'est là qu'ils devaient prendre la mer. Retenus dans cette ville pour des causes indépendantes de leur volonté, ils en profitèrent pour prêcher et confesser. « Autant que je puis, avait écrit Mgr Michel, évêque de Fréjus et de Toulon, à Mgr Douarre, je vous nomme et institue évêque de cette partie de mon diocèse ». Le prélat profita de cette permission. « Monseigneur fait un bien immense à Toulon, écrivait un jeune Frère ; il prêche souvent, chacun veut l'avoir. Il reçoit des visites de tous les ecclésiastiques, des officiers et des capitaines de navire ; tous, jusqu'aux mousses et aux matelots, mettent chapeau bas quand il passe. On nous félicite d'avoir un tel évêque ; il est très aimé, très respecté ; aussi il ne s'épargne pas et donne un libre essor à son zèle ; quand il prêche, c'est toujours avec feu, et on court en foule pour l'entendre. Il me faudrait un volume pour dire tout le bien que ce cher évêque a fait jusqu'à ce jour. Il a aussi prêché à la Seyne, et toujours même éloge, même enthousiasme. Il a parlé souvent de la Propagation de la Foi d'une manière toute divine. »

La reconnaissance des Toulonnais pour le bien qui leur avait été fait par le vénérable prélat se traduisit par de nombreux dons en nature. Les dames confectionnaient des vêtements qui devaient servir aux sauvages de l'Océanie.

Enfin, la date du départ fut fixée définitivement au 3 mai. Le 24 avril, une partie des missionnaires s'était embarquée sur *le Phaéton*. Le jour de l'Invention de la Sainte-Croix, l'évêque monta à bord de *l'Uranie;* trois mille personnes avaient voulu donner une dernière marque de sympathie à Mgr Douarre. Cette foule courait les quais ; les ecclésiastiques de la ville entouraient l'évêque.

Lorsque celui-ci monta sur le canot, tous tombèrent à genoux pour recevoir sa bénédiction ; des larmes coulèrent de bien des yeux à ce spectacle.

III

« Comme à une fête ! » — Visite à un pauvre roitelet. — Une tempête. — Confiance en Marie. — Arrivée aux Marquises. — « Le Bucéphale. » — Scènes émouvantes et merveilleux spectacles.

Les missionnaires étaient heureux de prendre enfin le chemin de la mission confiée à leur zèle.

Au détroit de Gibraltar l'évêque d'Amata écrivait à un ami, M. Poupard, qu'ils allaient tous à leur mission *comme à une fête*.

Sur le bateau la plus grande cordialité régnait entre les passagers, religieux, marins et laïques. Dans ses relations avec ses compagnons et les gens de l'équipage, Mgr Douarre se montrait avant tout prêtre et apôtre ; ses manières simples et affables lui conciliaient tous les cœurs et préparaient les voies à son ministère. Tant il est vrai que le prêtre n'opère de bien réel qu'autant qu'il sait se faire aimer !

A Gorée, en Sénégambie, les deux caravanes apostoliques se rejoignirent. Pendant leur séjour dans cette colonie, les missionnaires allèrent rendre visite au roi de Dakar. Ils trouvèrent sa Majesté dans une installation très primitive ; une hutte lui servait de palais et un escabeau était le trône sur lequel le pauvre sire était assis. La conversation qu'ils eurent avec le souverain fut très cordiale ; avant de se retirer ils lui offrirent une médaille de la Sainte Vierge, qu'il accepta volontiers et suspendit à son cou.

Le voyage se continua sans incident ; mais le 28 juillet pendant la nuit, à la hauteur de La Plata, une tempête furieuse se déchaîna ; le vent soufflait violemment depuis deux jours ; la mer était en feu, les éclairs se succédaient dans le ciel avec une rapidité effrayante ; des gerbes d'électricité s'échappaient de toutes les vergues ; le long des mâts, près des canons, partout où il y avait des clous, brillait un jet de flammes ; à chaque instant des montagnes d'eau ébranlaient les flancs de *l'Uranie*, tombaient sur le pont, s'entre-choquaient furieusement à une grande hauteur, comme si elles devaient engloutir le vaisseau. On n'eut pas le temps de plier les voiles, ce qui accrut beaucoup le danger ; des rafales terribles s'y engouffraient ; *l'Uranie*, ballottée furieusement, penchait vers l'abîme. Tous, officiers et matelots, attendaient avec anxiété.

« Le commandant, qui avait pu apprécier l'esprit de foi de Mgr Douarre, vint le trouver et lui dit : « Monseigneur, priez Dieu que l'ouragan emporte les voiles et que le péril cesse. » L'évêque d'Amata prit une médaille de la Sainte Vierge, la jeta dans la mer et dit avec simplicité et confiance : « Que le vent emporte les voiles. » Au même instant un coup de vent impétueux les déchira, et les emporta toutes.

« Le fracas fut alors si effrayant qu'on put croire que *l'Uranie* se brisait contre un écueil et s'entr'ouvrait.

« Cette tempête dura trois jours. Le navire, ses voiles emportées, filait encore deux lieues et demie à l'heure. Enfin, quand l'embouchure de la Plata fut dépassée, le beau temps revint et permit de remettre des voiles neuves.

« Un peu après l'île des États, le navire essuya un fort coup de vent contraire qui l'entraîna loin du cap Horn jusque vers le 62me degré de latitude sud, près de la zone glaciale. Quoique le thermomètre ne baissât jamais au-dessous de 8 degrés, les matelots souffrirent beaucoup. Quelques-uns eurent même les pieds gelés [1]. »

Après un séjour à Valparaiso où Mgr Douarre administra le sacrement de Confirmation à plus de cinq mille personnes, les missionnaires reprirent la mer et le 14 octobre abordèrent aux îles Marquises en vue de Tahuta. Le surlendemain, l'évêque partait pour l'île de Wukahiva où était alors l'amiral Dupetit-Thouars. Cet officier accorda aux missionnaires la gabarre *Le Bucéphale* pour la continuation de leur voyage jusqu'en Nouvelle-Calédonie. Les larmes aux yeux, le prélat et ses confrères dirent adieu aux officiers et aux marins de *l'Uranie*. « J'ai éprouvé un véritable chagrin en quittant la frégate aux Marquises, avouait l'évêque, tant j'avais été gâté à bord par tout le monde et surtout par le digne commandant et par Mme Bruat. J'en ai encore le cœur gros. Il est difficile de ne point aimer ceux qui vous sont si sincèrement attachés. M. de la Ferrière, commandant du *Bucéphale*, n'a rien négligé pour adoucir mes regrets ; et les officiers qui sont sous ses ordres n'ont eu pour nous que des égards, les plus bienveillants et les plus soutenus.

« Le 1er novembre *Le Bucéphale* prenait la mer, et le jour de la Purification de la Sainte Vierge les missionnaires étaient en vue de Tonga. C'était la première mission de la Société qu'ils avaient le bonheur de rencontrer depuis leur départ. Ils trouvèrent les PP. Chevron et Grange et le frère Attale dans le plus complet dénûment. Des circonstances majeures avaient forcé Mgr Pompallier à les laisser dans une espèce d'abandon.

« Nous avons visité presque tous les chefs de l'île, rapporte l'évêque, même celui du fort protestant et le Toui Tonga, espèce de demi-dieu ou grand roi de l'archipel. Tous ont dîné à bord, et après avoir bu le kava français qui est un peu meilleur que celui de Tonga, le chef protestant que notre visite avait sans doute embarrassé à cause de ses ministres, s'est un peu ouvert ; il disait à deux insulaires catholiques : « Entre ces deux religions nous ne sommes pas assez instruits pour discerner de quel côté est la vérité ; il serait bon cependant de savoir à quoi s'en tenir, et pour cela que vos missionnaires et nos ministres aient une conférence. Si nous les entendions discuter entre eux nous pourrions bien juger qui a tort ou raison. — Mais à qui la faute ? répli-

1. *Vie de Mgr Douarre.* Lyon, Briday, p. 208 et suiv.

quèrent les chefs catholiques ; nos prêtres ont été voir vos ministres et ceux-ci n'ont même pas voulu les recevoir ; chaque fois que nos Pères se présentent dans vos villages, vos pasteurs ont soin de se cacher. — C'est vrai, » répondit l'autre.

« Je crois qu'aujourd'hui le succès de la mission est assuré. Nos confrères, qui depuis quatorze mois semaient dans les larmes, moissonneront bientôt dans l'allégresse. Ils ont déjà cent néophytes qui sont bien fervents, deux cents catéchumènes qui leur donnent beaucoup de consolations et, en tout, près de deux mille personnes qui se rangent de leur côté. Nous pouvons assurer, et c'est le témoignage général, que les deux Pères sont aimés des insulaires, même des protestants ; et pourrait-il en être autrement ? Ils pansent et guérissent leurs malades ; ils leur donnent ou prêtent des outils ; ils supportent avec patience leur ingratitude et quelquefois leur mépris sans jamais cesser de les instruire.

« Jusqu'ici nos confrères n'ont point encore eu de discussion avec les ministres ; au reste, il n'y a pas lieu de s'effrayer de leur science ; les connaissances de la plupart d'entre eux se bornent à savoir et à débiter avec suffisance une foule de sottes objections contre le catholicisme. Ce qu'ils font le mieux, c'est le commerce et leur fortune.

« Pendant notre séjour à Tonga, les officiers du *Bucéphale* furent invités à une de ces fêtes meurtrières, que le catholicisme détruira un jour ou du moins réformera, nous en avons la confiance. Six mille hommes environ étaient réunis dans une immense plaine ; un morne silence régnait dans toute l'assemblée, lorsque tout à coup un chef se lève et harangue le peuple. A l'instant deux champions sautent dans l'arène, armés chacun d'un énorme casse-tête. Chacun des combattants portait des coups terribles à son antagoniste qui devait être assez habile pour les éviter. Un grand nombre de lutteurs vinrent successivement se joindre aux premiers, et l'assemblée ne fut dissoute que lorsque la victoire fut assurée à l'un des deux partis. Heureusement ce jour-là, il n'y eut que des blessés. Pauvre peuple qui est asservi à des coutumes si barbares !

« Cette île est sans contredit la plus avancée dans la civilisation polynésienne ; son influence s'étend sur tous les archipels voisins tels que les Hamsa, les Fidji et même jusqu'aux Hébrides avec lesquelles elle communique au moyen de ces belles pirogues bien construites, excellentes voilières et assez grandes pour contenir une cinquantaine de personnes. Espérons que le Seigneur bénira un peuple si intéressant, et que bientôt, grâce aux efforts de ses dignes missionnaires, il appartiendra tout entier à la véritable Église. »

Après avoir laissé à ses confrères de Tonga tous les secours dont il pouvait disposer, Mgr Douarre continua sa route sur Wallis.

Au moment où les missionnaires débarquèrent, il se passa une scène très touchante. Mgr Bataillon, qui était venu embrasser ses confrères sur le navire, voulut les emmener à terre avec lui. « Lorsque le canot s'arrêta sur les récifs, raconte le P. Roudaire, les naturels qui nous attendaient sur le rivage au nombre de quatre cents environ, mirent à la mer une de leurs pirogues et nous y firent monter. Comme ces embarcations calent très peu d'eau, n'étant composées que d'une seule pièce de bois, ils nous poussèrent eux-mêmes un assez long espace de chemin, marchant dans la mer et n'ayant de l'eau que jusqu'à la ceinture. Enfin la pirogue toucha le fond et ne put plus avancer. Alors, ces bons chrétiens, sans nous laisser le temps de descendre, se rangèrent tous autour de nous en poussant de grands cris, prirent la pirogue sur leurs épaules et nous enlevant ainsi au milieu des acclamations de tout le peuple, comme nos ancêtres enlevaient autrefois les Pharamonds sur leurs boucliers, au jour de leur triomphe, ils allèrent nous déposer au milieu de l'assemblée rangée en face de l'église. Le chef qui présidait vint alors rendre ses hommages à Mgr d'Amata. De là, nous entrâmes à l'église où l'évêque donna la bénédiction solennelle.

« Nous avons trouvé, raconte un autre missionnaire, le P. Bataillon sans chapeau, sans souliers, n'ayant plus que de misérables vêtements en lambeaux. Ah ! s'il a souffert et combattu pendant les six années de son séjour à Wallis! Quel autre aurait été digne d'être le premier vicaire apostolique de cette nouvelle mission qu'il a fondée avec tant de peine! Tout nous a charmé en lui, même sa glorieuse pauvreté. L'île entière a applaudi de grand cœur au choix du Saint-Siège, lui seul a été consterné de sa promotion à l'épiscopat. En l'apprenant, il est resté interdit.

« Cette nouvelle se répandit en un instant d'un bout à l'autre de Wallis ; de toutes parts on entendait crier : *Papaio Epikopo*, *Papaio Epikopo*. « Bataillon est évêque, » et ils venaient en foule se prosterner à ses pieds pour recevoir sa bénédiction.

« La cérémonie de sa consécration eut lieu le 3 décembre, époque mémorable. Outre que c'était la fête du Patron des Missions, c'était aussi le même jour que, six ans auparavant, Mgr l'évêque d'Enos avait dit pour la première fois la sainte messe dans une forêt de cette île.

« Après la cérémonie, qui édifia beaucoup nos bons indigènes, eut lieu un festin auquel assistèrent le roi et la reine de Wallis, ainsi que les officiers du *Bucéphale ;* la fête se termina par une partie solennelle de kava.

« Mais ce qui m'a le plus touché, c'est la ferveur de la primitive Eglise que j'ai vue renaître dans cette île. Tous les soirs, chaque village se réunit dans sa chapelle pour faire la prière ; un catéchiste préside l'assemblée ; l'exercice fini, tous se retirent, les uns dans leur cabane,

MGR BATAILLON

les autres sur le rivage, tandis que le reste demeure dans la vallée, et alors ils récitent des chapelets et chantent des cantiques en l'honneur de Jésus et de Marie. Le samedi, ces chants se prolongent jusqu'à onze heures et même minuit, de sorte que de toutes parts vous entendez des hymnes pieux et toute cette île bénit à la fois le Dieu qui l'a sauvée.

« Le matin, ces chants recommencent dès l'aurore et, au lever du soleil, le missionnaire chante la Sainte Messe à laquelle tous se rendent avec empressement. Combien leur recueillement ne m'a-t-il pas édifié et couvert de confusion ! Rien ne saurait les distraire pendant le Saint Sacrifice. Un jour que j'accompagnais Mgr Douarre, nous nous trouvâmes tout près d'un groupe considérable de chrétiens en prières. Ils nous entendirent ; deux seulement détournèrent tant soit peu la tête et pas un ne quitta la prière pour venir à nous, ce qui est si naturel à un Polynésien. Sur deux mille personnes qui peuvent communier, près de cinq cents s'approchent chaque dimanche de la Sainte Table.

« Autrefois ce peuple était fourbe, voleur de profession, pirate et anthropophage; aujourd'hui, tant la grâce a été puissante pour changer les cœurs, la douceur forme son caractère, la franchise lui semble naturelle et il a le vol en horreur. Ici l'on n'a plus besoin de serrures, le missionnaire peut laisser fruits, vin, argent, effets, sous la main des naturels sans crainte qu'ils y touchent. Heureux peuple d'avoir si bien goûté le don de Dieu ! Heureux nous-mêmes de penser qu'ils lèvent sans cesse vers le ciel pour nous des mains suppliantes ! Sans doute qu'ils obtiendront pour des milliers d'infidèles le bienfait d'une prochaine conversion !

« La mort ne semble plus avoir pour eux la même horreur. « Pour-« quoi la craindre ? me disait un néophyte. Ne serons-nous pas plus « heureux dans le ciel ?... » Pendant mon séjour à Wallis, une vieille femme vint à mourir, et ses parents, au lieu de se désoler, vinrent se réunir autour du corps, récitèrent des chapelets et chantèrent continuellement des cantiques. Une autre fois, je plaignais un malade qui souffrait beaucoup, il me répondit : « Père, ne me plains pas, la souf-« france est bonne pour le ciel. » Il avait raison. Ces chrétiens valent mieux que nous, qui depuis si longtemps sommes comblés de grâces.

« Après une dizaine de jours passés près de Mgr l'évêque d'Enos, il fallut quitter Wallis, mais que notre petite troupe apostolique avait diminué ! Cinq de nos confrères étaient encore aux Marquises ; le P. Matthieu restait avec Mgr Bataillon ainsi que le P. Roudaire et M. Grézel.

« Et moi, je partais pour la Nouvelle Calédonie avec Mgr Douarre, le P. Viard et les deux frères Tragnat et Marmoiton. Le bon P. Roudaire a versé des torrents de larmes en se séparant de Monseigneur, et j'avoue que cette nouvelle séparation m'a été aussi pénible que celle de mes parents et de ma patrie. Mais nous n'étions pas seuls à pleurer ; toute l'île était plongée dans l'affliction à la pensée du départ du P. Viard. Ce bon Père a bien voulu passer quelque temps avec nous à la Nouvelle Calédonie avant de rentrer à la Nouvelle-Zélande. Lorsqu'on apprit qu'il allait s'éloigner, ce fut une désolation générale. La veille de son départ, le roi et les chefs vinrent consulter Mgr Bataillon pour savoir s'il y aurait péché à l'enlever. Leur projet était de l'emporter dans un bois et de l'attacher à un arbre jusqu'à ce que le navire fût parti. Le prélat leur ayant répondu qu'il n'était pas permis de s'opposer à la volonté de Dieu, ils se retirèrent en pleurant et toute la nuit se passa en cris et en lamentations. Ils répétèrent sur un ton lugubre, plus de deux mille fois, la phrase suivante : « Notre Père est « mort, pleurons ! »

« Plus de trois cents jeunes gens l'ont accompagné, l'espace de deux lieues, chargés chacun d'un panier de fruits pour le Père. Mais le moment de se dire adieu était arrivé ; déjà nous avancions vers le canot ; alors tout le village se transporte sur le rivage et pousse des cris de douleur. Plusieurs tombaient évanouis. Déjà nous étions au large lorsque tout à coup une foule d'insulaires se jettent à la nage et accompagnent le canot pour voir encore une fois le bon Père qui leur était ravi.

« Mgr Douarre avait demandé un jeune homme dévoué pour l'accompagner à la Nouvelle-Calédonie. Il s'en présenta un sur-le-champ. Monseigneur lui fait un tableau terrible des dangers qu'il va courir. N'importe, il répond qu'il est trop heureux d'être choisi pour aller au martyre. Tout était arrangé pour son départ lorsqu'un chef y mit tout à coup obstacle. Il vint néanmoins sur le rivage, mais on le tint attaché pour qu'il ne pût nous suivre. Ce pauvre jeune homme fondait en larmes. Nous étions déjà bien loin en mer lorsque nous découvrîmes un insulaire à la nage qui venait vers nous ; c'était lui, mais six hommes qui le poursuivirent l'atteignirent et l'entraînèrent à terre. »

IV

La terre promise — Étonnement des naturels. — Leurs tentations de gourmandise. — « Tranquille comme dans les rues de Lyon. » — Le palais épiscopal de l'évêque d'Amata. — Touchants adieux.

Le 10 décembre 1843, *le Bucéphale*, qui longeait depuis plusieurs jours les côtes de la Nouvelle Calédonie, fut accosté par quelques pirogues dans lesquelles se trouvaient des sauvages. Un des Pères qui connaissait la langue de Wallis, essaya de converser avec eux. Il crut comprendre, en les voyant gesticuler, qu'ils désiraient que le vaisseau s'arrêtât devant leur village, dont ils indiquaient la direction.

Lorsque *le Bucéphale* pénétra dans le havre de Balade, les naturels furent frappés de terreur ; ils n'avaient jamais vu de vaisseau depuis l'expédition du chevalier Bruny d'Entrecasteaux en 1792. Cependant la curiosité l'emporta.

« Bientôt la mer se couvrit de pirogues habilement manœuvrées par des sauvages bizarrement tatoués ; elles environnèrent le vaisseau, mais n'osèrent s'approcher. Ces pirogues venaient de Balade et des baies voisines dont les habitants accouraient en foule pour jouir du spectacle des blancs. Chose singulière, les naturels étaient de couleurs tout à fait diverses : les uns totalement noirs, la plus grande partie d'un brun rouge extrêmement foncé, d'autres enfin presque de la même teinte que la masse des Polynésiens. Nos moindres mouvements les effrayaient ; ils consentaient difficilement à monter à bord et nous examinaient avec un étonnement stupide mêlé de crainte. Tout les intriguait : le bruit de la cloche, le son du tambour ; les chants des matelots étaient pour eux l'objet d'une admiration qui se traduisait par un claquement de langue singulier et par des sons gutturaux inintelligibles.

« Peu à peu la hardiesse succéda à la crainte et une barque se hasarda le long des flancs du navire.

« Bientôt, sur un signe amical des officiers, un naturel plus tatoué que les autres qui semblaient lui témoigner un certain respect, monta sur le pont. C'était le chef de Balade, Païama. Les naturels de son escorte montèrent à sa suite. Ils apportaient quelques objets d'échange, entre autres de jolies sagaies, des casse-tête de toutes formes, quelques racines de taro et d'ignames et des cocos. On les fêta convenablement et ils se retirèrent joyeux avec quelques morceaux de verroteries et d'étoffes [1]. »

Ce fut le jour de la fête de l'apôtre saint Thomas que les missionnaires débarquèrent sur la terre de leur apostolat. A peine Mgr Douarre eut-il touché le sol de la Nouvelle-Calédonie, qu'il se mit à genoux pour demander à Dieu, dans une fervente prière, de bénir ses travaux et de rendre fécond son ministère dans ces contrées où l'Evangile n'avait pas encore été annoncé.

Bientôt les naturels entourèrent les nouveaux arrivés. Une piquante

1. *Le Premier Vicaire apostolique de la Nouvelle-Calédonie.* Lyon, Briday, t. II, p. 7.

relation du P. Rougeyron fait connaître les tentations de gourmandise des Calédoniens :

« Escortés par plusieurs centaines de sauvages, tous armés de lances et de casse-tête, nous nous dirigions vers la case du chef. Pendant le trajet qui dura plus d'une demi-heure, nous nous trouvions tous, je ne sais comment, isolés les uns des autres.

« Rien n'aurait été plus facile que de nous assommer. Les nègres ne pouvaient se lasser de nous voir, souvent ils nous faisaient faire halte pour mieux nous contempler à leur aise ; nous étions vraiment les bêtes curieuses du pays. Ils ne se contentaient pas de nous regarder ; ils voulaient aussi nous toucher pour s'assurer que nous étions des hommes comme eux. L'un nous prenait la main, l'autre le bras ; celui-ci tâtait ce qui se trouvait sous nos souliers. Ensuite, il faisait son rapport auprès de ses compagnons ; ceux-ci, ne pouvant contenir leur curiosité, arrivaient à leur tour et nous ne pouvions plus nous débarrasser d'entre leurs mains. Impossible de marcher. Les sauvages trouvaient sans doute que notre chair devait être bonne à manger, car nous les entendions faire claquer leurs dents en signe de joie. Ils se pinçaient les lèvres, avalaient bruyamment leur salive, et, battant des mains, semblaient dire : Oh ! comme ce morceau serait bon ! »

Le jour de Noël, le saint sacrifice de la messe fut offert pour la première fois sur cette terre que le zèle des missionnaires ambitionnait de conquérir à Jésus-Christ.

« Le temple était beau, raconte Mgr Douarre [1], il avait pour voûte le firmament ; l'autel ne ressemblait pas mal par sa pauvreté à la crèche de Bethléem, et les bons naturels qui l'environnaient dans le plus profond silence me rappelaient assez les bergers accourus auprès de l'Enfant-Dieu, après avoir entendu les anges entonner ces belles paroles : « Gloire à Dieu au plus haut des cieux et paix sur la terre « aux hommes de bonne volonté. » Elles s'adressaient aussi à ce moment à mes sauvages, du moins le demandais-je de tout mon cœur au divin Enfant. »

La première préoccupation du missionnaire doit être de se rendre un compte exact du pays qu'il a reçu mission d'évangéliser. Mgr Douarre se mit donc à faire la reconnaissance de l'île, accompagné du P. Viard ; il pénétra dans l'intérieur jusqu'à une douzaine de lieues, des sauvages formaient son escorte. Bien qu'il eût tout à craindre de

1. *Annales de la Propagation de la Foi*, 1845, p. 50.

leur férocité, il avait, disait-il, le cœur aussi tranquille qu'au milieu des rues de Lyon.

Quelques jours avaient suffi aux marins pour élever le palais épiscopal de l'évêque d'Amata. Il n'était pas bien luxueux : une maison à grenier, une bonne charpente, longue de quatorze mètres, large de sept, telle était la résidence du prélat et de ses auxiliaires. On en fit l'inauguration solennelle le dimanche 21 janvier, et on plaça sur le faîte du nouveau bâtiment le drapeau de la France.

Le soir eut lieu le dîner d'adieu. Les missionnaires et les officiers fraternisèrent une dernière fois avant de se séparer définitivement.

Le lendemain, *le Bucéphale* levait l'ancre : Mgr Douarre ne quitta le navire qu'à la dernière heure.

« Quand il nous dit adieu, raconte un officier son visage était mouillé de larmes et sa voix émue murmurait des remerciements de ce que nous avions fait pour lui. Il nous embrassa tous avec effusion, et, vaincu par son chagrin, il se retira à l'écart ; ses mains se joignirent et il resta en prière jusqu'au moment où on vint le prévenir que le commandant l'attendait pour descendre à terre.

« Nous mîmes à la voile à midi, aucun de nous ne put se défendre d'un affreux serrement de cœur à la pensée des cinq compatriotes que nous laissions derrière nous sur ces rives inhospitalières. »

Lorsqu'ils virent s'éloigner *le Bucéphale,* se trouvant seuls à la merci d'un peuple barbare et cruel, dont ils pouvaient à chaque instant devenir les victimes, les missionnaires sentirent leur cœur se serrer. Mais ils se mirent avec plus de confiance que jamais entre les bras de la divine Providence ; il leur restait aussi, avec le sentiment de la protection de Dieu, la joie intime du sacrifice qu'ils avaient fait de toutes les choses d'ici-bas.

V.

Boulangers et maçons. — Le manœuvre du frère Jean. — La misère. — Secours providentiels. — Attitude peu rassurante des sauvages. — Nouvelle construction. — Premières consolations. — Un admirable exemple.

Ce qu'il y avait de plus urgent pour les missionnaires, c'était de s'assurer leur subsistance. Aussi, sans négliger complètement l'étude du dialecte calédonien, s'occupèrent-ils d'organiser la mission au point de vue matériel. Leurs provisions pour cinq personnes n'étaient pas bien considérables ; un baril de salaison et trois barils de farine.

Ils durent donc mettre les mains à la pâte... et au mortier. Ils commencèrent par façonner des briques avec de la terre glaise pour la construction d'un four ; la pierre et la chaux étaient à une lieue : ils furent obligés de se construire une embarcation pour transporter ces matériaux.

Comme les maraudeurs pénétraient très habilement dans leur habitation, ils s'entourèrent d'une forte haie palissadée afin de se mettre à l'abri de leurs déprédations.

Puis ce fut le tour de la maison qui menaçait ruine et qu'ils reconstruisirent en pierre. Le jardin fut ensuite défriché, bêché, ensemencé. Mgr Douarre ne croyait pas abaisser sa dignité épiscopale en se faisant humblement le manœuvre du frère Jean ; il pliait quelquefois sous le poids du baquet, mais il ne perdait pas sa gaîté.

« Je ne pensais pas, raconte un missionnaire, qu'en quittant la France, j'allais à la Nouvelle-Calédonie planter des choux et enfiler des perles; eh bien ! j'ai fait l'un et l'autre. Nous trouvant dans la dernière nécessité, nous avons défait deux pales en perles, et, avec cette espèce de monnaie, nous avons pu nous procurer des vivres pendant six mois.

« Au moment de nos plus grands besoins, notre jardin a cessé de produire par suite de la sécheresse. Que Dieu soit béni ! cette épreuve n'a fait qu'accoître notre confiance en sa Providence ! Nous achetâmes alors un champ d'ignames ; nous nous étions bien fatigués à les arracher, et, au moment où nous allions les emporter à notre demeure, le chef qui nous les avait vendues envoya une troupe de bandits qui nous les enlevèrent sous nos yeux. En un instant elles avaient toutes disparu. Plus tard, nous avons nous-mêmes planté des ignames ; mais notre récolte a manqué faute de pluie.

« Que faire alors pour ne pas mourir de faim ? Acheter ; nous l'avons fait tant que nous avons eu des objets d'échange, et que les naturels ont eu de quoi nous vendre. Il nous a fallu ensuite aller de porte en porte pour demander quelques racines, et encore n'en avons-nous pas trouvé dans notre voisinage. Plusieurs jours de suite nous n'avons rien pris avant trois heures du soir ; nous n'avions que des racines d'herbe et pas à satiété. Plus d'une fois nous avons envié la nourriture que les hommes les plus nécessiteux d'Europe dédaignent souvent.

« Mais le Dieu qui nous a conduits jusqu'aux portes de la mort, nous en a toujours retirés d'une manière touchante. »

Citons quelques traits.

La veille de la Toussaint, la mission se trouvait dans le plus pressant besoin ; toutes les provisions étaient épuisées. Le frère Blaise disait avec inquiétude : « Que mangerez-vous demain, vous jeûnerez ! — Eh oui ! lui répondirent les missionnaires, nous avons grand besoin de faire pénitence, l'occasion ne saurait être plus favorable. » Le lendemain, le dîner ne venant pas, il fallut l'improviser. Le frère se disposait à faire cuire quelques troncs de choux, seule richesse du potager, lorsque la Providence prit en pitié ses enfants et leur envoya des vivres en abondance.

Dans une autre circonstance, l'intervention divine fut aussi évidente. C'était en la fête de saint François Xavier. La tribu qui, jusqu'à ce moment, avait fourni des vivres à la mission, refusait désormais d'en vendre. Il fallait mourir de faim. Tout à coup, les missionnaires voient arriver chez eux des sauvages qui habitaient à trois lieues de là. Ils portaient avec eux des provisions. Les Pères admirèrent d'autant plus cette attention providentielle que ces indigènes appartenaient à une tribu en hostilité avec celle au milieu de laquelle ils habitaient.

« A la vue de cette nourriture, manifestement envoyée par Dieu, raconte un missionnaire, j'échangeai un regard avec Mgr d'Amata et nos larmes coulèrent en abondance. Qu'elles étaient douces, ces larmes ! c'était la reconnaissance qui les faisait verser. Oui, dans les missions, chez les sauvages, mille choses viennent ranimer la foi et l'amour du prêtre. Dieu est partout, je le sais ; mais il fait sentir d'une manière plus frappante sa puissance et sa bonté sur ces plages lointaines, où nous sommes exilés pour sa gloire.

« Il faut bien qu'il en soit ainsi ; sans cela, que deviendrions-nous, pauvres prêtres, perdus au sein des mers, dans ces îles inconnues et à la discrétion de ces peuples féroces ? Mais notre grande consolation, notre force est dans la prière. D'ordinaire on prie mal, parce qu'on manque de confiance en Dieu et qu'on se fie trop à soi-même ; il est assez difficile, je l'avoue, de ne compter nullement sur sa propre industrie et sur la puissance de ceux qui nous protègent, mais de tout attendre de Dieu seul, lorsqu'on se voit entouré de secours humains. Pour nous, dans notre isolement et notre détresse, qu'il nous était aisé de nous écrier, avec cette foi qui pénètre les cieux : « Le Seigneur est mon appui, mon refuge et mon libérateur [1] ! » Ce n'est qu'à la Nouvelle-Calédonie que j'ai pu dire : « Donnez-nous aujourd'hui notre

1. Psaume 17.

pain de chaque jour. » C'est que jamais je n'avais senti aussi bien qu'ici la puissance de Dieu et ma faiblesse. »

Le 13 août, ce Dieu si bon, qui n'abandonne jamais ceux qui se confient en lui, vint encore au secours des missionnaires sous les traits d'un capitaine de vaisseau américain qui leur laissa quelques provisions. Il ne fut pas aussi généreux qu'il l'eût désiré, parce qu'il était en mer depuis fort longtemps.

La misère revint bientôt, et l'on ne voyait pas d'issue à cette terrible situation, lorsque le P. Viard se rappela qu'un chef de tribu qui habitait à quinze lieues lui avait fait cadeau, quatre mois auparavant, d'un champ d'ignames. On tenta donc la chance sans trop d'espoir de succès. Comment espérer en effet que ce chef fût resté si longtemps fidèle à sa parole? Une agréable surprise attendait les missionnaires. Le champ d'ignames était intact, les fruits étaient mûrs, et par respect pour la foi jurée les gens de cette tribu, bien qu'ayant épuisé leurs ressources, n'avaient pas voulu y toucher.

Peu de temps après, le 28 septembre 1845, une corvette française, *le Rhin*, paraissait en rade. Quelle joie pour les missionnaires de trouver des amis, des frères, des sauveurs! C'était en même temps l'abondance qui revenait dans la mission affamée.

Dieu protégeait visiblement ses serviteurs. Citons encore quelques faits empruntés au récit d'un missionnaire.

Dans le courant de novembre 1844, un chef de tribu apporte un jour aux ministres de l'Évangile un superbe poisson. Il était particulièrement le bienvenu ce jour-là : le déjeuner ayant été très maigre. Il y eut donc, le soir, joyeux festin à la mission. Hélas! le moment de la digestion fut moins gai : le poisson était empoisonné. Or, le chat de la maison fut la seule victime. Les convives en furent quittes pour une grave indisposition. Quelle situation toutefois pour eux!... point de médecin, point de contrepoison, point de remède. Ils eurent alors recours à Celui qui donne la science aux médecins, et ils laissèrent agir la nature. Couchés sur leurs grabats, ils supportaient courageusement les souffrances les plus atroces, sans qu'une main secourable se tendît vers eux pour leur offrir quelque soulagement. Leur seul remède fut le café. Après trois semaines de maladie, ils éprouvèrent un mieux très sensible ; ils étaient sauvés et pouvaient s'adonner de nouveau à leurs occupations ordinaires.

Cependant leurs ennemis les plus redoutables n'étaient ni la faim, ni la maladie, mais bien plutôt la méchanceté et la cruauté des sauvages. Un missionnaire, s'étant rendu un jour dans une tribu voisine, faillit être victime de la barbarie d'un naturel. Caché derrière un arbre, celui-ci bondit comme un fauve lorsque le Père passa près de lui, et le frappa deux fois à la tête avec un bambou énorme, sans toutefois lui faire de blessure. Voyant qu'il n'avait pas atteint son but, il continua à le poursuivre avec acharnement, en le visant à la figure. Alors le missionnaire se recommanda à la Très Sainte Vierge, et trouva son salut dans la fuite.

Un autre jour, Mgr Douarre, revenant de la même tribu avec un missionnaire, demanda aux sauvages de les prendre, lui et son compagnon, sur leurs épaules, pour les aider à traverser une rivière. Ils accédèrent à cette requête avec un tel empressement qu'il parut suspect aux missionnaires, peu habitués à des procédés délicats de la part des naturels. Leurs soupçons n'étaient malheureusement que trop fondés. Ils avaient affaire à des pillards qui mettaient sans scrupule les mains dans les poches de leurs voisins. C'est avec peine que les missionnaires purent se dégager pour se mettre à la poursuite des voleurs. Aussitôt les sauvages les menacèrent de leurs lances. Force fut donc aux volés pour sauver leur vie, de laisser leur bourse aux ravisseurs.

Souvent les sauvages conçurent le projet de mettre la mission à feu et à sang. Le bon Dieu ne permit pas qu'ils arrivassent à leurs fins. « Ne sais-tu pas que nous avons avec nous nos anges gardiens ? disait un des Pères à un enfant qui leur était attaché comme domestique. — Est-ce bien vrai ? répondit le jeune sauvage. — En doutes-tu ? — Oh non ! il faut bien que ce soit ainsi, car que de fois n'a-t-on pas voulu brûler votre maison et vous massacrer ? La chose était bien résolue la veille, et le lendemain ils n'y pensaient plus. »

Cependant comme l'attitude des sauvages devenait peu rassurante, les Pères résolurent de s'éloigner prudemment et de transporter le siège de la mission à Baïao, sur une petite hauteur à deux mille mètres vers l'est. Ils construisirent cette nouvelle maison en pierres et ils l'entourèrent de murailles assez hautes pour les mettre à l'abri d'un coup de main. On comprendra quelles fatigues et quelles peines leur coûta ce travail, quand on saura qu'ils n'avaient qu'un marteau pour équarrir les pierres, et très peu d'autres outils. « Vous souffrez bien, pauvres enfants, disait Mgr Douarre à ses compagnons, mais prenez courage, Dieu voit tout. — Eh bien, Monseigneur, répondirent-ils, n'êtes-vous pas logé au même râtelier que nous ? »

L'installation matérielle étant achevée, les missionnaires purent s'adonner plus facilement et plus régulièrement à leur œuvre d'évangélisation. Leur première consolation avait été de baptiser quelques enfants en danger de mort.

Le jour de l'Assomption 1844, vingt naturels de différentes tribus, à qui le P. Viard avait appris à faire le signe de la croix et à réciter le *Pater* et l'*Ave*, vinrent assister à la sainte messe. A partir du 1er novembre de la même année, le même Père se mit à réunir soir et matin un certain nombre de naturels dans la maison du chef de Balade. En trois mois, il parvint à leur apprendre le *Pater*, l'*Ave*, le Symbole, le Décalogue et plusieurs cantiques en l'honneur de Marie. La bonne semence était jetée, les missionnaires laissaient à Dieu le soin de donner l'accroissement.

Au bout de quelque temps, le P. Viard pouvait écrire : « Aujourd'hui, il me semble qu'un heureux changement s'est déjà opéré parmi les Calédoniens ; ils sont moins voleurs, leurs guerres sont moins fréquentes, ils commencent à comprendre le motif qui nous a conduits au milieu d'eux ; nos confrères sont bien reçus partout. L'élan est donné, et ce peuple, en général, a le désir de se faire instruire. Déjà nous avons jeté la divine semence sur plusieurs points de l'île ; nous comptons même un petit nombre de disciples suffisamment préparés au saint baptême ; il en est beaucoup qui connaissent les vérités indispensables au salut ; d'autres, plus nombreux encore, savent les prières les plus importantes. Ainsi, la moisson blanchit, mais où sont les ouvriers pour la recueillir ?

« Mgr Douarre et le P. Rougeyron ont commencé leurs courses apostoliques le jour de la fête des saints apôtres Pierre et Paul. Ils doivent maintenant posséder une jolie chapelle. M. Bérard a fourni les principaux bois pour sa construction, et les ouvriers de la corvette *le Rhin* y ont travaillé. Aujourd'hui, nos confrères ont la consolation de posséder Notre-Seigneur près de leur demeure, et d'offrir tous les jours le saint Sacrifice, bonheur que nous ne pouvions goûter autrefois que le dimanche, faute de pain et de vin. Ah ! c'était bien là assurément la plus pénible des privations. Ce qui adoucissait cependant notre douleur, c'était la pensée que nos confrères ne montaient jamais à l'autel sans faire mémoire de nous et des peuples qui nous sont confiés. »

Les missionnaires devaient compter avec toutes sortes de dangers ; il leur fallait sans cesse se mettre en garde contre leurs sauvages. Quand ils arrivèrent en Nouvelle-Calédonie, ils voulurent gagner les bonnes grâces des naturels par la douceur et la bonté ; ils s'aperçurent bientôt que, dans un tel milieu, cette ligne de conduite, loin de leur concilier l'affection, provoquait le mépris des sauvages. Voyant qu'ils faisaient fausse route, ils changèrent immédiatement de méthode ; ils agirent en maîtres et avec une grande audace. Mgr Douarre dut à cette tactique d'échapper souvent aux périls qui le menaçaient.

Un jour, un sauvage vient pour le tuer. L'évêque, d'un geste impérieux, lui montre la porte et l'aide à sortir plus vite qu'il n'était entré.

Une autre fois, c'est un chef qui, mécontent de l'évêque, lui dit d'un ton menaçant : « Malheur à toi quand tu viendras dans ma tribu. » Le prélat lui répond : « J'y vais. » Il part, entre dans sa cabane, le sauvage vaincu l'embrasse, et le voilà tremblant devant celui qu'il menaçait tout à l'heure : « La pensée d'être mangé ne m'a pas encore tourmenté depuis mon départ de France, écrivait Mgr Douarre, je suis encore à éprouver les premiers frissons. Mes cheveux ne sont-ils pas comptés, et peut-il en tomber un seul sans la permission de Dieu ? »

« Ces pauvres sauvages, écrivait-il encore en parlant de ses diocésains, ne peuvent soutenir notre regard, ou plutôt Dieu leur fait voir en nous quelque chose de particulier. Car, quels que soient leurs mauvais desseins, nous sommes encore en vie, et pourtant nous allons seuls chez eux pour leur apprendre à devenir des hommes et des chrétiens, n'emportant pour toute défense que le signe sacré du salut. Ceux qui ne connaissent pas le pays où nous sommes ont l'air étonné, et sont presque scandalisés de notre conduite ; mais on n'a pas une idée juste de nos missions. Nous sommes chez un peuple abruti, qui n'a rien d'humain que la figure et qui est à l'état d'enfance ; il faut que nous fassions son éducation. Que dirait-on d'un préfet qui, dans une école de jeunes gens, sous prétexte de ressembler à Notre-Seigneur, si bon, si plein de mansuétude, se laisserait manquer par ses élèves, ne saurait ni les reprendre ni les punir ? Cet homme trahirait son devoir, se rendrait inutile et même nuisible. Il en est ainsi de nous en Nouvelle-Calédonie. »

On n'en finirait pas si l'on voulait raconter tous les traits que l'évêque et les missionnaires rapportent sur la cruauté des Calédoniens.

On le voit, le terrain était difficile à défricher. Il fallait arracher ces âmes aux plaisirs grossiers des sens et aux ténèbres du paganisme, et semer en elles les notions du vrai et du bien. Tâche impossible aux forces humaines, mais rendue possible par la grâce divine : « Ne croyez pas qu'il n'y ait rien à faire avec de pareils hommes, disait le saint évêque ; Dieu a ses élus partout, mais il faut du temps pour extirper tant de misères et des épreuves pour planter la croix. »

Du reste, la Providence commençait à récompenser le zèle des missionnaires. Les sauvages n'osaient plus commettre le mal publiquement. C'était déjà un premier pas vers le bien. Quatre fois la semaine, un des missionnaires partait armé de sa croix et de la gourde qui lui servait pour l'administration du baptême. Il s'arrêtait à chaque village sans dépasser un rayon de trois lieues, réunissait les sauvages, leur apprenait à faire le signe de la croix, à réciter le *Pater*, l'*Ave Maria* et le *Credo*, les actes de Foi, d'Espérance, de Charité et de Contrition, à invoquer l'ange gardien ; il leur parlait de Dieu, des mystères de notre sainte religion, baptisait les petits enfants et préparait les malades à la mort.

Quelquefois les missionnaires trouvaient leurs Calédoniens dans d'excellentes dispositions. L'un d'eux raconte qu'ayant été appelé un jour auprès d'un malade qui manifestait un ardent désir du baptême, il ne crut pas pouvoir le régénérer tout de suite dans l'eau sainte, à cause de son instruction insuffisante. « Père, tu veux donc me laisser périr ? » lui répétait-il sans cesse. Le missionnaire eut le temps de compléter son instruction, et, comme dans une de ses visites, il lui recommandait de ne plus se laisser aller à commettre le péché : « Pécher, disait-il, et tu oublies donc que tu m'as donné le baptême ? Non, non, je ne commettrai plus le mal. » Voilà un sauvage qui ferait rougir beaucoup de nos chrétiens d'Europe.

VI

Voyage à Sydney. — Retour en Nouvelle-Calédonie. — La tempête. — Un capitaine improvisé. — Tragiques événements. — La première fleur de la Calédonie. — Naufrage de « La Seine ». — Accueil fraternel de Mgr Douarre aux naufragés. — Il revient en France. — Larmes significatives.

Au commencement de l'année 1846, Mgr Douarre confia la garde de la mission aux Saints-Anges et se rendit à Sydney pour acheter des provisions devenues nécessaires. Il eut à traiter de plusieurs affaires importantes relatives à la maison des Pères de sa Congrégation établie dans cette ville. Cela fait, il s'embarqua sur une goëlette en assez mauvais état, mais que trois experts avaient déclarée bonne pour le voyage.

A peine avait-on pris la mer depuis quelques heures, qu'une furieuse tempête s'éleva. Le bâtiment allait sombrer : « Monseigneur, nous sommes perdus, » disait le capitaine affolé. C'est en vain que le prélat essayait de remonter son courage. Voyant le péril imminent, l'évêque n'hésite pas un instant ; il jette à la mer bestiaux, planches et le reste, il ne fait exception que pour la farine. Puis, comme le capitaine, per dant la tête, ne s'occupait plus de rien, l'évêque prend son chapelet et remplit lui-même ses fonctions ; il donne des ordres et prie en même temps. « Je ne sais, disait-il plus tard, combien j'ai récité de chapelets pendant cette tempête, ma confiance était en Dieu. Je savais bien qu'il ne pouvait pas me faire périr en cette occasion ; car sans les vivres que je portais, mes missionnaires seraient morts, et, les missionnaires morts, la Nouvelle-Calédonie était privée pour longtemps, peut-être pour toujours, des lumières de la Foi. »

Un jeune catéchumène se trouvait avec l'évêque, il avait peur de mourir sans avoir été régénéré :

« Nous allons au fond de la mer, lui dit Mgr d'Amate ; puis nous irons voir le bon Dieu. — O évêque, répondit le pauvre enfant, j'en suis bien content ; mais toi, tu es baptisé ; moi, je ne le suis pas. Baptise-moi donc, je t'en prie, et j'irai moi aussi voir le bon Dieu. »

Monseigneur le baptise : « Maintenant, lui dit-il, tu es un ange, prie Dieu et Marie de nous sauver. » L'enfant répondit dans l'enthousiasme de son âme de nouveau baptisé : « Eh ! pourquoi ne vaudrait-il pas mieux mourir ? Nous irions au ciel, nous n'aurions plus faim, nous n'aurions plus soif, nous n'aurions plus froid. »

Le lendemain matin, vers dix heures, le temps se calma et les missionnaires purent continuer heureusement leur traversée.

Dès qu'il fut de retour au milieu des siens, Mgr Douarre voulut suppléer solennellement les cérémonies du baptême à son jeune compagnon de voyage, et lui faire accomplir en même temps le grand acte de sa première communion. Les missionnaires avaient orné de leur mieux leur modeste oratoire. L'heureux Fidji, habillé à l'européenne, était à genoux à l'entrée de la chapelle. Monseigneur, en mitre et en crosse, s'avança vers lui.

« Quel est votre nom ? demanda-t-il.

— Je m'appelle Louis.

— Que voulez-vous ?

— La Foi ! »

La cérémonie terminée, le saint Sacrifice de la Messe fut célébré. L'heureux premier communiant était dans un recueillement admirable... On devine ses sentiments et ceux des missionnaires qui jouissaient du premier résultat sérieux de leurs travaux apostoliques.

« Depuis son baptême, raconte un missionnaire, Louis n'est plus reconnaissable. Quand on lui a parlé de confession, il a paru tout étonné. « Est-ce qu'après le baptême, a-t-il dit, on offense encore le bon Dieu ? » Sentiments admirables et bien propres à nous faire rougir, nous qui, après tant de serments faits à Dieu, retombons sans cesse dans les mêmes fautes. Sa reconnaissance pour le P. Rougeyron, qui l'a instruit, s'exprimait d'une façon ravissante : « Mon père et ma mère m'ont donné ce corps qui sera un jour la pâture des vers, et je les aime ; tu m'as donné ce que je sens dans mon cœur, et je ne t'aimerais pas ! »

Vers cette même époque, Mgr Douarre rendit un service signalé à la France. La corvette *la Seine*, qui avait pour commandant M. Lecomte, avait échoué sur les récifs et s'y était brisée. Les deux cent trente hommes qui la montaient se trouvaient sans ressources et allaient peut-être devenir la proie des naturels. Mais Mgr Douarre était là. Il s'était aperçu à temps du désastre et avait rejoint les naufragés à Pouébo. Sa première préoccupation fut de ranimer le courage du commandant et des marins. Puis il emmena tout l'équipage dans sa mission. Bientôt on constata que deux hommes manquaient à l'appel. Qu'étaient-ils devenus ? Étaient-ils restés sur le navire ? Sans hésiter, Mgr Douarre, accompagné d'un Frère et du commandant, monte dans un canot et, bien que la mer fût très grosse, il se dirige à force de rames vers le vaisseau. Il est assez heureux pour retrouver pleins de vie les deux hommes qu'il cherchait. L'un d'eux était plongé dans le sommeil. Au lieu de s'enfuir, il avait profité du désarroi général pour descendre à la cave. Là il s'était livré à de copieuses libations ; Monseigneur le ramena vivement à la terrible réalité, puis il le fit descendre dans le canot et le ramena à terre.

Pendant le séjour que firent les marins en Nouvelle-Calédonie, les missionnaires mirent tout en œuvre pour leur faire oublier les ennuis de leur position. Ils partagèrent fraternellement avec eux les ressources dont ils disposaient, mais en revanche ils exigèrent des soldats et des officiers une excellente conduite. « Ah ! leur disait l'évêque d'Amata, ne venez pas en quelques jours détruire tout ce que nous avons fait pendant plusieurs années ! »

Le zèle du prélat ne pouvait oublier l'âme de ses compatriotes ; un certain nombre de matelots n'avaient pas fait leur première communion. Les missionnaires les préparèrent à cette grande action qu'ils eurent la consolation de leur voir accomplir dignement.

Cependant il fallait sortir au plus tôt de cette situation et trouver un navire pour ramener en France ce malheureux équipage. L'occasion favorable se présenta enfin. L'évêque d'Amata en profita pour lui-même et résolut de prendre le chemin de la patrie. Il avait de graves affaires à traiter pour les missions d'Océanie. Il fit donc de touchants adieux à ses missionnaires et partit.

Durant le voyage, il s'attacha de plus en plus le cœur des officiers et des matelots par son aménité, si bien qu'à l'arrivée en France, lorsque le moment de la séparation fut venu, les matelots avaient les larmes aux yeux. « Nous n'oublierons jamais l'évêque d'Amata, » répétaient-ils en pleurant.

Comment auraient-ils pu oublier leur sauveur? « Admirable Providence, dirons-nous ici avec un missionnaire, le sou de la Propagation de la Foi, recueilli principalement en France, avait été en cette occasion la première et la seule ressource d'un équipage français échoué sur des côtes inhospitalières habitées par des cannibales! »

VII

Séjour à Paris. — Désintéressement de l'évêque d'Amata. — Il apprend la nouvelle des désastres qui viennent d'affliger sa mission. — Arrivée en Nouvelle-Calédonie de Mgr Collomb. — Les sauvages attaquent la mission. — Martyre du frère Blaise. — Les missionnaires en fuite. — Leur détresse. — Départ pour Sydney.

Le bien de la mission confiée à son zèle avait seul pu déterminer Mgr Douarre à revenir en France, on le vit clairement à sa conduite pendant le séjour qu'il fit dans sa patrie. Dès qu'il fut arrivé à Paris, il alla trouver Louis-Philippe, qui l'accueillit avec déférence et lui octroya généreusement trois mille francs sur sa cassette particulière. Le prélat n'oublia pas l'infortuné commandant Lecomte. Ayant appris qu'on voulait faire peser sur lui la responsabilité du naufrage de *la Seine*, il éleva la voix en sa faveur et fit un plaidoyer pour prouver qu'il n'y avait eu dans la circonstance qu'un accident et non une faute. Le malheureux commandant fut très ému de cet acte généreux et remercia chaleureusement Mgr Douarre d'avoir pris si vivement sa défense.

Nous ne suivrons pas l'évêque d'Amata à Paris, à Lyon, à Rome, car nous avons surtout pour but de faire connaître en lui l'apôtre des missions lointaines. Partout il se montrait désintéressé, oublieux de lui-même, ne songeant qu'au bien des âmes. Un jour qu'il avait déjeuné chez le roi avec un général, celui-ci, croyant sans doute que l'ambition était le mobile de l'activité sacerdotale comme elle l'est pour la plupart des hommes, et sachant la considération dont la cour entourait le prélat, lui dit : « Monseigneur, vous avez déjà fait beaucoup de

FUTUNA

chemin, et vous êtes en voie d'en faire bien davantage. — Eh oui, monsieur le Général, j'ai déjà fait une fois le tour du monde et je me dispose à le faire une seconde fois. — Monseigneur, vous ne me comprenez pas. » Et le bon général de faire miroiter aux yeux de l'évêque la perspective d'un des premiers évêchés de France. Mgr Douarre avait bien saisi, mais comme son interlocuteur n'avait pas compris le demi-mot, il parla net : « Monsieur le Général, c'est parce que je me suis dévoué à l'œuvre des Missions étrangères qu'on m'accorde quelque considération. En France, j'aurais été toute ma vie curé d'une petite paroisse, et si aujourd'hui, profitant de la bienveillance de la reine, j'acceptais un évêché en France, je mériterais le mépris de tous mes confrères dans l'Épiscopat. »

Pendant son séjour en France, pendant qu'il se rendait à Orléans, l'évêque d'Amata reçut la nouvelle des grands désastres qui venaient de désoler sa mission. Voyant que les missionnaires étaient moins nombreux qu'auparavant, les sauvages avaient montré à leur égard une audace extraordinaire.

Le 20 juin 1847, après s'être concertés, les différents villages de la tribu de Balade étaient venus en masse pour s'emparer de leur maison. La contenance calme des missionnaires leur avait imposé, et ils n'avaient pas osé mettre leurs desseins à exécution.

Sur ces entrefaites, *le Spek* abordait à Blaise. Il avait à son bord Mgr Collomb, évêque d'Antiphelles, accompagné d'un missionnaire. Ce prélat, successeur de Mgr Épalle, venait de se faire sacrer dans la Nouvelle-Zélande. Il retournait dans sa mission ; mais le bateau sur lequel il se trouvait, ne pouvant aller plus loin, il se voyait dans la nécessité d'attendre une occasion favorable. Les provisions qu'il avait lui furent donc déchargées pour le compte de la Société française. Les naturels prêtèrent leur concours assez volontiers pour cette opération, et jusqu'au 10 juillet ne manifestèrent aucun signe d'hostilité. Mais cette tranquillité n'était qu'apparente. En réalité, ils combinaient leur plan pour attaquer la mission. Il y avait alors dans l'établissement Mgr d'Antiphelles et deux missionnaires, les frères Blaise et Bertrand, le docteur Baudry qui restait dans l'île pour y faire des explorations scientifiques, Marie-Julien, charpentier de *l'Arche d'alliance*, et un Écossais nommé Georges Taylor.

La guerre commença par un vol important, commis par les sauvages au préjudice de la Société française dans le hangar où les objets d'échange avaient été déposés. La pensée des naturels était d'attirer là les Européens et de les massacrer. Ce projet échoua heureusement.

Le missionnaire qui accompagnait Mgr Collomb s'était rendu à

Pouëlo pour passer quelques jours en la compagnie du P. Rougeyron. Il écrivit dès le lendemain, que le départ du *Spek* serait le signal de l'attaque de la mission par les forces réunies des sauvages.

Le 17, jour même où *le Spek* quittait la Nouvelle-Calédonie et mettait à la voile pour Batavia, deux jeunes chrétiens prévenaient les missionnaires que la révolte aurait lieu le lendemain. On n'attacha pas assez d'importance à ces paroles.

« Le 18, raconte un témoin, vers huit heures du matin, le premier chef, Boéone, nous envoie dire par son second nommé Gomène, que, pour rentrer en grâce avec nous, les naturels consentent à rendre les étoffes dérobées le 10. L'offre fut acceptée. A une heure de l'après-midi, Boéone et Gomène viennent, accompagnés de deux enfants qui portent chacun un paquet de marchandise volée. Boéone a sa lance et Gomène son casse-tête. « Vous m'accusez toujours de vouloir faire la guerre et de ne pas aimer la paix, nous dit Boéone ; aujourd'hui vous ne pourrez pas nous faire ce reproche. La preuve que je viens avec des intentions pacifiques, c'est que je vous apporte des objets que quelques-uns des miens vous ont volés à mon insu; venez les recevoir. » Pendant qu'on parlemente sur la terrasse de la maison, une troupe de sauvages armés de lances, de casse-tête et de haches, à un signal convenu, se précipitent sur nous. Comme c'était au frère Blaise et à moi qu'ils en voulaient principalement, ce fut sur nous deux qu'ils tombèrent de préférence. J'esquive un coup de casse-tête, mais au même moment le frère Blaise est blessé d'un coup de lance dans la partie inférieure de la poitrine. Sa blessure est mortelle.

« Je m'empresse d'écrire au P. Rougeyron pour l'informer de notre détresse. La personne qui porte la lettre est arrêtée et sommée de la part du premier chef Boéone, de rebrousser chemin sous peine de mort. A son retour, elle nous prévient qu'on va mettre le feu au hangar qui servait d'église. Presque aussitôt l'incendie éclate au sommet de la toiture couverte en chaume ; impossible de rien sauver de tout ce qui s'y trouve. Le soir du même jour, Antoine et Marie nous annoncent que Boéone a donné l'ordre à tous les villages de la tribu de s'assembler le lendemain pour faire une attaque générale, afin de nous massacrer tous. Nous faisons bonne garde toute la nuit.

« Le 19 au matin, le feu est aux embarcations que nous a laissées le commandant de *la Seine*. Dans la pensée que ce jour peut bien être le dernier de notre vie, nous faisons tous notre confession. Mgr Collomb consomme les saintes espèces ; l'Écossais Georges Taylor, que j'instruisais depuis quelque temps pour le disposer à se faire catholique, me demande le baptême que je lui accorde sous condition; il s'approche aussi du sacrement de Pénitence.

« A deux heures, nous sommes environnés de tous côtés par des sauvages; ils sont tout barbouillés de noir et poussent des cris féroces. Cachés derrière de grosses pierres, à peu de distance de la maison, ils lancent d'énormes cailloux qui enfoncent les parois; cependant ils n'osent encore envahir la cour. Le frère Bertrand est blessé à la main. Le frère Blaise est mourant. Les sauvages sont aussi acharnés après nous qu'un lion contre sa proie. Tout à coup un chef s'écrie: « Brûlez la maison, brûlez la maison. » Aussitôt le feu est mis au rez-de-chaussée; il ne nous est pas possible de l'éteindre. Déjà nous sentons la chaleur au-dessous de nous, notre anxiété est extrême; rester, c'est périr dans les flammes; descendre, c'est tomber infailliblement sous les coups des sauvages. Nous nous réunissons tous dans la petite chapelle intérieure. Le frère Blaise lui-même quitte son lit et, se traînant comme il peut, vient nous rejoindre; il a la sérénité sur le front, le sourire sur les lèvres: « Je viens, dit-il en entrant, attendre ici le dernier coup. » Quelques instants auparavant, comme Monseigneur paraissait ému en lui donnant sa bénédiction: « Eh! pourquoi, lui avait-il dit, nous fatiguerions-nous! nous ne faisons qu'échanger cette vie contre une meilleure. » Je dois dire à la louange de cet excellent Frère que sa mort m'a encore plus édifié qu'elle ne m'a affligé. Pendant que je lui administrais pour la dernière fois le sacrement de Pénitence et que je l'exhortais à pardonner de bon cœur à ses bourreaux, à l'exemple de notre divin Maître: « Oh! me dit-il, combien je voudrais que ma mort fît le bonheur de ce pauvre peuple! je leur pardonne de toute l'étendue de mon cœur. »

« Cependant le temps presse; Mgr Collomb s'agenouille devant moi pour me demander une nouvelle absolution. Après cela nous tombons tous à genoux, le priant de nous accorder la même faveur, puis nous nous embrassons et nous nous disons adieu jusqu'au ciel, où nous espérons nous rejoindre dans quelques instants. Monseigneur et moi faisons vœu de dire cent messes chacun s'il plaît à Dieu de nous tirer de ce péril extrême. Alors la pensée nous vient qu'en abandonnant la maison au pillage nous aurons peut-être quelque chance de salut. Le docteur Beaudry jette à la multitude la clef du lieu où se trouvent les provisions, les sauvages s'y précipitent; c'est la dernière lueur d'espérance, nous en profitons pour sortir. Je me présente le premier, et, rencontrant un chet appelé Pundo, j'essaie de parlementer avec lui, pendant que Monseigneur et le frère Bertrand s'échappent par la cour. Viennent ensuite M. Beaudry, Marie-Julien et Georges. Deux naturels, armés de lances, s'avancent pour tuer Monseigneur et le frère Bertrand. Le docteur, qui est armé d'un fusil, le présente d'un air menaçant; les agresseurs s'arrêtent. Au même instant, les sauvages pénètrent auprès du frère Blaise et lui assènent plusieurs coups de massue. Je ne peux m'échapper moi-même qu'à grand'peine, en passant sur les ruines de l'église brûlée la veille. Je rencontre une troupe de soixante ou quatre-vingts insulaires qui recueillent les débris échappés à l'incendie. Un grand sauvage, plus laid et plus noir qu'un démon, fond sur moi pour m'assommer à coups de pierres. Je cours alors de toutes mes forces; deux fois il me lance un gros caillou; mais deux fois, par une providence particulière, je tombe et ma chute coïncide exactement avec le coup qui devait me tuer. La seconde fois surtout le sauvage a dû croire qu'il avait réussi; il me laisse pour retourner au pillage. Je me relève comme je peux et rejoins mes compagnons d'infortune. Hélas! le frère Blaise nous manquait! nous étions désolés de n'avoir pu l'arracher des mains des sauvages.

« Nous nous dirigeons en toute hâte vers Pouébo. Arrivés au petit village de Diréoué, où nous avons un zélé catéchiste, nommé Michel, nous apprenons de lui que les chefs de Balade ont donné ordre partout de nous massacrer. Nous avions craint que l'établissement de Pouébo n'eût éprouvé le même sort que celui de Balade; dans notre détresse nous fûmes heureux d'apprendre que rien de semblable n'y avait eu lieu.

« Avant d'arriver au premier village de cette tribu, nous rencontrons deux enfants, le catéchiste Louis et le catéchumène Moueko, que le P. Rougeyron, informé de ce qui est arrivé la veille, envoyait afin de s'assurer de l'état des choses. Ces deux enfants nous sont d'un grand secours en nous faisant passer par des chemins détournés; nous évitons ainsi tous les périls. Le jeune Louis, voyant notre faiblesse et notre dénûment, ne put retenir ses larmes. Tout jeune qu'il était, il présentait continuellement ses épaules pour nous porter tour à tour, Monseigneur et moi, et puis il nous disait : « Vous avez trop faim; restez là, cachés dans les brousailles, je vais vous chercher à manger. » Quoique nous n'eussions rien pris depuis deux jours, nous ne voulûmes pas permettre qu'il se séparât de nous; ce fut un grand soulagement pour mon cœur que les soins empressés et généreux de cet enfant comparés à la barbarie de ses compatriotes. D'ailleurs le moindre retard aurait pu nous être funeste; les sauvages nous poursuivaient, et, pour comble d'infortune, il arrivait que de distance en distance, Monseigneur, brisé de fatigue et d'émotion, éprouvait des défaillances et des douleurs de crampes ; alors le jeune Louis lui frictionnait les pieds.

« Enfin, nous arrivâmes à l'établissement de Pouébo à huit heures du soir, dans un état déplorable et si accablés de fatigue que nous pouvions à peine nous soutenir ; Monseigneur lui-même et le docteur étaient sans chaussures. Les Pères vinrent à notre rencontre ; nous confondîmes nos larmes et nous fîmes ensemble notre sacrifice. »

Cependant, il fallait tout tenter pour sortir d'une pareille situation. Les missionnaires envoyèrent d'abord à Yenguène le frère Auguste et un matelot, afin de s'informer s'il n'y aurait pas un navire qui pût venir à leur secours. Hélas ! il n'y avait rien et il fallait compter uniquement sur l'aide de Dieu.

Ils avaient aussi chargé trois enfants attachés à la mission de se rendre à Balade pour ramener le frère Auguste. Le même jour, un des messagers revint, apportant la triste nouvelle de la mort du frère Blaise. La Nouvelle-Calédonie venait de donner au ciel son premier martyr. Voici dans quelles circonstances.

Le frère Blaise avait voulu, comme ses compagnons, s'enfuir vers Pouébo ; mais il avait dû bientôt s'arrêter à quelque distance de la maison, la grièveté de sa blessure ne lui permettant pas d'aller plus loin. La lame qui l'avait atteint s'était cassée dans la plaie, entretenant une perpétuelle irritation. Accablé par l'épuisement et la fatigue, il s'étendit sur un peu d'herbe de long d'une haie. Deux jeunes chrétiens, Antoine et Marie, se tenaient près de lui, essayant de lui procurer quelque soulagement dans sa souffrance. Le mourant était admirable de foi et de résignation : « Ne pensez pas à moi, disait-il, bientôt je serai au ciel ; mais allez à la maison prendre ce que vous pourrez ; ne craignez pas, vous ne ferez pas de péché, je vous le donne. » Les enfants ne voulurent pas l'abandonner et restèrent près de lui. Mais ils ne purent le défendre de la cruauté des sauvages. Ceux-ci étaient sortis du magasin après avoir tout pillé. En se répandant dans la campagne, ils ne tardèrent pas à découvrir le pauvre mourant. Loin d'être ému de pitié devant son état lamentable, ils le frappèrent de coups de massue. Aucune plainte ne sortait de ses lèvres ; les yeux au ciel, il priait sans doute pour ses bourreaux. Les deux chrétiens s'étaient agenouillés près de lui et s'unissaient à sa prière

L'âme du martyr était prête pour la couronne, Dieu ne tarda pas à la déposer sur son front. Un sauvage survint qui, d'un coup de hache, lui trancha la tête.

Dans le chagrin qu'il éprouvait de voir ruiner ses espérances, le P. Rougeyron, dont les ingratitudes des Calédoniens enflammaient de plus en plus la charité, disait que volontiers il se dévouerait pour rester au milieu de ses chers sauvages, même après le départ des autres missionnaires ; qu'il était persuadé que pour réussir il fallait se dévouer de la sorte et adopter entièrement leur manière de vivre, coucher comme eux, manger comme eux et se contenter en tout de ce qui était absolument indispensable.

Le 9 août, la situation était désespérée. Les malheureux assiégés avaient mis leur conscience en règle et reçu la sainte absolution. Ils s'étaient fait de touchants adieux, lorsque tout à coup, au moment où ils allaient être livrés à leurs bourreaux, Dieu leur envoie des libérateurs dans la personne des marins français de la corvette *la Brillante*. A peine ont-ils aperçu le navire à l'horizon qu'ils dépêchent deux hommes pour faire connaître dans quel affreux état ils se trouvent.

La mer étant mauvaise, le vicomte du Bouzet qui commandait la corvette ne put faire parvenir du secours que le 10 au soir. Soixante hommes bien armés se dirigèrent vers eux pour les protéger. Deux missionnaires se rendent alors auprès du commandant pour concerter prudemment avec lui les moyens les plus propres à les tirer de cette fâcheuse position. Le résultat de l'entrevue fut que bientôt la corvette lèverait l'ancre pour venir se placer devant Pouébo.

La situation n'était toujours guère rassurante, car on pouvait craindre que tous les sauvages de la tribu de Pouébo ne se réunissent dans un effort commun pour écraser les Européens. Mais une forte pluie survint fort à propos, pour permettre aux missionnaires de faire transporter à bord leurs principaux effets

Le 12, le P. Rougeyron voit venir à lui le grand chef qui lui présente une pièce d'étoffe en signe de paix. La réponse du religieux est significative. Sur l'avis du Père, un matelot s'avance : d'une main, il tient une baïonnette et de l'autre il reçoit le cadeau du sauvage. Le P. Rougeyron était suffisamment édifié sur les intentions de ce chef, car il l'avait entendu quelques instants auparavant exciter ses compatriotes à la guerre.

Le seul moyen de se mettre à l'abri des attaques des sauvages était de s'éloigner au plus vite, et de se placer sous la protection immédiate des marins français. Invités par le commandant, les Pères se dirigent donc vers le navire ; mais dès qu'ils quittent leur demeure, les sauvages, cachés dans les broussailles, commencent à lancer une grêle de traits et de flèches. Les marins français ripostent par le coup de feu ; toutefois il leur est difficile d'atteindre leurs ennemis qui se glissent dans l'herbe comme des serpents.

Ce n'est pas sans peine que les fugitifs arrivent sur le rivage. Personne ne manque à l'appel. Malheureusement, cinq hommes sont blessés, dont deux assez grièvement. Ces blessures n'eurent pourtant pas de suites. A midi tous étaient rendus à bord. Les missionnaires remercièrent Dieu avec effusion et aussi ceux qui avaient été à leur égard les instruments de la Providence. Les officiers et soldats de *la Brillante* se montrèrent pleins d'égards pour eux. Ils leur procurèrent tout le linge dont ils avaient besoin, et partagèrent avec eux leur cabine.

Le 21 août, le brick *l'Anonyme,* emmenant Mgr Collomb et les missionnaires de Calédonie, prenait la route de Sydney. L'un d'eux écrivait :

« Nous nous sommes éloignés à regret de ces infortunés Calédoniens, qui repoussent si aveuglément les bienfaits de la foi. Espérons que le sang du martyr qui a coulé sur cette terre ingrate sera une prise de possession de l'île au nom de Jésus-Christ ! »

VIII

Arrivée de Mgr Douarre en Nouvelle-Calédonie. — Un horrible spectacle. Le calendrier de Michel. — Nouvelles menaces des sauvages. — Héroïque dévouement des chrétiens fidèles. — Une église flottante. — Admiration de l'équipage. — Merveilles religieuses de Futuna.

L'ÉVÊQUE d'Amata, en apprenant ces tristes nouvelles, pressa l'heure de son départ. Il avait hâte d'aller retrouver ses chers missionnaires pour les consoler et partager leurs dangers. Mais, hélas ! Paris était en pleine révolution ; comment obtenir des chefs du pouvoir l'exécution de la promesse que lui avait faite le gouvernement de Louis-Philippe, le passage gratuit pour lui et ses missionnaires sur un navire de l'État ?

Après plusieurs démarches infructueuses, le prélat alla droit au général Cavaignac et lui dit : « Général, je me suis présenté depuis quelques mois à six ministres différents, afin d'obtenir mon passage et celui de mes missionnaires pour la Nouvelle-Calédonie ; maintenant j'ai recours à vous ; mais ce n'est plus pour demander : je viens réclamer ma dette ; j'ai sauvé et nourri l'équipage du navire *la Seine*, il y a trois ans ; j'ai exposé ma vie plusieurs fois pour plus de deux cents marins français ; et je leur ai donné tous les vivres de mes missionnaires... » Le général Cavaignac lui dit : « Je sais, Monseigneur, tout ce que vous avez fait ; je vous promets votre passage et celui de vos missionnaires sur un navire de l'État ; je vous en donne ma parole de général. »

Cette parole, le général la tint, car Mgr d'Amata et sept missionnaires partaient, le 23 octobre 1848, sur *le Cocyle*.

Sans attendre l'avis de leur chef hiérarchique, les missionnaires avaient quitté Sydney pour essayer de s'établir de nouveau dans la Nouvelle-Calédonie. Après mûre réflexion ils se décidèrent à occuper deux points qui paraissaient leur offrir quelque sécurité. C'étaient Annatom et l'île des Pins. Ils verraient dans la suite s'il leur serait possible de pénétrer dans la grande île. Le P. Rougeyron se fixa donc à Annatom et le P. Goujon dans l'île des Pins. Ils travaillaient environ depuis un an, contrariés par toutes sortes d'épreuves, lorsque arriva Mgr Douarre. C'était le 7 septembre 1849. Sans perdre de temps, le prélat résolut de retourner dans la Nouvelle-Calédonie. Il partit donc avec le P. Rougeyron et se présenta à Yeuguène chez le fameux anthropophage Bouarat. Celui-ci reçut les missionnaires avec de grandes démonstrations d'amitié.

Mgr Douarre voulut revoir le théâtre des désastres de la mission. « A mesure que nous approchions du rivage, raconte le P. Rougeyron, nous apercevions les sauvages armés qui se réunissaient et avaient l'air de chuchoter ensemble. Nous avancions vers eux à toutes rames, et de leur côté ils venaient à nous, mais à pas lents et en se tenant sur leurs gardes. Bientôt un cri part de leurs rangs : « C'est Epikopo, c'est le P. Rougeyron et Jean ! » En même temps ils jettent leurs armes et viennent droit à notre canot. Leur chef Tiangouné prend en main un morceau d'étoffe en signe de paix, et en nous abordant improvise ce petit discours : « Epikopo, Père Rougeyron, et toi, Jean, nous avons honte de « paraître devant vous après tout le mal que nous vous avons « fait. Pakilipuma, notre ancien chef, n'est plus, et voilà pourquoi « nous sommes devenus méchants. Mais pardonnez-nous et nous « redeviendrons bons. Revenez habiter au milieu de nous ; si vous

« ne pouvez supporter notre présence parce que nous avons été « trop coupables, voyez ces hautes montagnes de Diaoth, nous « irons cacher notre honte derrière elles et vous demeurerez ici. « Choisissez la vallée qui vous sera la plus agréable. »

« Nous leur répondîmes que le premier sang aurait été pardonné de bon cœur, s'ils n'en avaient pas versé de nouveau. A cela, Tiangouné répliqua qu'il se croyait abandonné des missionnaires pour toujours ; qu'ainsi ils s'étaient laissés aller au désespoir, et, par suite, au crime. J'ai appris depuis qu'un petit nombre seulement de Baladiens, et des plus mauvais sujets, avaient trempé dans l'horrible attentat contre l'équipage du *Cutter*. Monseigneur leur promit toutefois qu'il reviendrait plus tard au milieu d'eux s'ils voulaient sincèrement se convertir, et ils furent satisfaits.

« Le lendemain, nous redescendîmes à terre, et, encouragés par les bonnes dispositions des naturels, nous désirâmes revoir ces lieux de si triste mémoire. Ce fut pour nous un vrai chemin de croix, depuis l'emplacement où s'élevait, deux ans et demi auparavant, notre petite chapelle, et que nous trouvâmes couvert d'herbes et de broussailles, jusqu'à l'endroit où le pieux frère Blaise avait versé son sang. Mgr Douarre racheta la tête du martyr de Jésus-Christ, que son assassin avait placée comme un trophée au-dessus d'une case. »

Les néophytes, au nombre de vingt-trois, avaient persévéré dans la foi et la prière avec une ferveur très grande et assurément très méritoire.

Un chef chrétien nommé Michel, sollicité de renoncer au christianisme, avait répondu comme les fidèles de la primitive Eglise à leurs bourreaux. Un jour même, la petite tribu catholique avait été attaquée par les sauvages. Dieu était venu en aide à ses serviteurs. Sans doute, ils avaient dû céder devant le nombre, mais leur retraite avait été glorieuse ; ils s'étaient retirés à trois lieues de là et ils avaient continué à observer tout ce qu'ils pouvaient des lois de Dieu et de l'Église. Pour reconnaître le saint jour du dimanche, Michel (c'était un des chrétiens les plus zélés) avait enfoncé en terre, au départ des missionnaires, sept piquets. Il en arrachait un tous les jours, et le lundi il les replantait pour les arracher de nouveau.

Deux fois il perdit le dimanche de ce calendrier d'un nouveau genre, mais un navire anglais qu'il aperçut et à l'équipage duquel il demanda ce précieux renseignement, le remit sur la voie.

Mgr Douarre s'était établi à Yeuguène. Peu de temps après, un catéchiste lui apprit qu'un complot s'ourdissait secrètement : Bouaret, le chef de la tribu, projetait la destruction complète de la mission et le massacre des missionnaires. Il eût été imprudent de rester au milieu de ces sauvages intraitables ; le passé faisait présumer ce que serait infailliblement l'avenir. Profitant d'une occasion favorable, l'évêque alla rejoindre à Yaté, au sud de la Nouvelle-Calédonie, la petite colonie de chrétiens fidèles qui y avait fixé son séjour. Il croyait trouver là une sécurité relative. A peine arrivé, on lui apprit qu'il était aussi exposé là qu'ailleurs. Des sauvages étaient accourus en grand nombre de plus de dix lieues à la ronde, et menaçaient l'existence de la colonie. Il fallait songer, dans un avenir prochain, à se défendre avec des armes à feu. Après avoir pris l'avis de ses missionnaires, Mgr d'Amata décida d'abandonner pour un temps l'œuvre de l'évangélisation de la Nouvelle-Calédonie, puisqu'on ne pouvait y rester sans repousser la force par la force.

Lorsqu'on annonça cette résolution aux néophytes, on leur offrit le choix, ou de retourner chez eux avec le navire qui était au port ou bien d'aller à Futuna, où ils trouveraient des missionnaires. « A cette nouvelle, raconte un Mariste, tous fondirent en « larmes : c'était la foi qui les leur faisait verser... — Et mon père ! « disait l'un, et ma mère ! disait l'autre, ne seront donc jamais « chrétiens ? » Je ne pus tenir à un spectacle si attendrissant, et je m'éloignai, voulant leur laisser le loisir de se consulter. Quelques instants après, je revins leur demander quel parti ils avaient pris. « Vous suivre partout où vous irez, dirent-ils ; si nous restions « ici avec nos parents, nous deviendrions mauvais comme eux, ainsi « que nous étions autrefois. Nous voulons avoir des prêtres pour « prier, pour nous confesser, pour nous communier. — Mais si « nous retournions dans notre pays, répliquâmes-nous, il y fait « froid, vous y mourriez bientôt. — Tant mieux ! s'écrièrent-ils, « maintenant nous ne désirons plus que la mort... » Leur avis unanime fut de se transporter dans une île bien éloignée où il y aurait des missionnaires, afin de ne plus entendre parler d'une patrie qu'ils regardaient comme réprouvée pour toujours.

« Nous mîmes alors à la voile, chassés pour la seconde fois de la Calédonie, et bientôt nous arrivâmes à l'île des Pins. Je profitai de ce temps pour achever d'instruire les catéchumènes. Monseigneur les baptisa, au nombre de treize, à l'arrivée du vaisseau qui devait les transporter à Futuna ainsi que moi. Ce fut le samedi saint que se fit cette touchante cérémonie.

« Vint le moment du départ. Comme la goëlette était petite, que nous nous trouvions dans la saison des tempêtes, et que notre capitaine, un jeune homme de dix-neuf ans, commandait pour la première fois un navire, je priai Monseigneur de me donner un compagnon de voyage. Monseigneur désigna le P. Gagnière. Durant la traversée, nos chrétiens furent si édifiants, que le capitaine et l'équipage, bien que tous protestants, me demandèrent plusieurs fois d'inviter ces chers Kanaks à faire leur prière sur le pont ; ils voulaient jouir de ce touchant spectacle. Chaque soir donc, quand la mer n'était pas orageuse, les Calédoniens d'un côté, les Wallésiens de l'autre, faisaient retentir les airs de leurs chants religieux. Qu'il était beau de voir ces premiers chrétiens, agenouillés sur une frêle barque, au milieu de l'Océan, faire monter vers les cieux de si ferventes prières ! Les solitudes de l'abîme retentissaient de leurs saints cantiques, et les noms si doux de Jésus et de Marie venaient se mêler au bruit des vagues et réjouir délicieusement nos cœurs.

« Abstraction faite des misères inséparables d'un long séjour sur un navire comme le nôtre, tout le reste allait bien : le capitaine conduisait à merveille son bateau ; l'équipage était uni et complaisant à notre égard ; le bon ordre régnait parmi nos naturels. Ils souffraient eux aussi dans la cale, où ils couchaient presque les uns sur les autres ; mais aucun ne murmurait. L'un d'eux, Michel, dont j'ai parlé plus haut, est resté étendu et malade sur la chaîne de l'ancre durant environ quinze jours : c'était un assez gros cilice ; eh bien, il n'a pas fait entendre un mot de plainte. Pour dédommager mes néophytes de cet état de gêne, quand arrivait un jour de calme, je leur permettais de se baigner. Alors éclatait la joie. Au signal que je donnais, ils se précipitaient à la mer, les uns des bastingages, les autres du haut des mâts, et ils s'ébattaient tellement dans l'eau qu'on les eût pris pour une troupe de marsouins. Ce petit délassement leur faisait oublier tous leurs maux.

« Après un mois de traversée, nous mouillâmes à Futuna. C'était un dimanche matin. Le port était désert. « Où sont les habitants « de ce village ? » me répétaient sans cesse le capitaine et ses matelots. Ils ignoraient que les naturels de Futuna, catholiques fervents, étaient tous allés à la messe. Les maisons étaient abandonnées, sans gardien ; dans cette île, depuis sa conversion, on ne connaît plus le vol. Après une heure d'attente, nous entendons retentir de toutes parts le chant des cantiques. C'étaient les insulaires qui revenaient de l'église en bénissant le Seigneur. Nos Pères s'empressaient de venir nous recevoir. Cette entrevue fut vraiment un jour de fête pour nous tous. Les premiers chrétiens de la Nouvelle-Calédonie, persécutés pour la foi par leurs compatriotes, étaient reçus comme des frères par les nouveaux fidèles de Futuna. Oh! comme la religion est admirable! Jusqu'au bout du monde, sur un îlot perdu de l'Océanie, partout elle fait trouver des frères dans la grande famille des chrétiens. On plaça notre petite colonie auprès du chef Philippe, non loin du collège qu'on essaie de fonder. Le R. P. Mathieu a bien voulu y recevoir six jeunes Calédoniens. »

IX

Établissement définitif en Nouvelle-Calédonie. — Maladie de Mgr Douarre. — Douleur du P. Rougeyron. — Désolation générale. — Souffrances atroces endurées par le prélat — Puissance de l'exemple. — Mort de Mgr Douarre. — La victoire. — Soyez apôtres!...

La patience et la ténacité des missionnaires devaient triompher de tous les obstacles, et les ramener définitivement dans la terre qu'ils ambitionnaient d'arracher à Satan pour la donner à Jésus-Christ.

Le R. P. Rougeyron, après avoir conduit ses néophytes à Futuna, était revenu à Sydney. De là, il était reparti pour la Nouvelle-Calédonie. Il avait décidé quarante-trois naturels, tant hommes que femmes, à le suivre. Parmi eux se trouvaient sept chefs influents. Cette nouvelle colonie prit le chemin de Futuna où les missionnaires voulaient former les exilés à la vie et aux vertus chrétiennes avant de les ramener dans leur patrie.

Enfin le jour vint où Jésus-Christ reprit solennellement possession de la Nouvelle-Calédonie.

Dans le cours de l'année 1851, Mgr Douarre et ses collaborateurs revenaient dans leur chère mission avec de nouveaux chrétiens et les plaçaient à Balade et à Pouébo. L'heure des consolations surnaturelles avait sonné et les missionnaires commençaient à recueillir dans la joie ce qu'ils avaient semé dans les larmes, les ruines et le sang. Hélas! celui qui les guidait dans la voie du renoncement et du sacrifice et qui leur donnait le premier l'exemple d'une infatigable activité, allait bientôt tomber sur la brèche.

Au commencement de l'année 1853 une épidémie se déclara à Pouébo et y fit de grands ravages. Sans craindre le fléau, Mgr d'Amata se rendit dans cette tribu pour y administrer solennellement le baptême à un grand nombre de catéchumènes. A partir de ce moment il éprouva un malaise qui bientôt s'aggrava par l'imprudence qu'il commit de retourner à Pouébo. Le dimanche 24 avril il réunit tout ce qu'il avait de forces pour célébrer une dernière fois, pensait-il, le saint Sacrifice de la Messe ; ses pressentiments ne le trompaient pas.

Dans la journée le mal empira, ses souffrances étaient très vives.

Le lundi 25 il reçut les derniers sacrements en pleine connaissance et avec des sentiments de foi et de piété admirables. Il voulut encore sur son lit de mort faire œuvre d'apostolat. Voyant près de lui plusieurs naturels, ennemis acharnés des missionnaires : « Vous voyez, leur dit il, comme tout le monde meurt, même l'évêque ; dernièrement vous me disiez : « Pourquoi toi et tous les « tiens vous portez-vous bien, tandis que nous, nous tombons sous le « fléau par centaines ? c'est ton Dieu qui nous tue. » Vous voyez aujourd'hui, mes chers amis, que je suis homme comme vous. Je vais bientôt expirer, mais je me souviendrai de vous dans le ciel ; même au plus fort des persécutions que vous me faisiez subir, je vous aimais tendrement, et je vous chéris toujours. C'est afin de vous témoigner mon amour que, dans mes derniers moments, je vous fais appeler pour vous dire de vous convertir. Vous mourrez aussi un jour, vous paraîtrez aussi devant votre Juge, qui dans peu va être le mien. Convertissez-vous, devenez chrétiens et bons chrétiens. Quand vous vous trouverez dans l'état où vous me voyez, vous aurez une grande joie d'être à Dieu. Pour vous, mes amis, vous redoutez cettte heure suprême, la seule pensée de la mort vous fait trembler ; moi, je ne veux que ce que veut le Seigneur et je ne suis pas fâché de quitter cette vie, qui est si pleine de misères et qui est une terre d'exil. Je n'ai qu'un seul regret en expirant : c'est de ne pas vous voir bons chrétiens. »

« Les paroles du prélat-missionnaire, raconte le P. de Montrouzier, ont ébranlé ces cœurs de bronze. Depuis cette époque ils ont cessé de nous persécuter. Ils ont même permis qu'on fît le catéchisme dans leurs villages et y ont assisté.

« Ensuite Monseigneur témoigna le désir de demeurer seul. Un instant après, le P. Vigouroux le trouva occupé à répéter des paroles entrecoupées ; craignant quelque assaut de l'ennemi, le Père lui demanda la cause de son émotion : « Je chasse le démon, répondit « le pieux moribond ; ne voudrait-il pas me faire prendre quelque « complaisance à la pensée qu'à Lyon et à Clermont on sera bien « content d'apprendre que j'ai fait une mort édifiante ? « Lorsque je rentrais auprès de notre cher malade, il me dit avec un accent qui me fit comprendre tout le prix qu'il attachait à la grâce qu'il venait de recevoir : « Merci, bon Père, merci ! »

« Dans ce moment arriva le P. Rougeyron ; quand il vit son évêque, et le compagnon de toutes ses épreuves, si près de la mort, sa douleur ne connut plus de bornes et il l'exprima avec tant de sensibilité que cette scène déchirante causa à notre cher malade une nouvelle crise. Quand le Père fut plus calme et plus résigné, Mgr d'Amata lui offrit et finit par lui ordonner d'accepter des lettres de pro-vicaire qu'il avait signées avant de recevoir le Saint Viatique et par lesquelles il le chargeait de la direction des missions.

« Alors ce fut de tous côtés des instances réitérées pour obtenir la permission d'être admis auprès du vénérable mourant, afin de recevoir sa dernière bénédiction. Nous ne crûmes pas devoir refuser cette consolation à nos chrétiens, et même à plusieurs chefs païens qui la sollicitaient vivement. Monseigneur les reçut tous avec sa bonté ordinaire et leur adressa de paternelles exhortations. La plus grande partie de la tribu était groupée devant notre demeure, demandant à voir l'évêque encore une fois ; mais comme ses douleurs devenaient de plus en plus vives, il nous fut impossible de satisfaire à leurs pieux désirs.

« Dans l'après-midi, un de nos chrétiens trouva le moyen de se glisser dans la chambre du malade ; c'était Augustin, notre cher Augustin, qui devait bientôt lui-même être atteint par le fléau et suivre son évêque.

« Là, blotti dans un coin, il laissait couler ses larmes en silence. Monseigneur l'ayant aperçu : « Mon cher enfant, lui dit-il, ne pleure « pas ; je souffre beaucoup, il est vrai, et je me sens mourir ; « mais je ne crains ni la mort ni les souffrances ; vois-tu ce cru- « cifix que j'ai sous les yeux, c'est là que je puise ma force. Je « sais que maintenant j'achète le ciel ; courage, mon enfant, nous « nous reverrons dans le paradis. »

« Comme il le disait à Augustin, Monseigneur avait les yeux constamment fixés sur son crucifix, et s'il nous arrivait de nous placer de manière à lui en dérober la vue, il nous faisait signe doucement de nous éloigner. Après chaque crise il renouvelait le sacrifice de sa vie et l'acceptation de ses souffrances.

« Ses douleurs étaient excessives; la moindre secousse, la plus légère émotion le faisait entrer en convulsions; on ne pouvait plus le toucher sans lui faire pousser des cris; les reins surtout étaient d'une sensibilité extrême. La seule chaleur de la main incommodait le malade lorsqu'on lui présentait à boire. Il ne pouvait plus se tenir couché, nous l'assîmes sur un misérable siège de planches où il demeura jusqu'à sa mort. Les crises se succédaient avec une effrayante rapidité. Après quelques moments d'un repos fatigant, il ouvrit les yeux, serra convulsivement une corde que nous avions attachée au plancher et chercha à se dresser au milieu de souffrances inouïes. Toujours à deux à côté de lui, nous ne pouvions le tenir; la nuit fut très pénible.

« Le mardi matin, 26, notre cher malade ne parlait presque plus, jouissant cependant toujours de toutes ses facultés. Le soir, il eut une crise si forte que je crus qu'il allait expirer. Tous les Pères et les Frères entouraient leur bon père et leur évêque. Comme il était un peu plus calme, nous lui demandâmes s'il voulait recevoir l'indulgence *in articulo mortis;* il répondit distinctement qu'il la désirait.

« Dès lors, ce ne fut plus qu'une suite de souffrances horribles à décrire jusqu'à la crise suprême. A ce dernier coup, soulevé par la violence du mal, Monseigneur se lance sur le cœur de son cher ami, le P. Rougeyron, et, debout entre ses bras, il s'écrie en regardant le ciel: « Mon Dieu! mon Dieu! » Son œil y resta fixé. Il était mort!... C'était le mercredi 27 avril, vers trois heures et demie du matin. Le Père venait de lui donner une dernière absolution. »

Aujourd'hui le catholicisme prospère en Nouvelle-Calédonie. La France y est maîtresse; on dit que ce sont les vivants qui font les conquêtes. Oui certes, mais les morts qui sont couchés sur les champs de bataille n'ont-ils pas aussi leur part dans la victoire? Quelque temps après la fin si édifiante de l'évêque d'Amata, un missionnaire s'écriait : « Son dévouement, nous l'espérons, sera profitable à ce peuple pour lequel il a été heureux de donner sa vie ; et de fait, depuis cette mort si triste pour nous, un certain nombre de païens nous ont manifesté de meilleures dispositions. » Et cinq ans plus tard, le P. Poupinel, visitant la mission de la Nouvelle-Calédonie, écrivait : « Il m'a été donné d'aller prier sur la tombe de Mgr l'évêque d'Amata, de ce jeune prélat dont la fin prématurée a causé une si grande affliction à ses confrères et à ses nombreux amis. Toutefois, c'est de cette mort que datent les succès obtenus au prix de tant de fatigues, de dangers, de sueurs et de larmes. »

Du haut du ciel Mgr Douarre veille encore sur sa chère mission. Puisse son intercession obtenir de Dieu la conversion complète de cette île lointaine ! Puissent aussi les enfants qui liront ces lignes s'enthousiasmer, en lisant sa vie, de la sainte passion de l'apostolat qu'ils doivent exercer autour d'eux et même au loin si Dieu les y appelle ; l'Église a toujours besoin de cœurs généreux qui travaillent à l'extension du règne de Notre-Seigneur Jésus-Christ dans les âmes !

TABLE DES MATIÈRES

LE VÉNÉRABLE CHAPDELAINE

LE R. P. LOURDEL

MONSEIGNEUR PETITJEAN

MONSEIGNEUR RIDEL

VIE DE MONSEIGNEUR DOUARRE

Imprimé par Desclée, De Brouwer et Cie, Lille-Paris-Bruges.

www.ingramcontent.com/pod-product-compliance
Ingram Content Group UK Ltd.
Pitfield, Milton Keynes, MK11 3LW, UK
UKHW020110200726
13856UKWH00002B/478